中国妖怪大全

孙见坤 主编
志怪社 编著

精装珍藏版

天津出版传媒集团
天津人民出版社

图书在版编目（CIP）数据

中国妖怪大全：精装珍藏版 / 孙见坤主编；志怪社编著 . -- 天津：天津人民出版社，2018.10（2022.9 重印）
ISBN 978-7-201-13929-6

Ⅰ . ①中… Ⅱ . ①孙… ②志… Ⅲ . ①鬼 - 文化 - 介绍 - 中国 Ⅳ . ① B933

中国版本图书馆 CIP 数据核字 (2018) 第 179280 号

中国妖怪大全：精装珍藏版
ZHONGGUO YAOGUAIDAQUAN JINGZHUANG ZHENCANGBAN
孙见坤 主编

出　　版	天津人民出版社
出 版 人	刘　庆
地　　址	天津市和平区西康路 35 号康岳大厦
邮政编码	300051
邮购电话	（022）23332469
电子信箱	reader@tjrmcbs.com

编　　著	志怪社
监　　制	黄　利　万　夏
责任编辑	玮丽斯
营销支持	曹莉丽
装帧设计	紫图装帧
内文插画	鹿溟山　无　二　寒　衣　阿丰啊
	鬼问道　詹小花　星　岩　洋葱拉面

制版印刷	天津联城印刷有限公司
经　　销	新华书店
开　　本	787 毫米 ×1092 毫米　1/16
印　　张	42
字　　数	350 千字
版次印次	2018 年 10 月第 1 版　2022 年 9 月第 7 次印刷
定　　价	199.00 元

版权所有　侵权必究
图书如出现印装质量问题，请致电联系调换（022-23332469）

目录
Contents

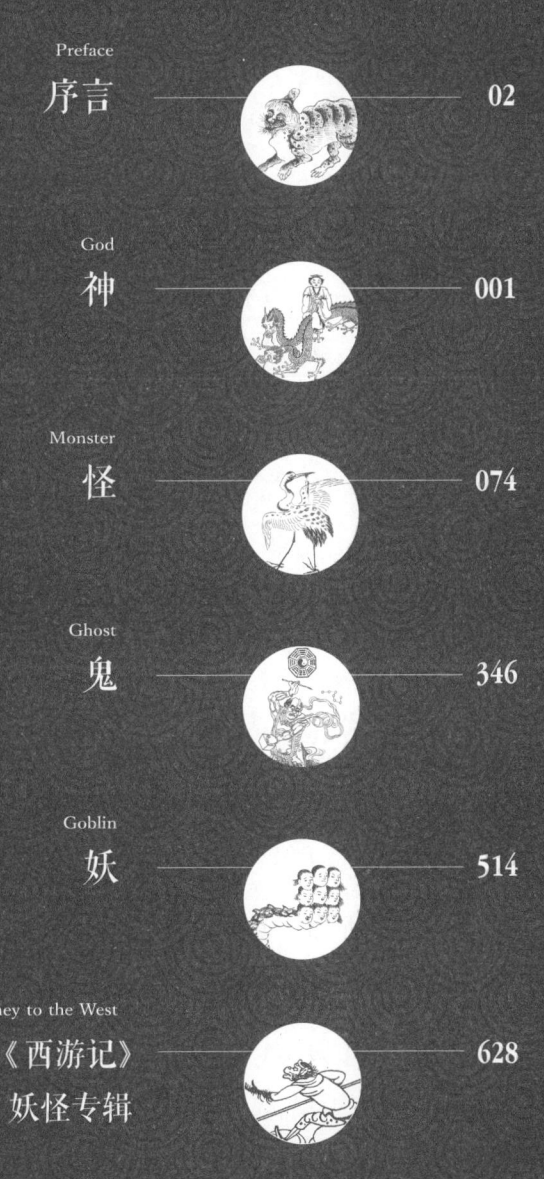

Preface
序言 — 02

God
神 — 001

Monster
怪 — 074

Ghost
鬼 — 346

Goblin
妖 — 514

Journey to the West
附录：《西游记》妖怪专辑 — 628

序言 Preface

说妖解怪

提起妖怪，人们脑海中首先想到的，都是各种各样形状奇怪、样貌可怕，会使用法术，时常害人的精怪。这么理解固然不错，但未免略显狭隘。实际上，一切反常、怪异的现象与事物，都可以被称作"妖怪"。例如《汉书·龚遂传》中就说："久之，宫中数有妖怪，王以问遂，遂以为有大忧，宫室将空。"宫中自然不可能屡次出现青面獠牙的精怪，这里的"妖怪"指的只能是一些怪异难解的现象。

而"妖"与"怪"这两个字，细说起来又有所区别。妖，《说文解字》中说："地反物为祩。"（"妖"字在《说文解字》中写作"祩"）这句话出自《左传·宣公十五年》："天反时为灾，地反物为妖。"所谓"反物"，也就是指违反事物的本性，简言之就是反常。那么"怪"字又如何解释呢？《说文解字》给出的解释很简洁："异也。"而王逸在《楚辞章句》中说："诡异为怪。"王充的《论衡·自纪》中则说："诡于众而突出曰怪。"到了慧琳的《一切经音义》中总结为："凡奇异非常皆曰怪。"可见"怪"的关键在于一个"异"字。妖者反常，怪者奇异，"妖怪"这个词实际上已经囊括了绝大多数超自然与不可知的现象与事物。

然而"妖"字多多少少还是带有一些不吉的意味，加之反常也可以视作是奇异的一种，因此古人在撰写这一类著作时，使用"怪"或与"怪"等同的"异"，要远远多过"妖"字。例如汉末的《异闻记》，魏晋时期王浮的《神异记》，南北朝时祖冲之的《述异记》，萧绎的《金楼子·志怪篇》，不知作者的《八朝穷怪录》，唐代牛僧孺的《玄怪录》，郑还古的《博异记》，宋代张师正的《括异志》，明代闵文振的《涉异志》，以及清代蒲松龄不朽的《聊斋志异》。因此之故，明代胡应麟在为小说分类时，便将这一类著作统称为"志怪"，并一直沿用至今。

志怪的历史几乎与中国文学史一样长。且不说《山海经》《穆天子传》等书中丰富的神话故事，就连儒家经典之一的《左传》中，也有不少类似于后世志怪故事的内容。最典型的就是《左传·宣公十七年》中记载的，晋国魏武子的儿子魏颗没有按照父亲的遗命，把他所喜爱的妾殉葬，而是让她改嫁。后来，魏颗与秦国作战时，有一位老人用草绳将敌人绊倒，助其得胜。魏颗不知道这位老者是何人。到了晚上，老人托梦给魏颗，说自己就是那位妾的父亲，特来报恩云云。这已经与后世志怪小说中经常讲的因果报应故事相差无几了。然而这样的记述虽然有了志怪的雏形，但并不等于就是志怪。志怪的真正独立，要到汉代。这一时期的志怪，大致可以分为三种类型。第一种是受《山海经》影响的地理博物类志怪，典型的代表是托名东方朔的《神异经》。第二种是受《穆天子传》影响的传记类志怪，比较典型的代表有刘向的《列仙传》《徐偃王志异》等。这时的志怪已经逐渐脱离原始的神话，而逐渐向小说的方向靠拢了。这一点从《神异经》与《山海经》的对比中便可以明显看出。《神异经》虽然在结构、内容、笔法等方面，都有意模仿《山海经》，但是全书有意淡化了地理背景，而将主要精力放在了异闻、异事的叙述上面，在故事情节上也比《山海经》更为丰富、细致。而汉代志怪中最值得注意的新发展，是杂记类志怪的出现。这种志怪不同于前面两种志怪，或是专记山川方物、殊方异闻，或是专记历史异事、古今奇人，而是不分轩轾地杂记古今中外一切奇闻怪事。汉末陈寔所著《异闻记》的出现，标志着这一类志怪的正式诞生。

魏晋南北朝时期是志怪创作的繁荣时期。这一时期，政治与社会环境发生了剧烈变动。倘若从东汉

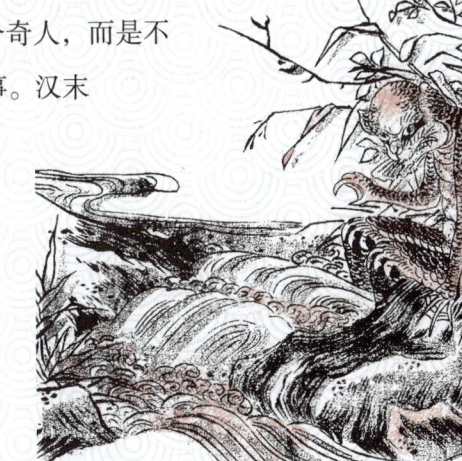

中平六年（189年）董卓率兵进入洛阳算起，到开皇九年（589年）隋文帝统一全国为止，整整四百年间，绝大多数时间都处于分裂动乱之中。士大夫成为政权频繁更迭中的牺牲品，老百姓则在连年的战乱与对峙中饱受蹂躏。自上到下，所有人都生活在危机四伏之中，笼罩在死亡的阴影之下，一时之间，谈玄说鬼之风大盛。与此同时，旧时有的方术巫鬼，掺杂了儒家经学的谶纬符瑞，新兴的道教与佛教等思想弥漫于全社会，加上中外贸易与交往的繁荣，大量异域思想与奇物传入中国，为志怪创作提供了大量的素材。同时，越来越多的文人士大夫参与到了志怪创作的队伍中来。张华、郭璞、葛洪、干宝、陶渊明、刘义庆、祖冲之、吴均、颜之推等，一大批在中国文学史与文化史上声名赫赫的人物都曾参与其中，也使得这一时期志怪的文学价值大为提升。而且由于志怪内容的限制，使得作者通常采用史传笔法，以散文形式写成。篇幅简短、布局紧凑、结构简单、叙述直接、语言凝练，在当时盛行的骈俪文风中，以一种独有的古朴质直的面貌出现，形成了鲜明的时代特色。在文学价值提升的同时，这一时期的志怪在内容上也有了极大的推进，单纯的地理博物类志怪和传记类志怪已经很少见，而杂记类志怪得到了迅速的发展。加之自东晋后期起，南朝形成了追求渊博、崇拜知识的风气，聚书藏书成为社会风尚，博学多识成为人们，特别是士大夫阶层的追求，在这样的大环境影响之下，使得这一时期的志怪，在内容上空前的丰富。王国良先生在《六朝志怪小说考论》中曾将这一时期志怪代表性的内容总结为十三类，即神话传说、阴阳数术、民间信仰、精怪变化、鬼神灵异、殊方异物、服食修炼、仙境传说、异类婚姻、宗教灵验、冥界游行、因果报应、佛道争胜。可见其所记范围之广阔，事物之庞杂，几乎到了无所不包、无所不记的程度。

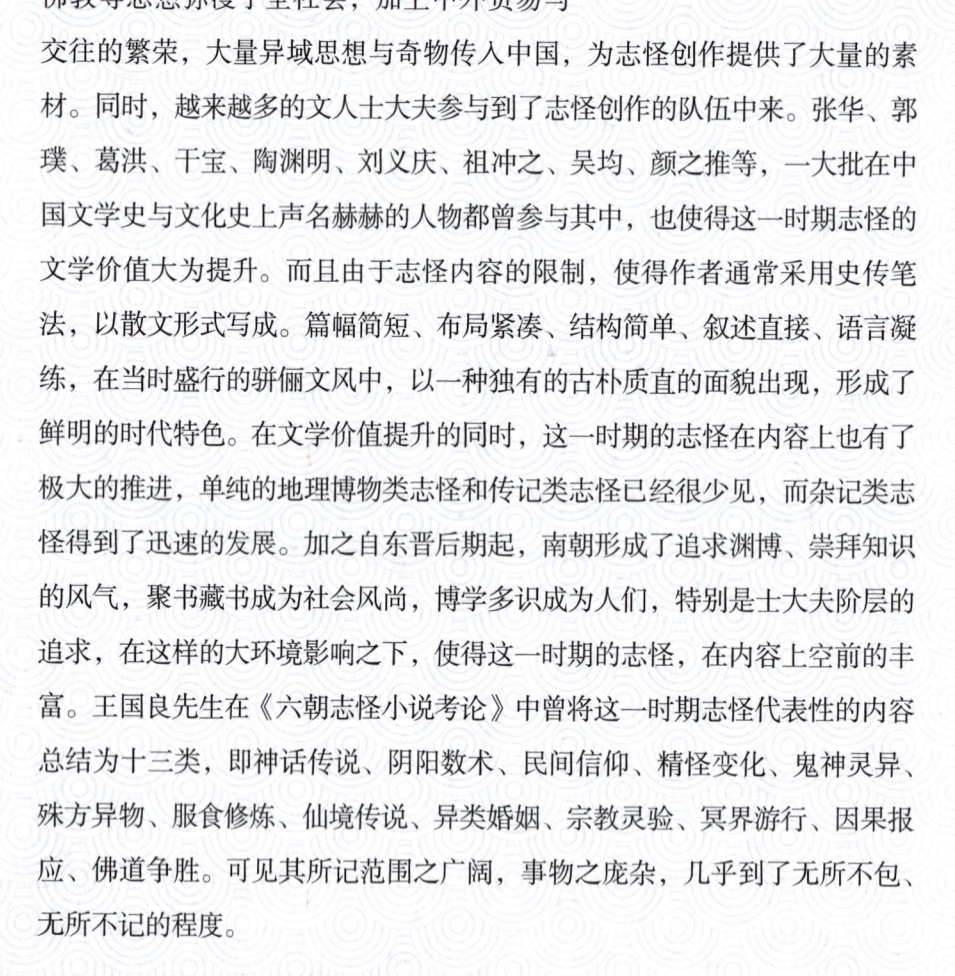

进入唐代之后，志怪创作的风气依旧不减，而且除了原有的志怪形式继续发展以外，又出现了"传奇"这一新的小说类型。虽然当传奇发展到肃宗、代宗时，内容已经不再局限于神鬼妖怪，但当它诞生之初，却不得

不说是由志怪演变发展而来。例如唐代早期的传奇《古镜记》中，将十个互不相关的妖怪故事，用一面古镜作为主线串联起来。这种情况在传奇产生之初还是颇为常见的，例如《梁四公记》中，以朝见梁武帝为主线，将四个异人的故事串联起来；《怀渡》中，以怀渡和尚为主线，将八个独立的小故事串联起来。从中可以很清楚地看到由志怪向传奇过渡的痕迹。传奇与志怪之间最大的区别在于，传奇是作者有意识地创作，情节曲折、语言华美、想象丰富，人物性格与形象往往塑造得比较鲜明。这些都与传统的志怪不同，甚至完全相反。然而，传奇并未能取代志怪，在整个唐代，志怪与传奇都是并行不悖，各自发展的。而从唐代开始，无论是志怪还是传奇，作品的宗教意味都越来越淡。不但宣扬教义的作品日渐稀少，而且参与创作的宗教人士，相较南北朝时期也大幅减少，优秀作品更是几乎没有。只有唐末五代的传真天师杜光庭曾经闪耀一时。然而他的代表作《虬髯客传》，却与道教教义或是道教神仙基本没有什么关系。

宗教意味的淡化，在进入宋代以后更为明显。最突出的一点就是，无论是道教的神仙天尊，还是佛教的罗汉菩萨，在宋代的志怪与传奇中都极少以主要人物的身份出现。与此同时，妖怪与鬼魅成了这一时期志怪与传奇创作的重点。不但数量日益庞大，同时在内容上也跳出了单纯的因果报应、精怪变化、搜奇记异的范畴，而是借由妖怪与鬼魅来描写和揭示社会与人生的方方面面，提升了志怪的意义与价值，对后世志怪的创作影响甚为深远。同样是在宋代，话本与南戏的产生，使得志怪文学得以有了新的发展方向。到了明代，最终形成了中国志怪文学的三大支柱：志怪笔记、神怪戏曲、神魔小说，三足鼎立的局面。

进入20世纪，特别是"五四运动"以后，随着科学主义的盛行，志怪文学一度被扣上"宣扬迷信"的帽子而被批判。但这时的批判还主要集中在知识精英当中，普通民众中阅读志怪文学、观看神怪戏曲的依旧大有人在。然而进入50年代以后，由于特殊的历史原因，整个志怪文化一度几近消失。除了个别书籍如《搜神记》《博物志》《太平广记》《夷坚志》《西游记》等，作为古典文学名著得以出版发行，其余大量的志怪文学在书店里却失去了踪影，曾经种类繁多的神怪戏曲也几乎从舞台上完全消失。

无独有偶，日本的"妖怪文化"也曾经有过类似的经历。说来有趣，日本原先并没有"妖怪"这个词，在19世纪末之前，日本人主要是用"ばけもの"（汉字可译作"化物"）这个和语词汇来称呼妖怪的。到了19世纪90年代，哲学家井上圆了出于破除迷信、普及科学的目的，创立了"妖怪学"，并正式使用了"妖怪"一词。换言之，日本妖怪学的诞生是为了否定妖怪。随着教育的普及与科学的发展，很快大多数日本国民都已经认识到了妖怪的无稽。按照创立之初的目的来说，妖怪学的使命已经完成，妖怪学的研究也确实一度陷入沉寂。然而，很快就有人发现，妖怪学的意义绝不仅仅是破除迷信而已，"妖怪"实际上是一种十分值得研究与重视的民俗现象。以柳田国男为代表的民俗学研究方向，以及以芥川龙之介为代表的运用妖怪素材进行新文学创作，为日本妖怪学带来了"二战"前的"中兴"。"二战"开始后，妖怪学在日本再度陷入沉寂。然而，当60年代日本经济高速发展之后，各种娱乐文化也随之复苏或传入。妖怪元素作为一种奇特的素材，也随着娱乐文化一起重新进入到大众的视野中，并且形成了多元化的发展，既有学者们的严肃研究，又有各种以之为素材的二次创作，范围涵盖了文学、影视、动漫、美术等诸多方面，可以说是蔚为大观。

反观我国，在改革开放之后，一大批古代与近代的志怪文学得以整理出版，许多神怪内容的戏曲、曲艺也得以重新编排演出。同时，新的志怪文学和神怪内容的影视作品，以及严肃的学术研究成果，也源源不断地出现。但是，新创作的文学与影视作品，往往有着两个共同的问题：第一是经典素材重复率高，人物、情节、神怪等内容往往局限于《山海经》《西游记》《封神演义》等少数几部作品中。第二是原创内容质量偏低，在经典素材之外的原创内容，往往是设计过于现代，或是模仿痕迹太重。造成这种问题的根本原因，还在于创作者对于我国的志怪文化了解不足。不过这其中也有可以谅解之处。历代志怪文学留存到今天的，至少有上千卷之多，加之鱼龙混杂，质量良莠不齐，骤然面对，往往不知该如何选择。文字虽不能说是古奥，但对于缺少文言阅读训练的现代人来说，也不是一件轻松的差事。有鉴于此，我们编纂了这部《中国妖怪大全》，希望能够为想要了解中国志怪文

化的读者，提供一部明快好读的"中国志怪精华本"，也为有志于相关题材创作的创作者们，提供一部丰富可靠的"中国志怪大百科"。

书名中用了"妖怪"，只因"志怪"在做名词时，已经限定为一种文学体裁，而这本书又是以各种妖精神怪为序编排的，故而改"志"为"妖"。至于为什么不叫"中国神怪大全"的原因，其一，是因为书中"神仙"的部分分量很少，只有全书的十分之一不到；其二，是因为本书所选基本是以古代志怪和神话为范围，对于道教、民间信仰、国家祀典中的神灵几乎没有涉及，叫"中国神怪大全"反而名不副实了。

本书由我与编辑部同仁共同拟定框架，再由编辑部同仁搜集资料并译为白话文，然后由我审阅统稿。在这里有几点需要说明：其一，书中所选的故事，基本都附有古籍中的原文，但个别篇目由于原文过长，因而只做了节录。其二，编辑部的同仁在译白话文时，各篇的情况各有不同，同仁们的文风也不尽一致，因此有的篇目偏于直译，有的篇目则偏于意译，甚至略有发挥，我在统稿时对此没有强求统一，希望读者能够注意。其三，书中开篇选取了若干传说中的上古帝王，在古籍中，他们既有历史人物的一面，又有神话人物的一面，本书着重选取他们作为神话人物的一面。由于时代久远，记录零散，因此他们的故事往往是由多处记载拼合起来的，个别篇目还参考了一些民间传说故事。其四，极个别篇目的材料来源网络，虽然几经搜寻，但仍未能找到确切的出处，又不忍舍弃，姑且保留，以供参考。

本书虽名"大全"，但中国的志怪文化博大精深，著作汗牛充栋，绝不是我们这一本书所能涵盖的。如果本书能够成为引领读者深入志怪文学的向导，那么我们的工作就完全值得了。

孙见坤

2018年5月于西安

神 第一卷

神

God

盘古 pán gǔ	• 002
女娲 nǚ wā	• 004
伏羲 fú xī	• 007
黄帝 huáng dì	• 010
少昊 shào hào	• 014
颛顼 zhuān xū	• 016
句芒 gōu máng	• 019
祝融 zhù róng	• 023
西王母 xī wáng mǔ	• 027
九天玄女 jiǔ tiān xuán nǚ	• 031
夸父 kuā fù	• 034
神农 shén nóng	• 037
洛神 luò shén	• 040
蚩尤 chī yóu	• 043
嫘祖 léi zǔ	• 046
禺彊 yú qiáng	• 048
计蒙 jì méng	• 050

盘古

盘古
pán gǔ

说到中华创世神话，不能不说盘古。盘古是中国民间神话中最古老的开天辟地的神，他用自己的生命演化出生机勃勃的大千世界，为千秋万代的后人所景仰。

从古至今，盘古神话已在中国流传了好几千年。"盘古开天"的神话最早见于三国时徐整所著《三五历纪》，传说盘古生于黑暗团中，由于不能忍受黑暗，他便用神斧劈向四方，才使天空变得高远，大地变得辽阔，才有了世界。

外貌形态

盘古的外形除了人形，也有龙头蛇身之说。

神话故事

盘古开天

早在远古时期,整个世界都处于一团混沌之中。不知过了多长时间,在这团混沌中孕育出了一位叫作盘古的神。盘古在混沌中生长,混沌中的精华逐渐凝聚在他身上。经过了一万八千年,盘古逐渐成熟,他再也不能忍受黑暗,于是便想要劈开这团混沌。盘古用力挥出利斧,混沌瞬间就被劈成了两半。混沌中那些清澈的、轻灵的物质往上升,变成了天;那些浑浊的、沉重的物质往下沉,变成了地。身处于其中的盘古,每日与天地间的精华交流,自身也变得越来越强大。刚分离开的天与地很不稳定,随时都有重新合并的危险。为了不使天地重新合并,盘古便站在天地之间,用双手托住天空,双脚踏着大地,用自己的身体将天地撑开。每当天空升高一丈,盘古的身体也随之长高一丈。就这样日复一日不停歇,经过了一万八千年,盘古变成了一位顶天立地的巨人,而这时候天空也升得高不可及,大地变得厚实无比。天地间的距离达到了九万里,再也不会合拢了。

创世大神盘古终于完成了开天辟地的伟大使命,他放下双手,倒在地上死去了。而此时,神奇的事情发生了,盘古的身体在顷刻间发生了巨大的变化:他的左眼化作太阳,右眼化作月亮;他的呼吸变成风云,目光变成闪电;他的头和四肢化作山脉,血液化作江河;他的头发和胡须化作天上的星星;他的皮肤和汗毛变成地上的草木……更神奇的是,就连盘古身上的虱子、跳蚤之类的小虫子,被风一吹,竟变成了人类。盘古死后留给后人无穷无尽的宝藏,成为中华民族崇拜的英雄。

出处

《三五历纪》:"天地混沌如鸡子,盘古生其中。万八千岁,天地开辟,阳清为天,阴浊为地。盘古在其中,一日九变,神于天,圣于地。天日高一丈,地日厚一丈,盘古日长一丈。如此万八千岁,天数极高,地数极深,盘古极长。后乃有三皇。数起于一,立于三,成于五,盛于七,处于九,故天去地九万里。"

女娲

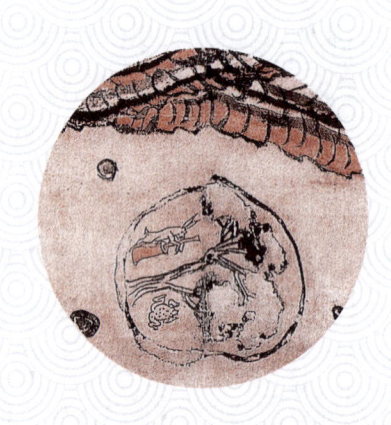

女娲
nǚ wā

中国上古神话中的创世女神，传说女娲抟土造人，创造了人类。后因世间天塌地陷，于是她熔彩石以补苍天，斩鳌足以立四极，留下了女娲补天的神话传说。女娲不仅是能补天救世的英雄和抟土造人的女神，还是一位创造万物的自然之神。她神通广大，化生万物，一日内能有七十种变化。

外貌形态

传说女娲为人首蛇身，形体巨大，到底有多大却没人知道。

伏羲女娲像

画中的伏羲与女娲都是人首蛇身，上身相拥，下身交绕。它表现的是中国有关人类起源的众多神话传说中最主要的一个版本：上古时期，一场毁灭性的洪水过后，只剩女娲与兄长伏羲两人，为了人类的繁衍，他们只得兄妹交合，繁衍子孙。

第一卷　神

神话故事

女娲造人

世界被创造出来之后,天地间诞生了一位女神,叫作女娲。

女娲独自一人行走于天地之间,终日只能与自己的影子为伴,因此她感到十分孤独。某天,女娲经过黄河河畔,想起盘古开天辟地,创造了山川湖海、飞禽走兽,改变了原本寂静的世界。但是女娲总觉得这世界还是缺了点儿什么。当她低头沉思,看到黄河水里自己的倒影时,顿时恍然大悟:原来这世界上还缺少和自己一样的"人"啊。想到这儿,她便用水和着地上的黄泥,照着自己的影子捏了起来,捏着捏着,捏成了一个个小东西。她把这些小东西往地上一放,居然就活了,他们围在女娲身边欢呼雀跃。女娲见了满心欢喜,接着又捏了许多。她把这些小东西叫作"人"。

为了让世界到处都有她亲手造出来的人,女娲不停地工作,捏了一个又一个小人儿。可是大地这么广袤,照这样逐个捏泥人,要多久才能让他们遍布大地呢?于是女娲就想了一个办法,她找来一根绳子,把它投入到泥浆里搅和,然后朝地上一甩,飞溅出来的泥点落到地上,就变成一个个的小人儿。如此一来,造人的速度就快多了,大地上很快布满了人类的踪迹。天地间终于不再沉寂。

后人说,女娲用手精心造出来的是富贵之人;用绳沾泥浆甩出来的是贫贱之人,这就是天下会有富人和穷人之分的来历。

出处

《太平御览》卷七十八引《风俗通义》:"俗说天地开辟,未有人民。女娲抟黄土做人,剧务,力不暇供,乃引绳于泥中,举以为人。故富贵者,黄土人;贫贱者,引绳人也。"

伏羲

伏羲
fú xī

第一卷 —— 神 ——

相传上古时期，为了人类的繁衍，伏羲与其妹女娲成婚，生儿育女，成为人类的始祖。他用龙来命名他手下的百官，故而也被称作"龙师"。

伏羲仰观天上的云彩、雨雪、雷电、风雾，根据天地间的阴阳变化，创造出八卦，开启了中华民族的文化之源；他创造出早期文字，结束了人类"结绳记事"的历史；他制定了嫁娶的规则，创立了婚姻制度；他还发明了琴瑟等乐器，创作出乐曲，把音乐带入人类的生活；他模仿蜘蛛结网而制网，用于捕鱼打猎，提高了人类的生产能力。后世留下了大量关于伏羲的神话传说。

外貌形态

在一些古画中，伏羲的形象为散发披肩，身披鹿皮，而传说中的伏羲其实为人首蛇身。

伏羲氏
《历代帝王圣贤名臣大儒遗像》 法国国家图书馆藏
据说在远古时，黄河出现了背上画有图形的龙马，洛水出现了背上有文字的灵龟，圣人伏羲因此而画先天八卦。

神话故事

龙马负图

　　远古时，人类对大自然一无所知。天气变化、日月运转、生老病死等这些现象，没有人知道是怎么回事。人类遇到无法解答的难题都会去问伏羲。伏羲每天在心里揣摩着日月经天、斗转星移、四季寒暑、花开花落的变化规律。

传说有一天，河里出现了一头长着龙首马身的怪物。因这头怪物是由河里的蛟龙所变，人们便称它为龙马。龙马到处兴风作浪，把人们辛苦开垦的良田和种出的庄稼都给冲毁了，但是没有人能对付得了它。

伏羲乘坐六龙，身披胡叶飘然而至。说来也怪，那龙马一见到伏羲，就变得很听话，乖乖趴在伏羲身边。伏羲抚摸着龙马，忽然注意到了它身上的旋涡图案，这些图案似乎是按照某种规律排列的，当中隐藏着什么玄机呢？于是伏羲日夜守在龙马身边，对着它身上的图案苦思冥想。终于有一天，他想明白了天地间的道理，即太极生两仪，两仪生四象，四象生八卦。他根据龙马身上的图案，创造出了八卦，每一卦形代表一定的事物，即乾代表天，坤代表地，巽代表风，震代表雷，坎代表水，离代表火，艮代表山，兑代表泽。八卦就像八只无形的大口袋，把宇宙间的万事万物都装进去了。根据这套理论，人们可以了解天地间万物的基本规律。

后来人们将龙马负图而出的这条河叫作图河。西晋时，人们在河道附近修建了龙马负图寺以作纪念。

出处

《补史记·三皇本纪》中载："伏羲氏仰则观象于天，俯则观法于地，旁观鸟兽之文与地之宜，近取诸身，远取诸物，始画八卦，以通神明之德，以类万物之情，造书契以代结绳之政，于是始制嫁娶，以俪皮为礼，结网罟以教佃渔，故曰宓牺氏，养牺牲以庖厨，故曰庖牺。有龙瑞，以龙纪官，号曰龙师。作三十五弦之瑟。"

黄帝

黄帝
huáng dì

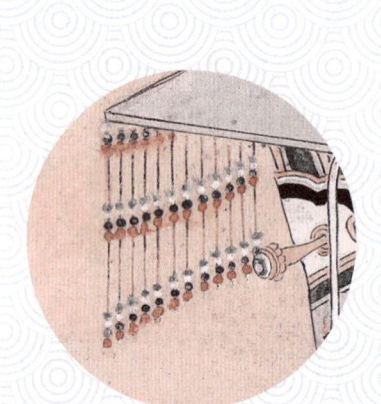

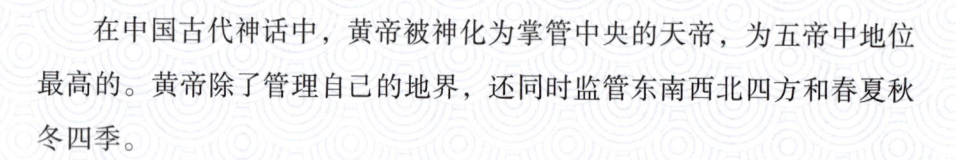

在中国古代神话中，黄帝被神化为掌管中央的天帝，为五帝中地位最高的。黄帝除了管理自己的地界，还同时监管东南西北四方和春夏秋冬四季。

据史书记载，黄帝在炎帝之后，征服了东夷、九黎族，统一了华夏各部落。古代帝王如尧、舜、禹，以及夏、商、周三代首领，均为黄帝的后裔。黄帝在位期间，推算历法，教导百姓播种五谷，兴文字，制乐器，创医学……人类文明由此开始，所以后世人都尊称轩辕黄帝为"人文初祖"。

轩辕黄帝

《历代帝王圣贤名臣大儒遗像》 法国国家图书馆藏
黄帝被誉为中华人文始祖，在《易经》的文化发展史上，他也是承前启后的杰出人物。

神话故事

河图洛书

传说某一日，黄帝与大臣们在洛水上赏风景。忽见一只大鸟衔着下图，飞到他面前，黄帝连忙拜受下来。图上写着"慎德、仁义、仁智"六个字。黄帝从未见过这种鸟，便去问天老。天老告诉他说："此鸟雄的叫凤，雌的叫凰。凤凰一出，即表示天下安宁，是大祥的征兆啊！"

后来，黄帝又梦见两条龙从黄河中出来，持一幅白图献给他。黄帝不解，又去询问天老。天老回答说："这是河图洛书要出的前兆。"于是黄帝便与天老等大臣游于河洛之间，沉璧于河中，杀三牲斋戒。最初一连三日大雾，之后又是七日大雨，紧接着就见黄龙捧图自河中出来，黄帝连忙跪接。只见图上五色毕具，白图蓝叶朱文，正是河图洛书。

自此以后，黄帝开始巡游天下，封禅泰山。

黄帝问道广成子

黄帝做了十九年天子，诏令通行天下，他听说崆峒山有个叫作广成子的仙人，特意前往拜见他，说："我听说先生已通晓至道，冒昧请教至道的精华。我一心想获取天地间的灵气，用来帮助五谷生长，养育百姓。我又希望能主宰阴阳，从而使众多生灵遂心地成长，对此我该怎么做？"广成子回答说："你所想问的，是万事万物的根本；你所想主宰的，是万事万物的残留。自从你治理天下后，天上的云气没等到聚集，就下起雨来；地上的草木没等到枯黄，就凋零了；太阳和月亮的光辉，也渐渐地晦暗下来。然而谗谄的小人，心地是多么的偏狭和恶劣，又怎么能够谈论大道呢？"

黄帝回来后，不理朝政，筑起清心的静室，谢绝交往，独居了三个月后，再次前往求教。黄帝双膝跪地匍匐向前，叩头行了大礼后问道："听说先生已通晓至道，冒昧请教修养自身，怎么样才能活得长久？"广成子回答："至道的精髓，幽深邈远；至道的至极，晦暗沉寂。什么也不看什么也不听，精神保持宁静，形体自然顺应正道。一定要保持清静，不要使身形疲劳，不要使精神恍惚，这样就可以长生。眼睛什么也没看见，耳朵什么也没听到，内心什么也不知晓，这样你的精神定能持守你的形体，形体也就能长生。我持守着浑一的大道，又处于阴阳二气调谐的境界，所以我修身至今虽有一千二百年，但我的身形却从不曾衰老。"

黄帝再次行了大礼叩头道："先生真可谓是与自然浑然一体了！"广成子又道："掌握了我所说的道的人，在上可以成为皇帝，在下可以成为王侯；不能掌握我所说的道的人，在上只能见到日月的光亮，在下只能化为泥土。万物苍生都生于土地又返归土地，所以我将离你而去，进入那没有穷尽的大门，遨游于没有极限的原野。我将与日月同光，与天地共存。"

向广成子问道后，黄帝又登上王屋山取得丹经，而后再回到缙云堂修炼。他采来首山铜，在荆山下铸九鼎。鼎刚铸成，就有一条龙来迎他进入仙境。黄帝当即骑上龙飞升上天。几个小臣也想一起升仙，便匆忙抓住龙须。结果龙须断了，小臣们又坠落到地面。据说，龙须草便是那些龙须变的。

出处

《史记·五帝本纪》："黄帝者，少典之子，姓公孙，名曰轩辕。生而神灵，弱而能言，幼而徇齐，长而敦敏，成而聪明。"

《庄子·外篇·在宥》："黄帝立为天子十九年，令行天下，闻广成子在于空同（崆峒）之山，故往见之。曰：'我闻吾子达于至道，敢问至道之精。吾欲取天地之精，以佐五谷，以养民人。吾又欲官阴阳，以遂群生，为之奈何？'广成子曰：'而所欲问者，物之质也；而所欲官者，物之残也。自而治天下，云气不待族而雨，草木不待黄而落，日月之光益以荒矣'……"

少昊
shào hào

在中国古代神话中，少昊是掌管西方的天帝，为五方天帝之一，同时执掌着萧瑟的秋天。少昊统治的神国在西方极远之地，那里的人以气为食，且长生不死。

而古史传说中，少昊原是东夷的首领，东夷是一个以鸟类为图腾的部族。少昊所管辖的部族均以鸟为名，有玄鸟氏、丹鸟氏、青鸟氏等，共二十四个氏族，形成了一个庞大的以鸟为图腾的部落。少昊先在穷桑即位，而后迁都到了曲阜，死后也被葬在了曲阜。

神话故事

百鸟国之王

传说少昊即位之初，天空中飞来五只凤凰，颜色各异，是按五方的颜色：红、黄、白、玄、青而生成。五只鸟飞落在少昊的庭院中，因此少昊又称为凤鸟氏。

少昊长大后，在东海之滨建立了自己的神国。有趣的是，在这个神国里，所有的文武百官都以鸟的名字来命名。掌管历法的叫凤鸟氏，他手下有

少昊

《历代帝王圣贤名臣大儒遗像》 法国国家图书馆藏
少昊原是东夷部落的首领,后来成为了西方的天帝。

四名属官,分别负责四季节气,即玄鸟氏、伯赵氏、青鸟氏和丹鸟氏。掌管政务的官员有五位,分别是司徒祝鸠氏、司马雎鸠氏、司空鸤鸠氏、司寇鹪鸠氏和司事鹘鸠氏。由于他们的名字都有一个"鸠"字,所以被称作"五鸠"。掌管手工业的官员也有五位,分别是管木工的鹩雉氏、管陶工的鹨雉氏、管金工的翟雉氏、管皮工的鹇雉氏和管染工的翬雉氏。由于他们的名字都有一个"雉"字,所以被称作"五雉"。而掌管农业的官员则有九位,他们的名字中都有一个"扈"字,所以被称作"九扈"。

出处

《吕氏春秋·孟秋纪》:"孟秋之月,日在翼,魂斗中,旦毕忠。其日庚辛,其帝少昊,其神蓐收,其虫毛,其音商,律中夷则。"

第一卷 神

颛顼
zhuān xū

在中国古代神话中，颛顼是掌管北方的天帝，为五方天帝之一，同时执掌着寒冷的冬天。颛顼统治的神国在北方极远之地，那里终年积雪，寒冷至极。

而古史传说中，颛顼原是上古部落联盟首领，是黄帝的曾孙，少昊的侄儿。虽生于若水，却生活在穷桑。因辅佐叔父少昊有功，被封于高阳。少昊死后，共工与颛顼争夺帝位，颛顼打败共工继位。他即位后严格遵循轩辕黄帝的政策行事，社会安定太平。

神话故事

共工怒触不周山

传说颛顼继位后，水神共工因心怀不满，于是召集对颛顼不满的天神

颛顼

《历代帝王圣贤名臣大儒遗像》 法国国家图书馆藏
颛顼是上古时期华夏族与东夷族融合的部族首领。

第一卷 神

共同反抗颛顼，并组建了一支军队。反叛者推举共工为部落盟主，突然发难，攻打颛顼。共工是炎帝的后裔，他与颛顼之间的战争，实际上还是炎黄大战的延续。

一场激烈的战争就此展开，双方从天上杀到凡间。等杀到西北方的不周山下时，共工败局已定。不周山像一根撑天的巨柱，挡住了去路。共工在绝望中发出了愤怒的呐喊，随即朝不周山撞去，山体被拦腰撞断，横塌下来。天柱被折断，顷刻间宇宙发生了巨大的变动：西北的天穹因失去支撑而向下倾斜，原本系在北方天顶的太阳、月亮和星星，被迫朝着低斜的西天滑去，形成了日月星辰的运行线路。

从此，人们不用再遭受白昼永远是白昼，黑夜永远是黑夜的困苦。另外，悬吊大地东南角的巨绳被崩断，东南大地塌陷下去，形成了我们今天所见的西北高、东南低的地势，还有江河东流、百川归海的情形。

出处

《吕氏春秋·孟冬纪》："孟冬之月，日在尾，昏危中，旦七星中。其日壬癸，其帝颛顼，其神玄冥，其虫介，其音羽，律中应钟。"

句芒

gōu máng

传说少昊有一个儿子叫重，后来辅佐太皞，死后成为木官之神，号曰句芒。句芒是中国神话传说中的木神，掌管春天万物的生长。

在中国，自古就有春神崇拜的观念，也有许多迎春、祭春的习俗。每年立春，人们祭祀的春神就是句芒。据清代《燕京岁时记》中记载，立春的前一天，顺天府各级官员须到东直门外春场举行迎春仪式：鞭打春牛，俗称"打春"；富家女子多吃春饼，而平常人家的女子则喜欢买萝卜来吃，俗称"咬春"。春神句芒随着鼓乐声出现，俨然是春天骑牛的牧童，头有双髻，手执柳鞭。这时的句芒被称作"芒神"，身兼耕作、播种和繁殖的农神神格。

句芒

明·蒋应镐绘

句芒是生命之神，管理着春天万物的生长。他为鸟身人首，四方脸，穿素衣；常乘着矫健的双龙飞翔于缭绕的白云中，给人们带来春天的信息。

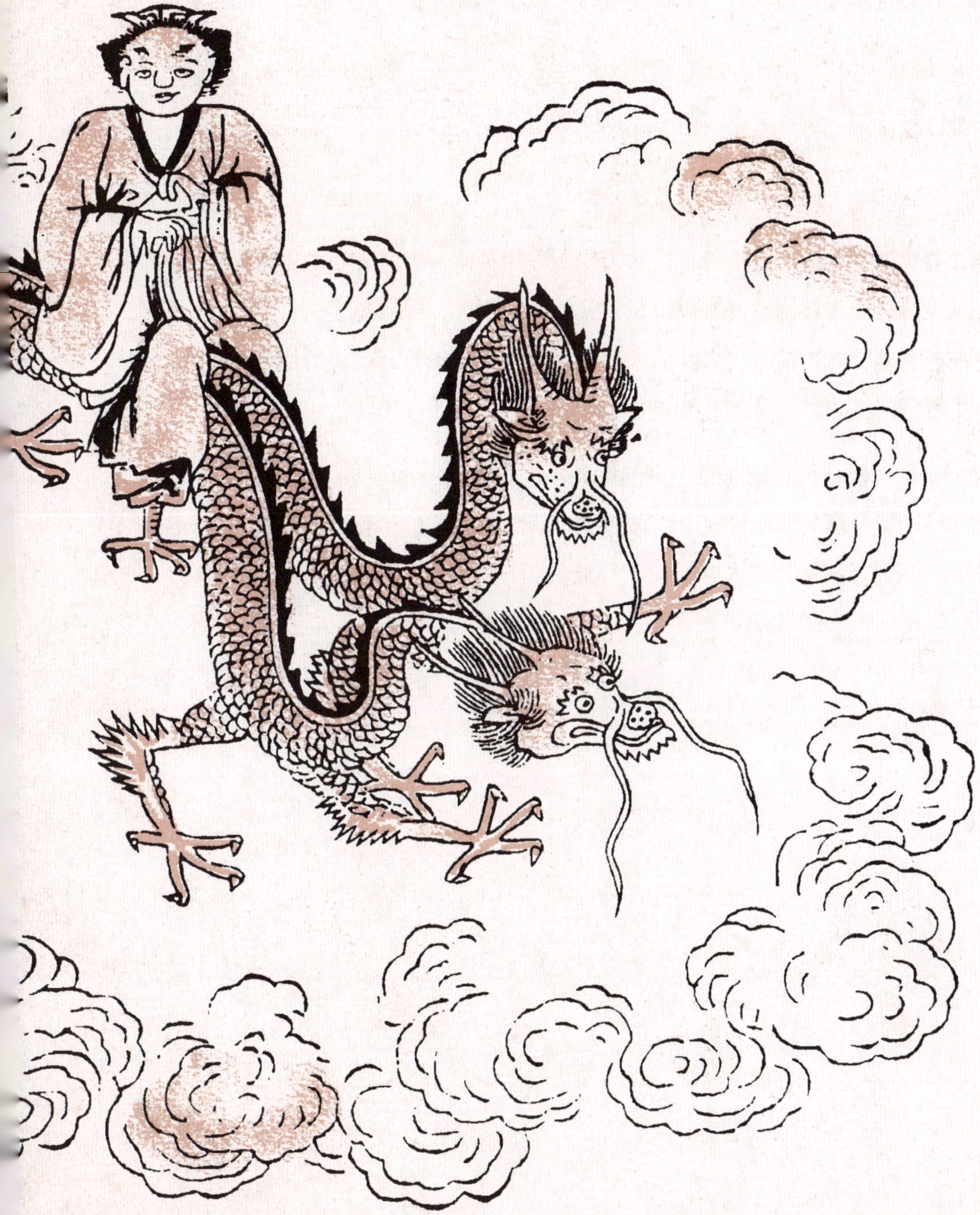

外貌形态

句芒长着一张方方的人脸,却有着鸟的身子,脚踏两条青龙。

神话故事

司春之神

据说春秋时,秦穆公是个贤王。他不仅能任用贤臣,曾拿五张羊皮将百里奚从楚国人手中赎回,并委以重任;又能厚爱百姓,曾赦免了三百个将他逃跑的马杀了吃的岐下野人。后来这些人感念他的恩德,就协助他一起打败了晋国的军队,还俘虏了晋国国君夷吾。

有一次,秦穆公待在宗庙里,突然看到一个长着鸟身的神走了进来,吓得他立马准备要跑。那神对他说:"不要怕,天帝欣赏你的德行,让我给你加十九年阳寿。你要让国家强盛,子孙繁多。"秦穆公拜谢:"敢问神您的大名?"神回答说:"我是句芒。"

出处

《礼记·月令》:"孟春之月其帝太皞,其神句芒,余春月皆然。"

祝 融
zhù róng

上古神话中的火神。据说祝融是炎帝的后代，他以火施化，帮着炎帝一起统治南方之地，赢得了人们的敬重。每年秋后，人们都会向他朝拜。祝融出行的时候，总是脚踏两条火龙，全身火红鳞片，很是威风！

外貌形态

祝融长着人的面孔，却有着猛兽的身子，双耳穿两条火蛇。

祝融

明·蒋应镐绘

祝融为人面兽身，出入乘二龙。图中此神人身兽爪，着围腰，左右手臂处，各喷出一串火焰，以示其火神神格。

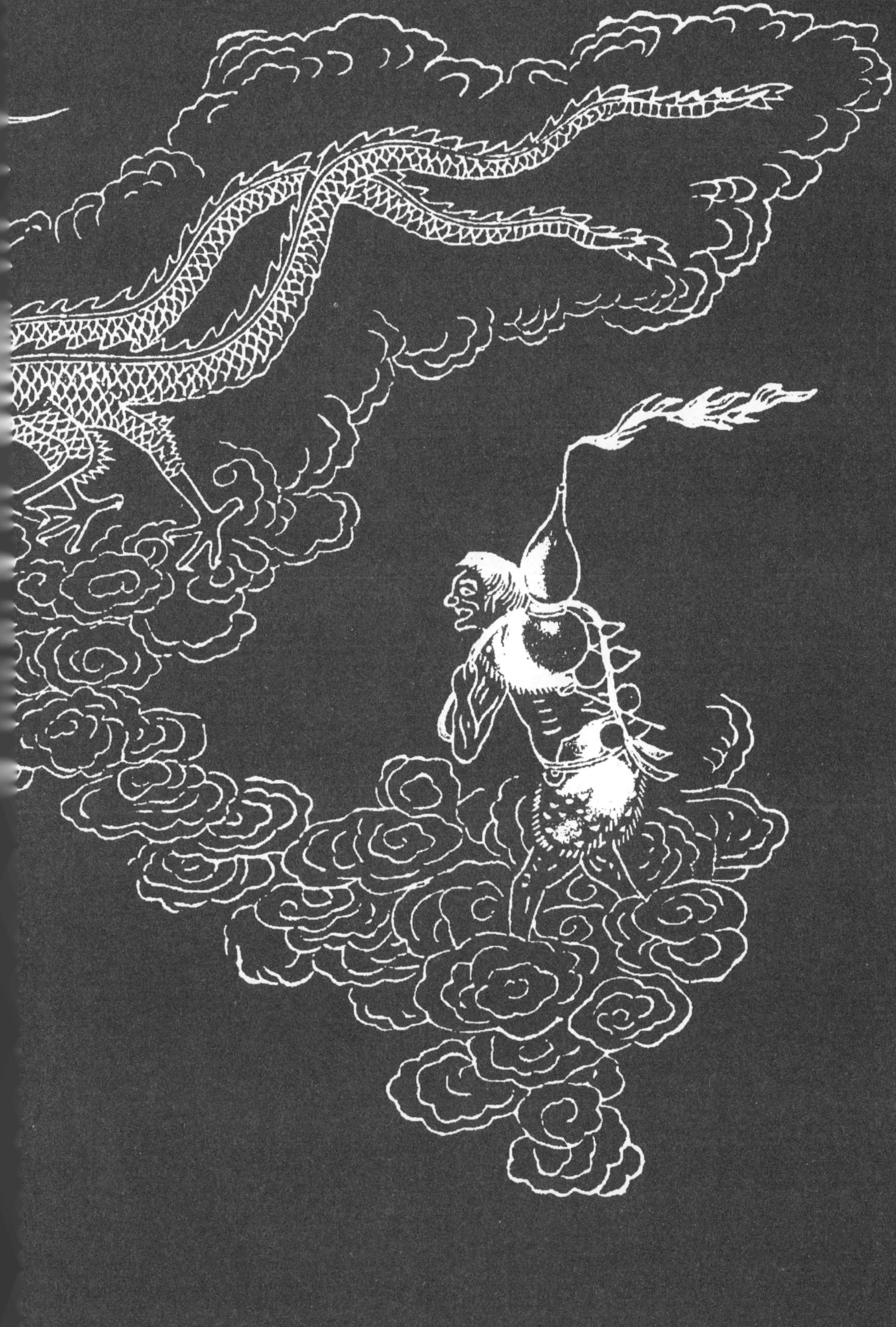

神话故事

祝融杀鲧

上古的时候,发生过一次巨大的洪水,大家所熟知的大禹治水的故事,说的就是这场大洪水。传说在大禹之前,负责治水的是他的父亲鲧。鲧趁天帝不注意的时候,将他的一件名为息壤的宝贝偷拿下界,用以治水。息壤是一种可以自己生长的神土,鲧想用它来围堵洪水,结果被天帝发现。天帝大怒,派火神祝融下界,在羽郊这个地方将鲧处死,收回了息壤。

当然,祝融可不是只会杀人的刽子手。商汤灭夏的时候,天帝便让祝融下界去帮助商汤,在夏朝的城池间降下大火,帮助商汤攻城。后来武王伐纣的时候,祝融又与句芒、蓐收等七位神,在雪天赶到洛邑帮助武王。

出处

《山海经·海外南经》:"南方祝融,兽身人面,乘两龙。"

西王母

xī wáng mǔ

神话传说中，西王母掌管着西方，是女仙的首领，举凡天上或地上所有成仙的女子皆由她管理。西王母居住在昆仑山上的悬圃里，那是一座空中花园，一共有玉楼九层，左绕瑶池，右环翠水。

西王母的形象在后世逐渐演化成为道教和民间传说中的王母娘娘。传说她有件宝物，就是吃了能长生不老的蟠桃。据说此桃三千年开一次花，三千年才结一次果，吃了可以增长寿命。每逢蟠桃成熟时，王母娘娘就会召集群仙，大开寿筵，称为"瑶池集庆"。因此，民间视王母娘娘为长生不老的象征。传说王母娘娘还掌管着不死药，嫦娥就是偷吃了丈夫后羿弄来的不死药，才飞升上天的。

关于西王母的来历有好多种说法，一种说法是她是古代西域某个小国的女王，蓬发虎齿，面目狰狞，仰天长啸一声，能使群兽惊慌而逃；还有一种说法就是她住在昆仑山上，得道成仙，是一位雍容华贵的女神。而西王母居住在昆仑山瑶池之畔的传说不但有迹可循，历史上也多有记载。据说周穆王向西游历，路过昆仑山时，就曾遇到过西王母，还受到过西王母的款待，并在瑶池上饮酒赋诗，盘桓多日。回来后想再度造访，但见山深林密，云雾缭绕，已经渺无踪迹了。

外貌形态

早期传说中，西王母的形象是个半人半兽的怪神，虽然长着人的模样，却满口虎牙，还长着豹一样的尾巴。头发总是乱蓬蓬的，上面插着用羽毛做成的头饰。后来才逐渐演变成一位端庄美丽的女神。

神话故事

穆王相会西王母

周穆王，西周王朝的第五位君主，在父亲周昭王第三次征讨荆楚死在汉水后，他便顺利登基，成了一国之君。周穆王是中国历史上一个富有传奇色彩的皇帝，传说他与西王母还有着千丝万缕的关系。

穆王十三年，周穆王亲率七萃之士，驾八骏之乘，以柏夭为先导，开始了以开拓国土为目的的西巡。一路上，他们经历了许多稀奇古怪的事。到了昆仑山，得知此地有一位女神西王母，貌若天仙，是天下少有的大美人。周穆王为了见她，特地选了个吉日，带上奇珍异宝作为礼物。西王母愉快地接受了周穆王的礼物，并把他当成最尊贵的客人来款待。

第二天，周穆王大摆宴席，请西王母一道饮酒行乐。设宴的瑶池，如同仙境一般，亭台楼阁，雕梁画栋，奇花异草，处处令人流连忘返。周穆王和西王母沉浸其中，欢愉无比，他们一会儿刻石记功，一会儿又植树留念，如同一对恋人。不料，国内来人传报徐偃王叛乱。于是周穆王不得不告别西王母，御驾东征。在告别宴上，两人以诗来互相抒发依依惜别之情。

这段颇为浪漫的恋情，被后世传为佳话。

西王母

《中国民间信仰研究》 法国教士禄是道撰

早期传说西王母的形象是个半人半兽的怪神，后来才逐渐演变成美丽的女神。

仙果蟠桃

据《汉武帝内传》中记载，元封六年四月，西王母曾与汉武帝相会。在与汉武帝相谈时，西王母抽出袖中的五岳真形图送给汉武帝，还命身边的仙女将四个蟠桃送给汉武帝。汉武帝吃后，只觉通体舒泰，齿根生香。于是小心翼翼地将桃核收起，准备拿回去栽种。西王母笑道："此桃三千年一结果，中夏地薄，种之不生。"汉武帝吃过一次蟠桃后，对这种难得一见的仙果念念不忘，尤其是食后在体内产生的奇异效果，使得汉武帝为之垂涎不已。

当时有一位人物叫东方朔，一开始汉武帝认为他文辞不逊，最初仅令他待诏公车而已。但不久后，他竟获得汉武帝的青睐，官至太中大夫。做官后的东方朔依旧劣性不改，还时常捉弄朝中大臣，做出了一些不可原谅的荒唐行为，然而汉武帝竟然一笑置之。一般朝臣均不明就里。其实是因为东方朔曾长途跋涉，登上昆仑山，为汉武帝偷过三次蟠桃的缘故。

汉武帝把吃过的桃核，一颗颗小心翼翼地收藏起来，一直传到明代。据《宛委余编》记载："洪武时，出元代内库所藏蟠桃核，长五寸，广四寸七分，上刻'西王母赐食武帝蟠桃于承华殿'。"

出处

《穆天子传》："西王母为天子谣曰：白云在天，山陵自出。道里悠远，山川间之。将子无死，尚能复来。"

九天玄女
jiǔ tiān xuán nǚ

九天玄女，俗称九天娘娘。民间传说她本是一位法力无边的女神，因除暴安民有功，玉皇大帝才敕封她为九天玄女。这位通晓军事的女战神，在中国民间到处都有踪迹，历朝历代均有影响。

据《山海经》《诗经》等文献记载，九天玄女曾授黄帝兵符印剑，奇门之术，助黄帝制服蚩尤，一统中华。九天玄女的形象经常出现在古典小说中，是扶助英雄，铲恶除暴的正义之神。《水浒传》中就有记载，宋江被官兵追捕，仓皇中逃入还道村玄女庙。其间九天玄女显灵，不仅救了宋江一命，还赐予他天书三卷。后来，宋江征辽时，被辽方的阵法所困，拿出天书得破阵之法，从而获胜。宋江衣锦还乡时，不忘九天玄女之恩，为她重修了庙宇。

关于九天玄女的原型，说法有多种。其中一种说法是玄女的原始形象是玄鸟，天帝命令玄鸟生下商的始祖契，建立了强大的商王朝，玄鸟就

九天玄女

传说九天玄女曾助黄帝战败蚩尤，并传给黄帝《阴符经》《三宫秘略》《五音权谋》之书。

是商的始祖；还有一种说法认为九天玄女是由天女魃衍化而来，据《山海经》记载，天女魃是由黄帝请来，专门对付蚩尤所请的风伯、雨师的。

外貌形象

《水浒传》中对九天玄女的形象有精彩描写："头绾九龙飞凤髻，身穿金缕绛绡衣。蓝田玉带曳长裙，白玉圭璋擎彩袖。脸如莲萼，天然眉目映云环；唇似樱桃，自在规模端雪体。正大仙客描不就，威严形象画难成。"

神话故事

玄女助轩辕

传说上古时,黄帝继位二十二年,礼贤下士,修身积德。而蚩尤却很残暴,为了拯救人民,黄帝奋起讨伐蚩尤。双方激战于涿鹿,黄帝虽得风后和力牧二圣贤助阵,但仍久战而不胜。蚩尤凭借妖术,呼风唤雨,多方变幻,使大雾弥漫三日三夜,令军士不见天日,难辨山川四野,黄帝的军队被困于太山之下。黄帝见军士无法作战,只得引兵撤退。

于是黄帝赴泰山虔诚祈祷,终使西王母感动。西王母遣使先授真符给黄帝佩戴,再命九天玄女降临,传授三宫五意,阴阳之略,太乙遁甲之术,以及兵符印剑。为了战胜蚩尤,九天玄女令军士宰夔牛制作八十面战鼓。黄帝在得到九天玄女的辅助之后,带兵与蚩尤大战于中冀。当黄帝摆下"奇门遁甲"阵之后,即令军士以雷兽之骨,大击八十面夔牛皮巨鼓。一时间鼓声大作,一击震五百里,连击震三千八百里,整个战场地动山摇,天旋地转,喊杀声直冲霄汉。蚩尤兵卒神魂颠倒,冲杀无门,败倒如山。尔后,黄帝又诛榆罔于阪泉。经过这场血战,天下始得大定。

出处

《古文龙虎经注疏·卷上》:"玄女乃天地之精神,阴阳之灵气。神无所不通,形无所不类。知万物之情,晓众变之状。为道教之主也。玄女亦上古之神仙,为众真之长。"

夸父

夸父
kuā fù

上古时期的神话人物之一。"夸父逐日"的寓言故事，在中国流传了几千年。它是远古先民通过幻想与逐日等神话，来表现他们对生命和时间的思考。但用后人的眼光来看，夸父对太阳的追逐是不可理喻的，所以《大荒北经》中说："夸父不量力"。而对于夸父逐日的原因，有些人认为，是先民对光明的追求；也有一些人认为，夸父可能是远古时期的一个巫师，逐日只是一种巫术仪式。

夸父逐日

明·蒋应镐绘

夸父是与太阳赛跑的神人，也是人类的先祖及山林万物的缔造者。白云缭绕、天地氤氲中，一轮巨日光彩夺目，神人夸父迈开大步，衣带飘扬，追逐那远方的太阳。

神话故事

夸父逐日

远古时，在北方大荒中一座叫成都载天的山上，住着夸父族的人。据说他们是大神后土的子孙，个个身材高大无比，力量也大得惊人。

太阳每天从东方升起，又向西方坠落，接下来就是黑暗无边的长夜，直到第二天早晨太阳才再次升起。巨人夸父心想：每天晚上，太阳躲到哪里去了呢？如果我去追赶太阳，把它抓住，将它固定在天空中，那大地就会不分昼夜，一直是光明的了。于是他迈开大步，在原野上如风一般地狂奔，向着西斜的太阳追去。他这一追，一直把太阳追到了禺谷。禺谷就是虞渊，也就是太阳沉落的地方。还不等太阳落下去，巨人夸父就已经追上了。一团红色的火球在夸父的面前，他举起巨大的双臂，想把面前的太阳捉住。可就在这时，他忽然感觉喉咙干渴难耐。于是，他只能暂时放弃想要捉住的太阳，俯下身去喝黄河和渭水里的水。经他一喝，霎时间两条大河的水都被喝干了，可即便是这样，仍然口渴难耐。

他继续向北方跑去，准备去喝大泽里的水。大泽又名瀚海，在雁门山的北面，是鸟雀滋生幼儿，更换羽毛的地方，纵横千里之广。那里倒是一处好水源，可以给巨人解渴。可惜夸父还没有到达目的地，就在中途渴死了。他高大的身躯如同一座大山轰然倒塌，大地和山河都因巨人的倒下而发出巨大的震响。这时太阳正向虞渊落去，夸父看着正在西落的太阳，长叹了一声，把手里拄的杖奋力往前一抛，闭上眼睛长眠了。

第二天早晨，太阳又从东方升起，金光普照着大地。倒在原野上的夸父，已变成一座巍峨的高山，山的北边有一片桃林，据说那是夸父的手杖变成的。他要把鲜美的果子，送给后来追寻光明的人们解渴。

出处

《山海经·海外北经》："夸父与日逐走，入日。渴欲得饮，饮于河渭，河渭不足，北饮大泽。未至，道渴而死。弃其杖，化为邓林。"

神农

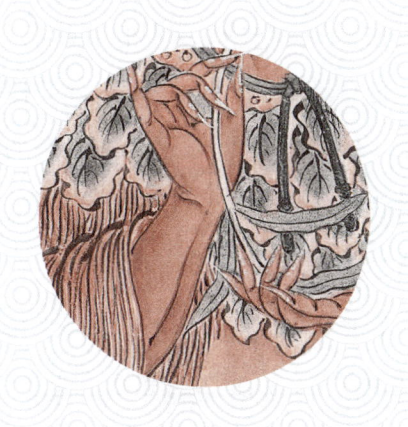

shén nóng

远古时期，人们经常因乱吃东西而生病，甚至丧命。于是，神农跋山涉水，尝遍百草，找寻治病解毒良药，以救人之命，后因误食"断肠草"而死。人们为了纪念神农的恩德，将他与画八卦的伏羲、作《内经》的黄帝，一同尊为"医王""医祖"。每逢传说中神农的生日——农历四月二十六，民众和医生都纷纷前往相关庙宇祭祀。

外貌形态

牛首人身，头上有两只角；又一说龙首人身。

神话故事

神农尝百草

远古的时候，人们还不会用火烧东西，什么东西都是生吃。他们吃野草，喝生水，食用树上的野果，吃地上爬的小虫子，所以常常生病、中毒。那时候的人生了病，不知道对症下药，只能硬挺，挺过去就好了，挺不过去就只有等死。神农看到后焦急万分，他想到天帝的花园里有奇花异草，说不定可以治病，于是便决定上天去。那时候上天有两条路：一条是从昆仑山上去；另一条是从都广之野顺着一株叫建木的大树爬上去。神农选择了从都广之野登建木上天。

在天帝的花园里，神农摘了一大把瑶草。走出花园时，恰巧碰到了天帝。天帝对神农说，这点儿瑶草治不了多少人的病，于是便给了他一根神鞭。据说用此鞭鞭打在草上，便可以识别草药是有毒还是无毒，中国草药即有此称。神农拿着这根神鞭从都广之野走一路鞭一路。至今在湖北的西部，还能找到神农当年鞭药的地方——神农原。

一天，神农口渴了，正好看到一种树叶，便顺手摘了几片放到嘴里咀嚼。这一嚼还真解渴，吃进肚子里，感觉似有东西在上上下下摩擦，把他的胃擦洗得干干净净。这一发现让神农欣喜不已，他断定这种树叶既能解渴，又能解毒。于是他决定改鞭药为尝药，如果遇毒，就用这种树叶来解毒。神农管这种树叶叫"查"（巡查的意思），后人又转成了"茶"这个字。

一次，神农尝了一种淡红色的小花，感觉能润肺清热，便给它取名叫"甘草"。又一次，神农尝了一种绿色的小花，刚一吃下去膝头就肿得像牛膝盖一样，神农连忙吞了一把茶叶，才解了毒，于是神农管这种植物叫"牛膝"。神农就这样一路走一路尝百草，回到了烈山。据说被他尝过的花、草、根、叶，就有三十九万八千种。

神农下定决心要尝遍所有的草。这天，他发现一株攀在树上的藤状植物，开着一朵朵黄色的小花，叶子还会一张一缩的，他觉得很奇怪，这是不是妖草啊？神农想要探个明白，便采了一片叶子放到嘴里。谁知这是一种含有剧毒的药草，名叫"断肠草"。神农还来不及吃茶叶解毒，手里抓着那株植物，便痛苦地死去了。

神农氏

《历代帝王圣贤名臣大儒遗像》 法国国家图书馆藏
在民间传说中，神农不仅开创了人类播种五谷的农业文明，而且是舍身为人尝尽百草的药理学发明家。

在我国的川、鄂、陕交界，传说是神农尝百草的地方，人们便把这一带地方称为神农架。后世的人将神农的经验写成了药书，称之为《神农本草经》。

出处

《通志》记载："民有疾病未知药石，乃味草木之滋，察寒热之性，而知君臣佐使之义，皆口尝而身试之，一日之间而遇七十毒。或云神农尝百药之时，一日百死百生，其所得三百六十物，以应周天之数。后世承传为书，谓之《神农本草》。又作方书以救时疾。"

洛神

洛神
luò shén

洛神名为宓妃，在中国水神中是最具美感的神，传说她是伏羲氏的女儿，后不幸溺死在洛水中，遂为洛水之神。

这位古老传说中的女神，屈原在《天问》和《离骚》中都曾提及，而关于她的传世之作《洛神赋》则出自三国才子曹植之手，此赋可以说是人神恋题材中最杰出的作品之一。有人认为是曹植求甄逸女不遂，后见其玉镂金带枕，哀伤而作。

外貌形态

《洛神赋》中描写的洛神："翩若惊鸿，婉若游龙，荣曜秋菊，华茂春松。髣髴兮若轻云之蔽月，飘飖兮若流风之回雪。远而望之，皎若太阳升朝霞；迫而察之，灼若芙蕖出渌波。"

神话故事

洛神赋

由于年代久远，洛神的事迹我们今天已经无从知晓，但关于《洛神赋》，却流传着一个哀伤的爱情故事。

曹操的儿子曹植，博学多才，文采绝伦，诗词歌赋无一不精。甄宓是上蔡令甄逸的小女儿，美貌绝伦，智慧超群，是个很有才华的女子。甄宓最初是许给袁绍的二子袁熙为妻，袁绍兵败后，曹丕发现甄宓的美丽，据为己有。而甄宓并不爱曹丕，她爱慕的是才华出众的曹植，但两人并无机缘亲近，只能彼此相恋于心。

在二子争位中，曹丕战胜弟弟，当上了魏王，并于公元220年夺权称帝，其妻甄宓则

洛神图卫九鼎

元代　立轴　纸本水墨
台北故宫博物院藏
洛神身材修长，秀丽而端庄，长长的衣带随风飘动，正乘云缓缓行于水波之上。元代画家倪瓒在画幅上题道："凌波微步袜生尘，谁见当时窈窕身。能赋已输曹子建，善图惟数卫山人。"

洛神赋图（局部）

顾恺之　长卷　绢本　北京故宫博物院藏

《洛神赋》是三国文学家曹植的名篇，描述他在由京师返回封地途中，与洛水女神相遇的动人爱情故事。顾恺之在《洛神赋图》中根据曹植的《洛神赋》中文字的描绘，创造了许多神仙和奇禽异兽。这些神兽在现实生活中并不存在，如此图画出的海龙就长着一对长长的鹿角、马形脸、蛇的颈项和一副如羚羊般的身体，而遨游的怪鱼也长着豹子一样的头。这种高古的绘画技法，增强了故事的传奇性和神秘感。

受封为皇后。甄宓看似荣华正好，却命运多舛。后宫嫔妃相互勾心斗角，暗使计谋陷害她，曹丕盛怒之下将甄宓赐死。甄宓临死前思念曹植，将自己用的玉缕金带枕交给丈夫，请他转交给曹植。甄宓死后，曹丕后悔不已，从封地将曹植叫来，将金带枕交给他。曹植睹物思人，泪如泉涌。

曹植返回封地时，途经洛水，做了一个梦，梦见甄宓前来相会。二人在梦中互述离苦，一梦醒来，百感交集，于是作此赋以慰哀哀之情。但因心上人甄宓是自己的嫂嫂，又是皇后，故不方便明赋，又因过洛水，于是便假借赋洛河之神来暗赋自己的心上人甄宓。这就是传说中《洛神赋》的由来。

出处

《离骚》："吾令丰隆乘云兮，求宓妃之所在。"

蚩尤
chī yóu

蚩尤是上古时九黎氏族部落的首领，因在涿鹿之战中与黄帝交战而闻名。蚩尤不仅能制造金属兵器，又善作战，故被尊为战神、兵器之神，受到世人的崇拜。传说蚩尤有兄弟八十一人，全都是铜头铁额，有八条胳膊，九只脚趾，个个本领非凡。

外貌形态

传说蚩尤有八只脚，三头六臂，铜头铁额，刀枪不入。

第一卷 神

神话故事

涿鹿之战

蚩尤是炎帝的后裔,炎帝在与黄帝大仗失败后,蚩尤咽不下这口气,一心想要报仇雪耻,于是率八十一个兄弟举兵反抗,还集合了南方的苗族和许多鬼怪,与黄帝在涿鹿展开激战。

黄帝不能力敌,于是请来天神助其破之。黄帝招来应龙,让它行云布雨,想用水淹蚩尤的军队。蚩尤便找来了风伯、雨师,用神力造出弥天风雨,比应龙布得更大,黄帝的军队被泡在了水中。后来黄帝便从昆仑山召来了旱魃。旱魃一来,大雨立刻停了,天下大旱,黄帝的军队趁机反扑,将蚩尤的军队打退。

这是一场旷日持久的战役,也不知打了多少年。双方杀得天昏地暗,血流成河。最终蚩尤被黄帝所杀,黄帝斩了蚩尤的首级,将其首级埋葬,首级化为血枫林。黄帝尊蚩尤为兵主,即战争之神。后来天下大乱,黄帝将蚩尤的形象画在军旗上,用以威慑天下。天下皆以为蚩尤不死,他勇猛的形象让人望而生畏,诸侯见蚩尤像便不战而降。

出处

《皇览·冢墓记》云:"传言黄帝与蚩尤战于涿鹿之野,黄帝杀之,身体异处,故别葬之;又传言:黄帝杀之实一蚩尤部将,在蚩尤重伤陷绝境处舍身换穿蚩尤衣,为主撞山崖自杀。追兵至,辨衣着为蚩尤。真蚩尤葬于涿鹿矾山镇。"

蚩尤始乱图

蚩尤与黄帝在涿鹿大战，最终被黄帝用奇门之术打败。

第一卷 神

嫘 祖

léi zǔ

嫘祖为西陵氏之女，轩辕黄帝的元妃，因发明了养蚕，被称为先蚕。嫘祖是先祖女性中的杰出代表，教民养蚕治丝，制衣裳而兴教化，辅佐黄帝，母仪天下，被后人奉为"先蚕圣母""蚕神"。

神话故事

嫘祖始蚕

黄帝战胜了蚩尤后，建立了部落联盟，被推选为部落联盟首领。那时人们开始种五谷，制造生产工具，做衣冠的事就交给了正妃嫘祖。她时常带领部落里的妇女们上山剥树皮、织麻网，还把男人们捕猎的野兽皮毛剥下来，进行加工，部落里的人都穿上了衣服。

有一天，几个妇女上山摘野果。她们在一片桑树林里，发现一颗树上结满了白色的小果，便将其采摘回来。回来后一尝，果子没有一点儿味道，也咬不动。后来她们把果子放进水里煮，用木棒搅后却发现木棒缠上了很多白细线。不大一会工夫，锅里竟全变成了晶莹柔软的细丝线。她们把缠在木棒上的细丝线拿给嫘祖看，嫘祖仔细端详木棒上的细丝线，然后对身边的妇女们说："这不是果子，不能吃，但它却大有用处。"

清 耕织图·捉绩

相传最初懂得如何养蚕的人是黄帝之后——嫘祖。

后来嫘祖带着妇女们上山,在树林里观察了好几天,才弄清楚这种白色果子,是由一种口吐细丝的虫子绕织而成,并不是树上结的果子。回来后她将此事禀报给黄帝,要求黄帝下令保护所有的桑树林。从此,栽桑养蚕就在嫘祖的带领下开始了。后世为了纪念嫘祖的功绩,称她为"先蚕娘娘"。

出处

《通鉴外记》亦曰:"西陵氏之女嫘祖,为黄帝元妃,治丝茧以供衣服,后世祀为先蚕。"

禺彊
yú qiáng

中国古代传说中的海神、风神和瘟神,是黄帝之玄孙。据说禺彊刮起的风会传播瘟疫,如果遇上它刮起的西北风,人便会受伤。因此西北风也被古人称为"厉风"。

外貌形态

身体像鱼,却长着人的手足,乘坐双头龙。

神话故事

东海仙山

很久很久以前,在深不可测的海面之上有五座仙山,分别是岱舆、员

禺彊

明·蒋应镐绘
传说禺彊有两种形象，当他是风神的时候，就是鸟的身子，脚踩两条青蛇，生出寒冷的风；是北海海神的时候则是鱼的身子，但也有手有足，驾驭两条龙。

峤、方壶、瀛洲和蓬莱。这五座仙山高三万里，山与山之间相隔七万里，山顶上是九千里平地，上面盖着黄金宫殿，神仙们都住在这些仙山上面。

一开始这些仙山是漂浮在水面上，下面没有生根。一遇上大的风浪，几座仙山便在海中漂来漂去，一会儿挨得很近，一会儿又相隔很远。后来为了固定住仙山，天帝令天神禺彊去解决仙山飘忽不定的问题。禺彊接到天帝的命令后，立即赶到归墟，调来十五只大乌龟，然后把它们分成五组，每组三只。三只中的其中一只背负仙山，另外两只则在下边候着，每六年交接班一次，轮流背负仙山。

出处

《庄子释文》引《大荒经》云："北极之神名禺彊，灵龟为之使也。"

计蒙
jì méng

中国古代神话中的司雨之神，亦名雨师。计蒙虽是人身，却拥有一张龙的脸，时常在漳水里嬉戏。当他在山中出没时，必定会伴随着狂风暴雨。

外貌形态

虽是人身，却长着龙的脸。

出处

《山海经·中次八经》："又东百三十里，曰光山，其上多碧，其下多水。神计蒙处之，其状人身而龙首，恒游于漳渊，出入必有飘风暴雨。"

计蒙

明·蒋应镐绘

计蒙为龙首人身,他是光山山神,出入处伴着狂风暴雨。

神 第一卷

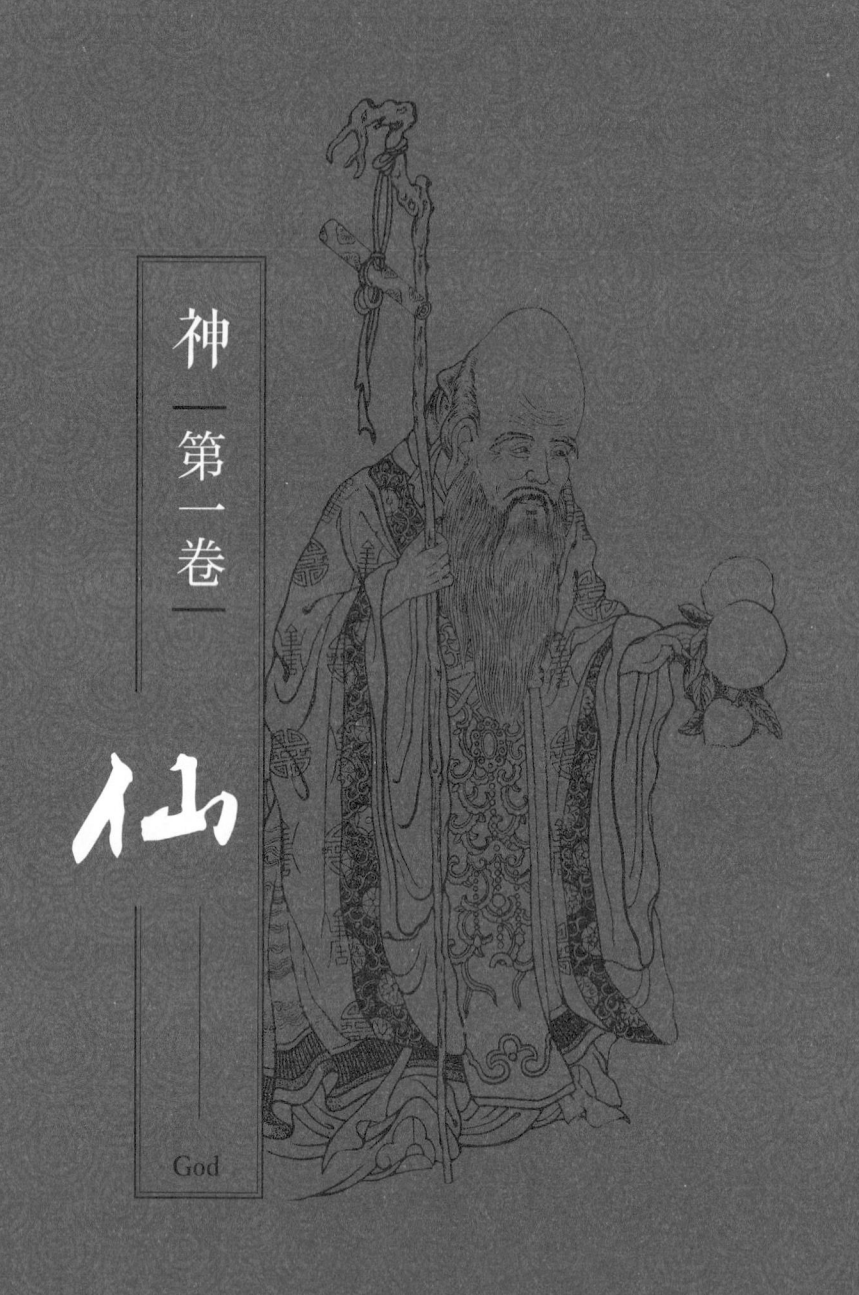

仙

God

八仙 bā xiān	·	054
赤松子 chì sōng zǐ	·	060
钟馗 zhōng kuí	·	062
祝鸡翁 zhù jī wēng	·	066
啸父 xiào fù	·	068
寇先 kòu xiān	·	070
于吉 yú jí	·	072

八仙
bā xiān

八仙分别为铁拐李、汉钟离、张果老、何仙姑、蓝采和、吕洞宾、韩湘子以及曹国舅。

铁拐李，民间传说为八仙之首。《历代神仙通鉴》中记载，铁拐李本来长得十分魁梧，相貌堂堂，修炼于砀山岩穴中，会使导出元神法术。一次行"元神出壳"法术，赴千里之外的华山。数日后回归，发现其肉身已被其徒误焚，只得投身于一个跛了一只右脚的丑陋汉子。

铁拐李
《中国民间信仰研究》 法国教士禄是道撰
铁拐李常背一葫芦，据说里面装有仙药，降到人间时，专门用来治病救人。

汉钟离，也称为钟离权，在八仙中名气仅次于铁拐李。《宣和年谱》《夷坚志》以及《宋史》等古籍中都有关于他的记载。民间传说，汉钟离刚出生的时候，就如三岁小孩一般大，天生一副福相。更为奇怪的是，他昼夜不声不响，不哭也不吃。一直到第七天，他突然说了一句话，父母以为他是神仙转世。汉钟离长大以后，任朝廷谏议大夫，奉召出征吐蕃，战败后隐居终南山。后得华阳真人等仙人指点，最终成仙。

汉钟离
《中国民间信仰研究》 法国教士禄是道撰
汉钟离袒胸露乳，手摇芭蕉扇，神态自若，是个闲散的汉子。

张果老，据史书记载确有其人，原是唐朝的道士，擅长法术，经常隐居在恒州中条山。民间传说他活了数百岁，所以被人们尊称为张果老。据说唐太宗、唐高宗曾派使者召见他入宫，他都不愿意去。到了武则天时期，不得已奉诏出山，走到半路假装死去又未去成。到了唐玄宗时期，玄宗派遣使者终于将他请到宫内，还准备将女儿许配给他。他没同意这门亲事，恳辞还山，走到半路死于衡山蒲武县。传说张果老常背一个道情筒，倒骑白驴，云游四方，劝化度人。

张果老
《中国民间信仰研究》 法国教士禄是道撰
民间传说张果老常背负一个道情筒，倒骑白驴。后来民间的名言"骑驴看唱本"就源于此。

第一卷 仙

何仙姑，八仙中唯一的女仙。据说其原名为何秀姑，生于唐朝，出生时紫云绕室，头顶上有六道毫光。15岁时，梦见神人教她食云母粉，于是轻身如飞，往来于山顶之间，每天采山果孝敬母亲。后来辟谷，武则天派使者召请，中途不知方向，有人说在唐中宗时，八月初八飞天。

何仙姑

《中国民间信仰研究》 法国教士禄是道撰
何仙姑是位手持荷花的年轻漂亮女子，雅称"荷仙姑"。

蓝采和，八仙中玩世不恭，似狂非狂的行乞道仙。《续仙传》《太平广记》以及《南唐书》等古籍中均载有他的事迹。据说蓝采和本是赤脚大仙降生，其行为怪僻，贪杯喜唱，平时穿一身破蓝衫，一只脚穿只靴子，另一只则光着脚丫子。他手持三尺有余的大拍板，一边打着竹板，一边踏歌而行，沿街行乞，有时见到穷人，就把铜钱送给他们。

蓝采和

《中国民间信仰研究》 法国教士禄是道撰
蓝采和手捧花篮，花篮里包罗万象，神秘莫测，能广通神明，驱除邪灵。

吕洞宾，八仙中人情味最浓的一个，他潇洒风趣，除暴安良。吕洞宾本名吕嵒，字洞宾，道号纯阳子。父祖均曾任高官。吕洞宾起初也热衷科举，但两次投考进士科，均未中。在长安遇到仙人汉钟离，被点化，遂弃儒修道，追随汉钟离，拜其为师。后得道成仙，被后世全真道追认为祖师之一。民间流传有许多关于吕洞宾的故事和传说。

吕洞宾
《中国民间信仰研究》 法国教士禄是道撰
吕洞宾背着一把宝剑，行侠仗义，被尊为剑祖剑仙。

韩湘子，擅吹洞箫，拜吕洞宾为师学道。普遍说法认为，韩湘子是唐代文学家韩愈的侄子。《酉阳杂俎》《太平广记》以及《仙传拾遗》等古籍都有关于他的记载。传说韩湘子为人放浪不羁，叔父韩愈劝他努力学习，而韩湘子却回答说："我所学的，不是您所能了解的。"随后又作了一首诗。韩愈笑着问他："你能夺造化吗？"韩湘子说："这是很容易的事。"于是韩愈拿来一个酒樽，韩湘子取土填满。过了一会儿，从土中长出碧花两朵，和牡丹差不多大，颜色艳丽。花间涌出金字一联，正是预言几年后韩愈被贬潮州的事。

韩湘子
《中国民间信仰研究》 法国教士禄是道撰
韩湘子是一位手持长笛的英俊少年。道教音乐《天花引》，相传为韩湘子所作。

第一卷 仙

曹国舅，排名于八仙之末，出现的时间最晚。《宋史》中有关于曹国舅的记载，曹佾，字公伯，曹彬之孙，曹皇后的弟弟。曹国舅通晓音律，喜欢作诗，封济阳君王，身历数朝而一帆风顺，年七十二寿终。《神仙通鉴》云：曹国舅天性纯善，不喜富贵，却慕恋于仙道。其弟则骄纵，恃势妄为，曹国舅对其恶行深以为耻，遂入山修炼。后遇汉钟离、吕洞宾收他为徒，很快修道成仙。

曹国舅

《中国民间信仰研究》 法国教士禄是道撰
曹国舅头戴纱帽，身穿红袍官服，手持玉板。

传说八仙各有不同的法器：铁拐李有铁杖和葫芦，汉钟离有芭蕉扇，张果老有纸叠驴，何仙姑有荷花，蓝采和有花篮，吕洞宾有长剑，韩湘子有横笛，曹国舅有玉板。八位神仙随身携带的法器各有妙用。

外貌形态

铁拐李跛了右脚，拄一根铁拐杖；汉钟离祖胸露乳，手摇芭蕉扇，红脸膛，神态自若，是个闲散的汉子；张果老鹤发童颜，银须飘拂，倒骑毛驴；何仙姑是位年轻漂亮的女子，手持荷花；蓝采和原是一名游方的道士，穿破烂的蓝衣裳，一脚穿靴子，一脚赤行；吕洞宾背着一把宝剑，行侠仗义；韩湘子是一位手持长笛的英俊少年；曹国舅头戴纱帽，身穿红袍官服，手持玉板。

神话故事

八仙过海

"八仙过海"的故事，可以说是中国民间流传最广的道教神话故事，最早见于杂剧《争玉板八仙过海》中。

相传有一次，白云仙长在蓬莱仙岛的牡丹盛开时，邀请八仙共襄盛举。酒至酣时，铁拐李意犹未尽，对众仙说："都说蓬莱、方壶、瀛洲三神山景致秀丽，我等何不去游玩观赏？"吕洞宾说："我等既为仙人，此番渡海不得乘舟，只凭个人道法，众仙意下如何？"众仙听了，欣然同意。

八位仙人齐聚海边，逍遥闲散的汉钟离率先把芭蕉扇往海里一扔，那扇子大如蒲席，他仰躺在扇子上，向远处漂去；清婉动人的何仙姑步其后尘，将荷花往海中一抛，顿时红光万丈，仙姑亭亭玉立于荷花中间，风姿迷人。众仙谁也不甘落后，借尸还魂的铁拐李、吟诗行侠的吕洞宾、倒骑毛驴的张果老、振靴踏歌的蓝采和、巧夺造化的韩湘子、隐迹修道的曹国舅，纷纷将各自的宝物扔入海中。海面上顿时翻江倒海，滔天巨浪震动了东海龙王的宫殿。东海龙王急派虾兵蟹将出海观望，方知是八仙各显其能，兴海所为。言语间与八仙发生冲突，引起争斗。东海龙王恼羞成怒，趁八仙不备，将蓝采和擒入龙宫。

众仙见状大怒，双方在海里打起一场恶战。众仙连斩东海龙王两个龙子，虾兵蟹将抵挡不住，纷纷败下阵来。东海龙王怒不可遏，急忙请来南海、北海和西海龙王，合力翻动五湖四海之水，掀起惊天巨浪，直奔众仙而来。这时忽见浪中闪出一条路来，原来曹国舅的玉板天生具有避水神力，他怀抱玉板在前开路，任凭巨浪排山倒海，却奈何不了众仙。四海龙王见此情景，十分恼火，又调动四海兵将准备再战。恰巧南海观音从此地经过，出面制止，东海龙王放出蓝采和，双方才罢战。后来，八仙拜别观音，各持宝物，兴波逐浪遨游而去。

出处

八仙的人选历代均有所不同，明代吴元泰所作的演义小说《东游记》流行后，书中所选用的八仙人选影响日益增大，盖过了其他各种说法。

赤松子
chì sōng zǐ

赤松子是神农时主管雨的官,他常去神仙居住的昆仑山,在西王母的石室里歇息,随风雨自由上下。炎帝的小女儿追随赤松子学习道法,也成了神仙,随后两人一起隐遁出世。

到高辛帝的时候,赤松子又重新成为掌管雨的官。如今的雨师之职,就是据此设置的。"精妙赤松子,飘飘炎帝女。携手游霄汉,轻盈双飞举。纵身驾长风,展翅昆仑圃。神通又广大,为民掌管雨。"

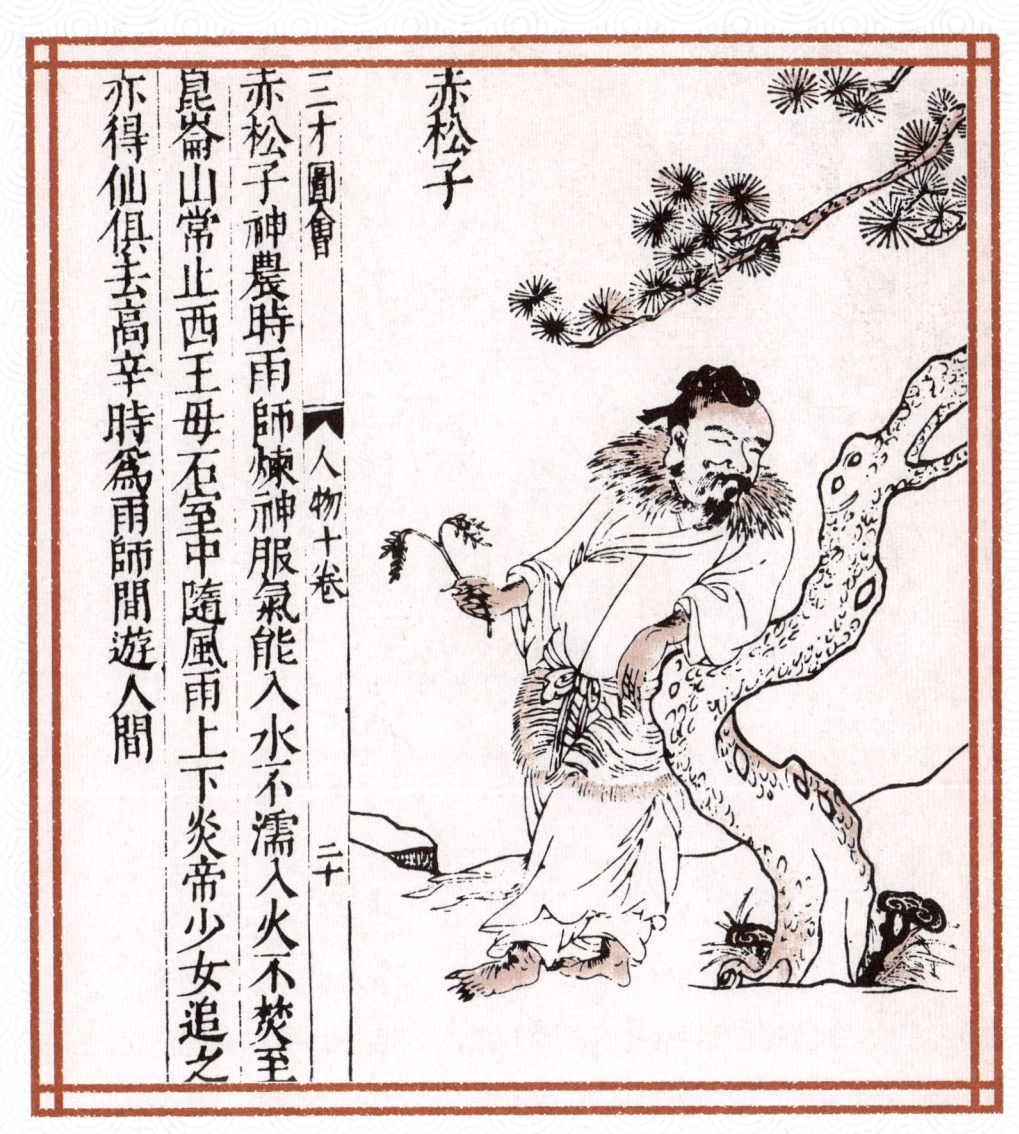

赤松子

三才圖會　人物十卷　二十

赤松子神農時雨師煉神服氣能入水不濡入火不焚至昆崙山常止西王母石室中隨風雨上下炎帝少女追之亦得仙俱去高辛時為雨師間遊人間

赤松子

明·《三才图会》

相传赤松子善识药炼神，能入水不濡，入火不焚，后成仙。

出处

《列仙传》："赤松子者，神农时雨师也，服水玉以教神农，能入火自烧。往往至昆仑山上，常止西王母石室中，随风雨上下。炎帝少女追之，亦得仙，俱去。至高辛时，复为雨师，今之雨师本是焉。眇眇赤松，飘飘少女。接手翻飞，泠然双举。纵身长风，俄翼玄圃。妙达巽坎，作范司雨。"

第一卷　仙

钟馗

钟馗
zhōng kuí

中国民间传说中的驱鬼逐邪之神，古时民间常挂钟馗的像辟邪除灾，以求得平安。据说钟馗生得豹头环眼，铁面虬鬓，相貌奇异，一副凶神恶煞的样子，就连小鬼见了都害怕。但钟馗却很有才华，满腹经纶，且为人刚直，不惧邪祟。正是因为这样的铁面无私，所以才不会对小鬼有丝毫的手软。

外貌形态

豹头环眼，铁面虬鬓，相貌奇异。

第一卷 ― 仙 ―

钟馗符

作为民间捉鬼形象的代表，钟馗符经常被张贴在家中，认为可以驱除邪祟。

钟馗

钟馗是中国传统文化中的"赐福镇宅圣君"。

民间故事

钟馗捉鬼

在神话传说中，历代帝王都是天子，任何邪煞之物，妖魔鬼怪都不可侵。但是就有这么一只厉害的小鬼，不但欺扰了天子，还偷走了天子的心爱之物，最后却成了除魔大神钟馗祭口的妖鬼。

故事说的是唐开元年间，有一次唐玄宗从骊山回宫，身体不适，太医医治了一个多月，也不见效。一天晚上，玄宗高烧不退，昏昏欲睡中，迷迷糊糊见一只小鬼鬼鬼祟祟地游窜到殿内。这小鬼身穿绛色衫，长着牛鼻子,光着一只脚丫,穿一只鞋,另一只鞋悬在腰际,后领中还插一把竹骨纸扇,伸手便盗走了玄宗的玉笛和杨贵妃的绣香囊。

玄宗气恼,叱问:"你是谁?"殊不知这只小鬼不但不怕玄宗,还用调笑的口吻告诉玄宗:"我是虚耗。虚者,望空虚中偷别人的东西,如同儿戏;耗者,专耗人家的吉庆喜事,让他们变喜为忧。"玄宗大怒,不禁怒吼起来,正要喊武士进来驱鬼。忽见一道刺眼绿芒一闪,紧接着又有一个大鬼奔进殿来。这大鬼长得蓬发虬髯,面目可怖,头系角带,身穿蓝袍,袒露一臂。他一伸手便抓住小鬼,剜出眼珠后一口吞了下去。

玄宗吓得魂不附体,忙问:"你又是谁?"大鬼向玄宗施礼道:"臣是终南山的钟馗。高祖武德年间,因赴长安应武举不第,羞归故里,便触殿前阶石而死。幸蒙高祖赐绿袍厚葬臣,臣感德不尽,遂誓替大唐除尽天下一切虚耗妖魅!"大鬼的声音如洪钟贯耳,一下就把唐玄宗吓醒了,摸摸身上,竟出了一身冷汗,疟疾霍然而愈。

玄宗把当时最有名的画家吴道子召进宫内,将夜里所梦告诉他,并要他如梦中所见画一幅图。吴道子奉旨,仿佛亲眼目睹一般,下笔就画成了。他把画呈给玄宗看后,玄宗感到十分惊讶,半晌感叹道:"难道你也和朕做过同样的梦?怎么画得这么像!"吴道子说:"陛下忧劳宵旰,疟疾才趁机侵犯。现在果有辟邪之物,卫护圣德,乃陛下千秋万岁的瑞兆啊!"后来下臣们奉旨,将吴道子所画钟馗捉鬼图印刷,连同此图由来因果,广颁天下。让百姓在岁暮除夕时,贴在门上,以驱邪魅,益静妖氛。

出处

《梦溪笔谈·补笔谈》:"忽一夕,梦二鬼,一大,一小。其小者衣绛犊鼻,屦一足,跣一足,悬一屦,握一大筠纸扇,窃太真紫香囊及上玉笛,绕殿而奔。其大者戴帽,衣蓝裳,袒一臂,鞹双足,乃捉其小者,刳其目,然后擘而啖之。上问大者曰:'尔何人也?'奏云:'臣钟馗氏,即武举不捷之进士也。'"

第一卷 仙

祝鸡翁

zhù jī wēng

古代神话故事中的善养鸡者，养鸡百余年，有鸡千余只，皆有名字。这些鸡白天觅食，晚上栖息在树上。祝鸡翁每叫一个名字，被点名的鸡就会应声前来。杜甫就曾有诗云："尸乡余土室，谁话祝鸡翁？"

民间故事

祝鸡翁

祝鸡翁是洛地人，住在尸乡北山脚下。他养鸡一百多年，鸡的数量有一千多只。这些鸡晚上栖息在树上，白天分散各处。祝鸡翁给每只鸡都起了独一无二的名字，如果要招引鸡，只需叫它们的名字，鸡就应声而来。

后来祝鸡翁把这些鸡卖了，得钱上千万。他便把钱留在尸乡，去了吴国，在那里挖池养鱼。再后来他又上了吴山，上百只的白鹤、孔雀经常聚集在他的身旁。祝翁博识旁通，养鸡任性寄欢，养鱼也相合。

出处

《列仙传》："祝鸡翁者，洛人也。居尸乡北山下，养鸡百余年。鸡有千余头，皆立名字。暮栖树上，昼放散之。欲引呼名，即依呼而至。卖鸡及子，得千余万。辄置钱去之吴，作养鱼池。后升吴山，白鹤孔雀数百，常止其傍云。人禽虽殊，道固相关。祝翁傍通，牧鸡寄。育鳞道洽，栖鸡树端。物之致化，施而不刊。"

祝鸡翁

明·《有象列仙全传》

祝鸡翁养鸡百余年，有鸡千余只，皆有名字。

第一卷 仙

啸父
xiào fù

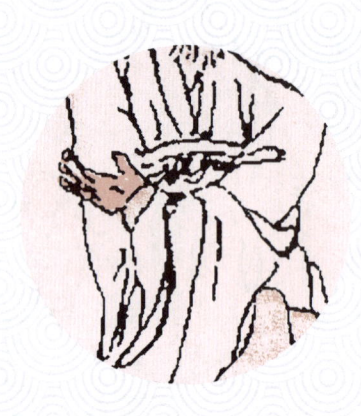

啸父原是夏朝帝王孔甲龙师门之师，常年食用桃李花、松柏籽。啸父升天后，古城营一带老百姓供奉其为神。

民间故事

啸父

古时冀州，一位名叫啸父的鞋匠，在西周的集市上以补鞋为生，几十年来从不被人们所了解。后来，人们发现他一直不会变老，感到十分奇怪。于是便有好事之人登门访求他的长生不老之术，但都没能得到啸父的指点。只有一个叫梁母的人得到了他的作火升天法。啸父作火时，只见火光闪烁几下，人便随光而起。他在空中与梁母告别，周围排列着数十道火光向西天而去。后来，当地百姓把他当作神来奉祀。

啸父

啸父升天后，老百姓供奉其为神。

出处

《列仙传》："啸父者，冀州人也。少在西周市上补履，数十年人不知也。后奇其不老，好事者造求其术，不能得也。唯梁母得其作火法。临上三亮，上与梁母别，列数十火而升西，邑多奉祀之。啸父驻形，年衰不迈。梁母遇之，历虚启会。丹火翼辉，紫烟成盖。眇企升云，抑绝华泰。"

第一卷　仙

寇先

kòu xiān

春秋时期宋国人，在睢水旁生活了一百多年，每天以钓鱼为生。后来宋景公向他求学道术，他不教，被宋景公杀了。

民间故事

寇先

春秋时有位名叫寇先的人，以钓鱼为生。寇先住在唯水边上已有一百多年了。他钓到的鱼，有的放生，有的卖掉，有的自己吃。他经常戴着帽子，束着带子，穿着十分整齐。他还喜欢种荔枝，吃荔枝的花和果实。

后来宋景公向寇先求学道术，他不教，于是宋景公就把他杀了。又过了几十年，人们看到寇先在宋国的城楼上弹琴，弹了几十天才离去。于是宋国的百姓家家都祭他。

寇先

明·《有象列仙全传》

寇先常戴着帽子，束着带子，以钓鱼为生。

出处

《搜神记》："寇先，宋人也。钓鱼为业。居睢水旁百余年。得鱼，或放，或卖，或自食之。常冠带。好种荔，食其葩实焉。宋景公问其道，不告，即杀之。后数十年，踞宋城门上，鼓琴，数十日乃去。宋人家家奉祠之。"

第一卷 仙

于吉

于 吉
yú jí

东汉时期比较有名的方士，年少时便精通医术和道术。顺帝时，于吉经常去于吴、会稽两地，在当地修建房舍，为百姓制作符水来治病。于吉道法高深，一直在东吴的地盘上发扬道术。碰巧有一次，孙策出行，看到于吉为本地乡民求雨，百姓们向于吉跪拜。孙策便认为于吉是在蛊惑众生，执意杀掉了于吉。

民间故事

孙策斩于吉

三国时，吴国国君孙策想要渡江攻击许都。于吉当时也在那支军队里。正好赶上大旱，他们屯军的所在地更是炽热难耐。孙策催促将士们加快速度把船拉来，并亲自出去监督拉船。不承想竟看到许多将士不拉船，却都围在于吉身边。孙策大怒："我不如于吉吗？都喜欢围着他是吧！"于是便命人把于吉抓到面前，呵斥道："天干旱不下雨，水路干涸难行，都不知道什么时候能过。为此我都亲自来监督。而先生你非但不和我同忧，还安坐在船里，装神弄鬼，败坏我军队的风气。我今天非杀你不可。"

于吉被绑了丢在地上暴晒，孙策告诉众人，如果于吉真有神通，就让他让老天下场雨。若中午能下雨，就放了他；若没有，杀无赦！不一会儿，就见水汽蒸腾、云气翻涌，小块的云朵一点点聚拢起来。到了中午，竟下起了雨来，干涸的溪涧重新泛起浪花。将士们更高兴了，他们以为于吉必定会被原谅。而之后，孙策还是下令杀掉了于吉。将士们为此感到很哀伤，他们把于吉的尸首藏好，想要找个风水宝地安葬。可当天夜里，就看见天上降下一朵彩云，把于吉的尸首盖了起来。第二天将士们去看时，于吉的尸首已不见了踪影。

自从孙策杀掉于吉的那天开始，每天晚上，只要他独自一人，就会感觉于吉在自己身边。他心里越发地厌恶于吉，以至于精神也开始变得恍惚。后来孙策被人暗杀，脸上受了箭伤。箭伤快要痊愈之时，孙策想看看，可拿起镜子就看到于吉在自己背后。回过头去，身后却无人，再看还是。如此再三，孙策再也承受不住，大吼一声，伤口迸裂，不一会儿就死了。

第一卷 一仙一

出处

《搜神记》："孙策欲渡江袭许，与于吉俱行。时大旱，所在熇厉。策催诸将士，使速引船。或身自早出督切，见将吏多在吉许。策因此激怒，言：'我为不如吉耶，而先趋附之？'便使收吉。至，呵问之曰：'天旱不雨，道路艰涩，不时得过，故自早出。而卿不同忧戚，安坐船中，作鬼物态，败吾部伍。今当相除。'令人缚置地上，暴之，使请雨。若能感天，日中雨者，当原赦；不尔，行诛……"

073

怪 第二卷
奇禽
Monster

凤凰 fèng huáng	• 077
毕方 bì fāng	• 081
金乌 jīn wū	• 083
精卫 jīng wèi	• 085
商羊 shāng yáng	• 088
鸾鸟 luán niǎo	• 091
黄雀 huáng què	• 094
玉鸡 yù jī	• 097
鸀鸟 zhǔ niǎo	• 098
冶鸟 yě niǎo	• 100
丹雀 dān què	• 102
魃雀 qī què	• 104
重明鸟 chóng míng niǎo	• 105
比翼鸟 bǐ yì niǎo	• 107
伤魂鸟 shāng hún niǎo	• 110
却火雀 què huǒ què	• 112
服留鸟 fú liú niǎo	• 113
命命鸟 mìng mìng niǎo	• 115
金翅鸟 jīn chì niǎo	• 116
鸩鸟 zhèn niǎo	• 118

鸓鸟 lěi niǎo	•	120		
蛊雕 gǔ diāo	•	121		
玄鹤 xuán hè	•	122	颙鸟 yóng niǎo	• 132
谏珂 jiàn kē	•	124	希有 xī yǒu	• 133
鬼车 guǐ chē	•	125	鹢 yì	• 134
虎鹰 hǔ yīng	•	126	瞿如 qú rú	• 135
枭鸟 xiāo niǎo	•	128	橐𩴎 tuó fěi	• 136
凫徯 fú xī	•	130	酸与 suān yǔ	• 137
大风 dà fēng	•	131	絜钩 jié gōu	• 138
			青鸢 qīng wén	• 139
			跂踵 qǐ zhǒng	• 140
			钦原 qīn yuán	• 142

凤凰

凤凰
fèng huáng

第二卷 — 奇禽 —

　　凤凰生于南方的丹穴，从来没有人见过它的样子。自古以来，人们对凤凰都只是靠想象，传说它身披五彩羽毛，大如孔雀，百鸟遇见它，必围绕其站立；传说它头顶上的羽冠常盛水，雌雄轮流进食，从不接近人间；传说它一扇动翅膀，就有大风；传说它非梧桐不栖，非竹实不吃……凤凰会自歌自舞，见到它意味着天下太平。

外貌形态

　　凤凰的外形特征为：鸡头、燕颔、蛇颈、龟背、鱼尾、五彩色，高六尺许。

凤凰

《中国民间信仰研究》 法国教士禄是道撰

凤凰是古代传说中的百鸟之王，传说它身披五彩羽毛，大如孔雀。

神话故事

百鸟朝凤

传说很久以前，百鸟一同生活在一个大森林里。当它们吃饱以后，有的会唱歌，有的会跳舞，还有的会追逐嬉戏，玩得非常开心，每天都过得无忧无虑。

有一只很不起眼的小鸟，名叫凤凰。它不像别的鸟那样吃饱了就玩，而是从早到晚采集果食。它还把其他鸟儿扔掉的果子，也一颗一颗捡起来，收藏在山洞里。尖嘴利舌的喜鹊讥笑它是财迷精，连笨嘴拙舌的乌鸦也嘲讽它是大傻瓜。听到这些冷嘲热讽，凤凰既不生气也不灰心，还是照常做着群鸟瞧不起的工作。

有一年，天下突然遭遇大旱灾，山上的草枯了，树上的叶子也长不出来。百鸟都找不到食物，有的饿得头昏眼花，有的饿得奄奄一息，森林里一片哭泣声。一天，凤凰从很远的地方采食归来，看见这光景，急忙打开山洞，把自己多年积存的食物分给了百鸟，让大家渡过了难关。

百鸟为了感谢凤凰的救命之恩，都从自己身上选了一根最漂亮的羽毛，集在一起，做成了一件五光十色、绚丽耀眼的百鸟衣，献给凤凰。从此，凤凰变成了最美丽的鸟，大家一致推举它为百鸟之皇。每年凤凰生日那天，百鸟都会飞来向它祝贺，这就是传说中的"百鸟朝凤"。

出处

《山海经·南山经》："有鸟焉，其状如鸡，五彩而文。名曰凤凰，首文曰德，翼文曰义，背文曰礼，膺文曰仁，腹文曰信。是鸟也，饮食自然，自歌自舞，见则天下安宁。"

凤凰

明·《三才图会》

凤凰是传说中的百鸟之王。在古时候，凤凰驾临被认为是吉祥的征兆。

毕方

毕方
bì fāng

第二卷 —— 奇禽

一种栖息于章莪山上的鸟形妖怪。在神话传说中，毕方是火灾之兆，它不食谷物，只吞食火焰，据说当它出现时，当地就会发生怪火。传说黄帝在泰山聚集鬼神之时，乘坐蛟龙牵引的战车，毕方则在旁边伺候。蚩尤居前，风伯进扫，雨师洒道。

外貌形态

身形似鹤，却只有一只脚，白色的鸟嘴，蓝色的身体，并有点点红色斑纹。

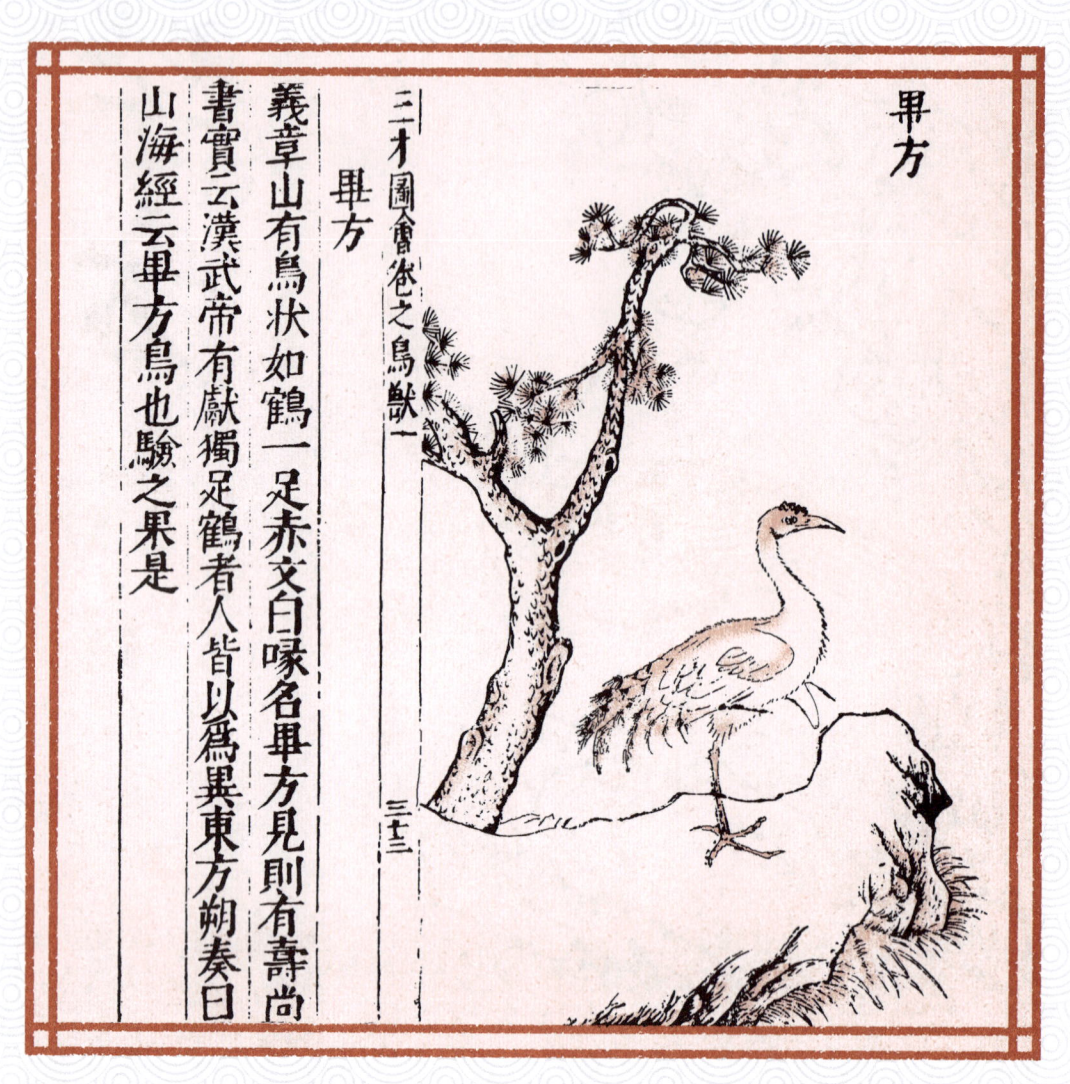

毕方

明·《三才图会》
毕方为人面大鸟，立于山头之上，俯视众生。

出处

《山海经·西山经》："有鸟焉，其状如鹤，一足，赤文青质而白喙，名曰毕方，其鸣自叫也，见则其邑有讹火。"

金乌

金乌

jīn wū

第二卷 —— 奇禽

传说太阳的中央有一只金黄色的三足乌鸦，于是古人就把金乌作为太阳的别名，也称作赤乌、三足乌。唐朝诗人韩愈的诗："金乌海底初飞来"意思就是指太阳刚从海底冲出来。

在古代，金乌被看作是驾驭日车的太阳神鸟，是太阳运行的使者。根据《山海经》等古籍的记载，中国远古神话中的十日是帝俊与羲和的儿子，它们既有人与神的特征，又是金乌的化身。

外貌形态

全身长满金色羽毛的乌鸦，有三只足。

神话故事

大羿射日

传说在辽阔的东海边，有一棵神树扶桑，树上栖息着十只三足乌鸦。它们每日轮流上天遨游，三足乌鸦放射的光芒，就是人们看见的太阳。

后来，十只三足乌鸦不听指示，都抢着上天，于是天空中同时出现了十个太阳。大地上土地被烤焦，草木也枯萎了，天气炎热难耐，百姓苦不堪言。帝尧向天帝祷告，请求援救。天帝派了大羿帮助帝尧，并赐给大羿一把弓箭。

帝尧见了大羿，大喜过望，当即请大羿施展神力，惩治一下太阳。大羿听了帝尧的恭维十分得意，立即取出天帝所赐的弓箭，对准天空中的一个太阳，"嗖"的一声，箭射出去了。起初没有什么动静，过了一会儿，只见那太阳猛地爆裂开来，火光乱迸，金色的羽毛散落下来。随即轰然一声，掉下一团火红的东西。原来，是一只硕大无比的金黄色三足乌鸦，身上还插着大羿的神箭。人们一看天上，果然少了一个太阳，不禁欢呼雀跃起来。此时大羿更加得意了，于是他又射出了第二支箭，又一个太阳掉了下来，再一次引起了百姓的欢呼。接着，第三支、第四支……太阳就这样一个一个地掉了下来。空气骤然转冷，眼看大旱就要过去了。

帝尧高兴极了，但当他看到天空中只剩下一个太阳时，他突然急了，赶紧把大羿剩余的箭全部抽出去，才留住了一个太阳，要不大地就成了黑暗的世界。

出处

《山海经·大荒东经》："汤谷上有扶木，一日方至，一日方出，皆载于乌。"

精卫

jīng wèi

上古神话传说中,炎帝有一个女儿,名叫女娲。一日,她到东海游玩,不小心掉进海里淹死了,死后灵魂化作一只白嘴赤足的精卫鸟,经常发出"精卫、精卫"的悲鸣,好像在呼唤着自己。

精卫鸟每天从山上衔来石头和草木,投入东海,想要把东海填平。直到今天,在东海边还可以找到精卫誓水处。晋代诗人陶渊明曾写过:"精卫衔微木,将以填沧海"。

外貌形态

外形像乌鸦,却长着花脑袋、白嘴壳、红色爪子。

精卫

明·《三才图会》

传说精卫鸟就是人的魂魄化成的,是古代神话中所记载的一种鸟。

神话故事

精卫填海

很久以前,炎帝有个女儿,名叫女娃。炎帝很忙,每天一早就要到东海去指挥太阳升起,一直到太阳落山才回家。有时候,女娃就一个人跑到东海边上去看日出。每次看到霞光万丈,红日从海面上跳出来的时候,她都欣喜万分。她很想去看看东海以外,太阳升起的地方。

可是太阳升起的地方，在东海以外几亿万里的归墟，女娃太小，炎帝不能带她去。但神秘的归墟太吸引人了，一次女娃不听话，等炎帝走了以后，她便跳进东海里向归墟游去。不料，一阵风浪袭来，女娃被吞没了，沉入东海，再也没有回来。

而女娃的精魂没有死，她恨海中的恶浪，于是化作精卫鸟，发誓要填平东海。精卫鸟一刻不停地从西山衔来石子和树枝，往东海里扔。即使遇到狂风暴雨，它也在风雨中穿行。有时候，它离水面太近了，海上的恶浪又一次把它吞没，可是它仍不罢休。

后来，一只海燕飞过东海时，无意间看见了精卫，被精卫大无畏的精神所打动，于是与精卫结成了夫妻。它们生下的孩子，雌的像精卫，雄的像海燕。它们的后代一直延续着填海的事业，直到把大海填平为止。

精卫填海的事惊动了天神，水神共工很佩服精卫的精神，于是降下洪水，将高原上的泥沙冲进大海，把海水都搅黄了。于是，人们把东海北部发黄的海域叫作黄海。

出处

《山海经·北山经》："又北二百里，曰发鸠之山，其上多柘木。有鸟焉，其状如乌，文首、白喙、赤足，名曰精卫，其鸣自。是炎帝之少女名曰女娃，女娃游于东海，溺而不返，故为精卫。常衔西山之木石，以堙于东海。"

商羊

shāng yáng

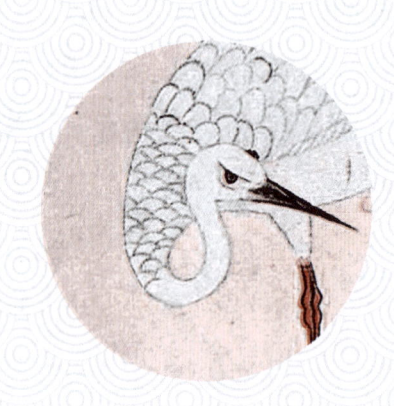

古代神话故事中一种吉祥的鸟。每逢阴天下雨之前，就会有成群的商羊鸟从树林里出来，屈着一只脚在田间起舞。天长日久，人们只要见到商羊鸟出现，就知道大雨将要降临。于是家家户户开始挖沟开渠，疏通水路，为灌溉良田做准备。每当出现天旱，久不下雨时，人们就盼望着商羊鸟成群出现。

春秋战国后期，商羊鸟逐渐绝迹。每逢天将大旱时，人们就会扮成商羊鸟的样子，头戴面具，手拿响板，脚上挂着铃铛，模仿商羊鸟的动作，单足高跳，口里反复吟唱："打雷了！下雨了！商羊又来了！"以此来祈雨。这种模仿商羊鸟求雨的动作，经过先民们的不断完善，逐渐成为一种民间舞蹈——商羊舞，在每年的三月三都要跳，自商周起世代相传至今。而在风调雨顺，谷物丰收时，人们也要跳商羊舞，以表达对神灵、对商羊鸟的感激之情。

商羊

传说商羊是一种吉祥的鸟,每逢阴天下雨之前,就会屈一足在田间起舞。

外貌形态

一种大鸟，常屈一足起舞。

民间故事

商羊齐舞

古时在齐国，有一次，一群鸟聚集在朝廷上空，然后又落在大殿前，弯曲着一足，在殿前不停地跳着。齐侯感到很奇怪，便派使者去鲁国请教孔子，孔子说："这种鸟叫商羊，能预知下雨。以前有小孩子弯曲着一只脚，抖着眉毛跳，一边跳还一边唱'天要下大雨了，商羊就会不停地跳舞'。现在齐国看到商羊跳舞，应该就是要下大雨了。你快回去告诉老百姓治理沟渠，修好堤防，马上要有洪灾了。"没过多久，果然下起了大雨，各个国家都发起了洪水，损失惨重，只有齐国因有防范，没有大的损失。

出处

《孔子家语.辩政》："齐有一足之鸟，飞集于公朝下，止于殿前，舒翅而跳。齐侯大怪之，使使聘鲁问孔子。孔子曰：'此鸟名曰商羊，水祥也。昔童儿有屈其一脚，振讯两眉而跳，且谣曰：天将大雨，商羊鼓舞，今齐有之，其应至矣。急告民趋治沟渠，修堤防，将有大水为灾。'顷之大霖，雨水溢泛。"

鸾鸟

鸾鸟
luán niǎo

上古时候，有一座女床山，山中密林里住着一种神鸟，名叫鸾鸟。鸾鸟的声音如铜铃般清脆，而且叫声能够契合五音。鸾鸟被看作是神灵之精，与凤凰一样都是难得的祥瑞，只要一出现，便预示着天下祥和安宁。当初周公平定三监之乱，东征得胜还朝，制礼作乐完毕，要把国家大政归还给王时，便有鸾鸟从西方飞来，太平盛世自此开始。

相传西王母每次出行前，都让一只青鸾报信。于是后人便用青鸾借指传送信息的使者。

外貌形态

形状像野鸡，却长着色彩斑斓的羽毛。

民间故事

镜里孤鸾

南朝宋人范泰的《鸾鸟诗序》中，记载过一则"青鸾舞镜，最终悲鸣而死"的典故。故事讲的是西域的罽宾王，于峻祁之山得到一只鸾鸟。罽宾王对这只鸾鸟喜爱有加，给鸾鸟配上了金色的笼子，喂饲各种美食，想尽各种办法想让鸾鸟鸣叫，可鸾鸟却三年不鸣。王妃献计说："坊间有传闻，鸾鸟见同类才鸣，为什么不挂一面镜子，让它照一下自己呢？"然后罽宾王就按这个方法，将一面镜子悬于金樊前。可怜鸾鸟见到镜中身影，以为爱侣飞临，果真悲伤地鸣叫起来，展翅奋飞而死。

后来人们便用"镜里孤鸾"来比喻夫妻生离死别的悲哀。

鸾

明·《三才图会》

鸾鸟的出现一般都是政治清明、天下太平的征兆，所以被称为祥瑞之鸟。

鸾鸟图（右图）

清·《离骚图》 萧云从绘

鸾鸟是与凤凰同类的祥瑞之鸟，其声如铃。屈原《离骚》有"鸾皇为余先戒兮，雷师告余以未具"的佳句。图中左上方的二鸟即为"鸾皇"。

出处

《鸾鸟诗序》："昔罽宾王结置峻祁之山，获一鸾鸟。王甚爱之，欲其鸣而不致也。乃饰以金樊，飨以珍羞。对之俞戚，三年不鸣。其夫人曰：'尝闻鸟见其类而后鸣，何不悬镜以映之？'王从其意。鸾睹形悲鸣，哀响冲霄，一奋而绝。"

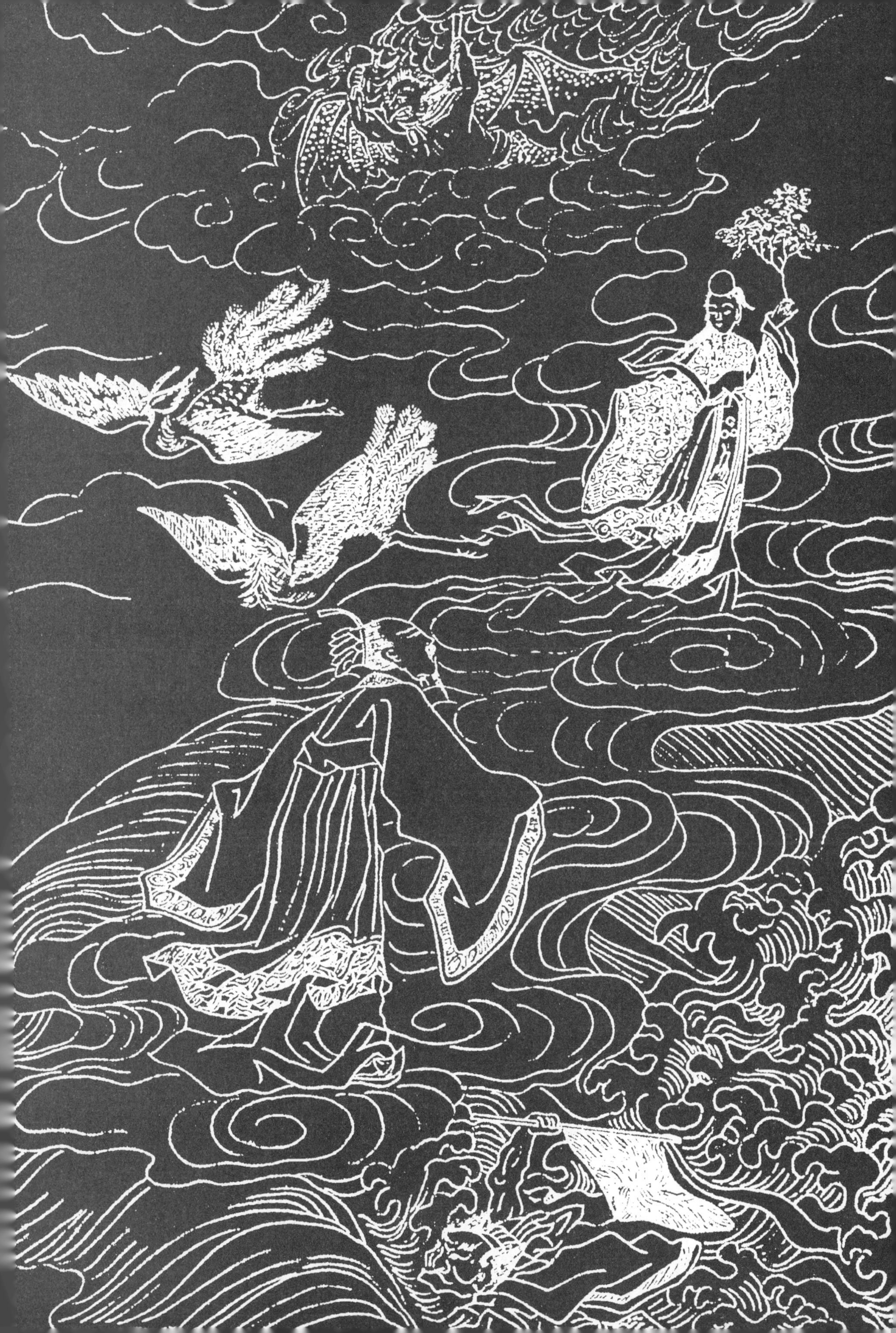

黄雀

黄雀
huáng què

神话传说中的一种神鸟，为西王母娘娘的使者。古时候，有一只受伤的黄雀被一个少年所救，黄雀为报答救命之恩，特衔白玉环来报恩。于是，后人便用"黄雀衔环"或"白环报恩"等典故，表示知恩图报。

民间故事

黄衣少年

汉代时有个人叫杨宝。在杨宝九岁那年，一次他从华阴山北面经过，看见一只黄雀被鸱枭击伤，坠落在树下，一大群蚂蚁将受伤的黄雀围困起来。黄雀动弹不得，十分痛苦。杨宝怜悯黄雀，小心翼翼地用手将它捧起，带回家中。

黄雀

黄雀是传说中的一种神鸟，为西王母娘娘的使者。

第二卷 —奇禽—

　　回到家后，杨宝将黄雀放置在小木箱里，每天精心照料它，用洁净的清水和新鲜的菊花来喂养它。慢慢地，黄雀身上的伤口痊愈了。过了一百多天，黄雀的伤养好了，羽毛长得丰满光滑，它终于又能飞翔在高空了。但黄雀舍不得离开杨宝，它每日白天飞到外面觅食，晚上又飞回杨宝身边。几天后，黄雀终于飞走了。

一天夜里，三更时分，杨宝还在读书。忽然，一个身穿黄衣的少年走进来，向他跪拜行礼。杨宝很惊讶，问少年是谁。少年再次下拜，毕恭毕敬地说："我就是你救的那只黄雀呀！我是西天王母娘娘的使者，那天我奉王母之命，出使蓬莱仙山，途中不慎被鸱枭击伤。若不是你以仁爱之心将我拯救，我早已死于非命，感谢您的大恩大德。"

说完，黄衣少年取出四个白色的玉环赠给杨宝，并对他说："祝您的子孙如这玉环般洁白，位居三公。"说罢倏然不见。后来，杨宝的后代果然都做了大官。

出处

《搜神记》："汉时，弘农杨宝，年九岁时，至华阴山北，见一黄雀，为鸱枭所搏，坠于树下，为蝼蚁所困。宝见，愍之，取归置巾箱中，食以黄花，百余日，毛羽成，朝去，暮还。一夕，三更，宝读书未卧，有黄衣童子，向宝再拜曰：'我西王母使者，使蓬莱，不慎，为鸱枭所搏。君仁爱，见拯，实感盛德。'乃以白环四枚与宝曰：'令君子孙洁白，位登三事，当如此环。'"

玉鸡

玉 鸡
yù jī

传说中的神鸡，栖息于东方扶桑山上的神鸡，率天下之鸡报晓。

神话故事

玉鸡报晓

远古时候，天上有十个太阳，大地被晒得干裂，寸草不生，百姓颗粒无收。于是人们祈求天神，天神便派了擅用弓箭的勇士大羿，下界射掉了九个太阳。最后剩下的一个太阳，躲到了东海海底，再也不敢出来了。

人们没有了光明和温暖，也无法生活，又再次来求天神。这次天神派了一只能通晓太阳语的玉鸡。玉鸡告诉太阳，天神已赦免了它的罪过，让它出来为人类带来光明。但太阳害怕大羿的神箭，说只有玉鸡给它作保，它才敢出来。于是玉鸡便在每天早上，把太阳从东海中唤出来。

出处

《神异经·东荒经》："盖扶桑山有玉鸡，玉鸡鸣则金鸡鸣，金鸡鸣则石鸡鸣，石鸡鸣则天下之鸡悉鸣。"

第二卷 — 奇禽 —

鴸鸟
zhū niǎo

鴸鸟是一种不吉祥的怪鸟，长着人面鸟身。民间传说中称这种鸟的脚，就是人的手。据说鴸鸟是帝尧的儿子丹朱所化的鸟，它会危害士人和君子，所到之处便会发生政治动荡，贤良的贵族会被驱逐流放，野蛮的土人则进入朝廷，祸乱朝纲。

外貌形态

形状像猫头鹰，却长着人的手。

神话故事

丹鸟的传说

相传在帝尧治理天下的时候，与散宜氏的女儿结婚，后来有了唯一的子嗣——朱。

鴸鸟

明·胡文焕绘

鴸鸟的形状像鹞鹰,却长着人手一样的爪子。

后来舜成为中原的守护者,而朱却被迁到丹水上游的湖泊——丹渊。朱也因此改名为丹朱。丹朱始终无法释怀,便投入丹渊以求一死。谁知这丹渊原来竟是一处神仙的居所,日神常常在此栖息。于是日神将丹朱复活,并赋予了他鸟的容貌,让他居住在柜山。因为这种鸟来自丹水,因此被称为丹鸟。由于自己是被贤人排斥而自杀的,因此丹鸟非常痛恨贤明。所以它总是抬举野蛮人,驱逐贤良。

出处

《山海经·南山卷一》:"有鸟焉,其状如鸱而人手,其音如痹,其名曰鴸鸟,其名自号也,见则其县多放士。"

冶鸟

冶鸟
yě niǎo

越地深山中的一种鸟，越地人说冶鸟是越地巫祝的祖先。越国的图腾为鸟，印山越国王陵的顶上，就是一只大鸟的形象。会稽的大地上，有好几处山地都有大鸢展翅的地形，据说那些都是风水极好之地。

外貌形态

如鸠鸟一般大，有着青色的羽毛，能变化人形。

民间故事

冶鸟

据说冶鸟会在大树上打洞做巢，洞就像容积五六升大的器皿，洞口直径有几寸，洞口周围用泥土垒起小堤障作为装饰，泥土红白色互相分开，形状就像箭靶子。人们看见这种树，就要避开它。有时天黑了，人看不见鸟，鸟也知道人看不见它，它们就会对人叫唤说："咄，咄，上去。"明天就该赶快到上面去砍伐。如果鸟叫唤说："咄，咄，下去。"明天就该赶快到下面去砍伐。

如果冶鸟栖息的地方弄到了污秽恶浊的东西，就会有老虎通宵守着。人如果不离开，老虎便会伤人。白天看见冶鸟的形状，是鸟；夜里听见它的鸣叫，也是鸟；但有时候它们出外观赏游乐，便会变成人的模样，身长三尺，到山涧中去抓石蟹，放在火上烤着吃，这时人们不能去触犯它们。

出处

《搜神记》："越地深山中有鸟，大如鸠，青色，名曰冶鸟，穿大树，作巢，如五六升器，户口径数寸；周饰以土垩，赤白相分，状如射侯。伐木者见此树，即避之去；或夜冥不见鸟，鸟亦知人不见，便鸣唤曰：'咄咄上去！'……"

第二卷 — 奇禽 —

丹雀
dān què

在原始时期，中国南方的稻作民族以鸟为图腾。这种被原始人类视为图腾的鸟，古称为丹雀，与稻作文化起源关系密切。传说炎帝曾得丹雀所衔九穗禾。杜甫曾有诗云："丹雀衔书来，暮栖何乡树？"

神话故事

丹雀赐五谷

很久以前，炎帝把丹雀鸟赐给他的五谷种子分给先民，但种子种下后，既没开花也没不结果，颗粒无收。于是炎帝用八封占卜演算，才得知原来是因五谷得不到充足的阳光。在天神的帮助下，炎帝骑着五色鸟飞往东海蓬莱岛，抱着太阳回来，把太阳挂在了姜氏城头，从此五谷丰登，万民安乐。

出处

《拾遗记·炎帝神农》："时有丹雀，衔九穗禾，其坠地者，帝乃拾之，以植于田，食者老而不死。"

丹雀

传说神农曾得丹雀所衔九穗禾,并将种子分给先民。

魕雀

魕雀
qí què

传说中一种食人的怪鸟，会用老虎一样的利爪将人抓走。既然魕雀可以把人抓走，那它应该是一种很庞大的妖怪。

外貌形态

身形如鸡，头部呈白色，长着老虎一样的利爪。

出处

《山海经》："有鸟焉，其状如鸡而白首，鼠足而虎爪，其名曰魕雀，亦食人。"

重明鸟
chóng míng niǎo

古代神话中的神鸟，因两只眼睛里各长有两只瞳孔，所以又叫双睛鸟。重明鸟身形似鸡，叫起来声音如凤凰一般嘹亮动听，还常常把身上的羽毛全部抖落，拍打着翅膀，在高空旋转起舞。

旧时农历新年时，人们会用木刻、铜铸或剪纸的形式，做成重明鸟的形状，安放在门窗上。据说这一习俗，是从重明鸟能驱降邪恶的传说故事中演变而来。

民间故事

灵鸟重明

尧当国君几十年,声誉远播四海。在他晚年的时候,远在万里之外的积支国,进献了一只名为重明鸟的奇鸟给尧。据说这种鸟能驱逐豺狼虎豹等猛兽,使妖魔鬼怪不敢危害人类。而对于人类的报恩,它不要食物,只要能喝一点儿琼玉的膏液,便心满意足了。

不过,重明鸟十分眷恋自己的家乡。人们于心不忍,只好同意它自由往来。重明鸟理解人们的好意,有时它会在一年中不辞辛苦,来回光顾好几次;有时若人们得罪了它,它就会隔几年都不来。于是,家家户户清扫庭院,摆上琼浆玉液,盼望重明鸟前来栖息。一些猛兽鬼怪往往趁重明鸟不在之时,出来危害人类。为了驱逐鬼怪,人们就想到了一个办法,用木头或铜铁铸成重明鸟的形状,安放在门窗上。猛兽鬼怪见了,以为是重明鸟来了,便会躲得远远的,不敢来捣乱了。

出处

《拾遗录》:"尧在位七十年,有秪支之国,献重明之鸟,一名双睛,言双睛在目。状如鸡,鸣似凤。时解落毛羽,肉翮而飞。能搏逐猛兽虎狼,使妖灾群恶不能为害。贻以琼膏,或一岁数来,或数岁不至。国人莫不扫洒门户,以望重明之集。其未至之时,国人或刻木,或铸金,为此鸟之状,置于门户之间,则魑魅丑类自然退伏。今人每岁元日,或刻木铸金,或图画为鸡于牖上,此之遗像也。"

比翼鸟
bǐ yì niǎo

第二卷　奇禽

比翼鸟又名鹣鹣、蛮蛮，是一种奇异的鸟。虽然在《山海经》中，比翼鸟（蛮蛮）最早被当作是洪水灾害的象征，但是随着民族文明的演变，比翼鸟逐渐成了一种代表美好的吉祥物。

比翼鸟最大的特点是仅一目一翼，雌雄须并翼才能飞行，不管是在飞行还是行走，都是合在一起的。因此人们常用比翼鸟形容夫妻感情深厚，如同比翼鸟双宿双飞。在中华文化的传承中，"连理枝、比翼鸟"作为独特的爱情符号经久不衰。白居易《长恨歌》里"在天愿作比翼鸟，在地愿为连理枝"的诗句，亦常被恋人当作忠贞爱情的象征。

外貌形态

形状像野鸭，只有一只翅膀，一只眼睛。

民间故事

相思树

封丘与八朝古都开封隔河相望,这里至今仍流传着一段誓死捍卫爱情的千古佳话。

相传战国时,宋康王驱车出游,在封丘遇见了中书舍人韩凭之妻息氏。他爱慕息氏的美貌,于是命人筑青陵台以望之。宋康王将息氏掳至青陵台上,软硬兼施逼迫她。息氏不畏强权,并表明"乌鹊双飞,不乐凤凰。妾是庶人,不乐康王"。为保清白,息氏用弓箭将书信射给韩凭。韩凭收到书信后自杀,息氏则投台而死。宋康王一怒之下将二人分葬于大路两旁,让他们可望却永不可及。

后来二墓中各生出一棵梓树,根结于地下,枝交于地上。又有一对鸳鸯栖于树上,晨夕不去,交颈悲鸣。于是后人便将这两棵树称为"相思树",将这两只鸟称为"比翼鸟"。

这个凄美的故事最早载于东汉末年曹丕所著的《列异传》。

出处

《尔雅·释地》:"南方有比翼鸟焉,不比不飞,其名谓之鹣鹣。"

比翼鸟

明·《三才图会》

比翼鸟仅一目一翼，雌雄须并翼飞行。

伤魂鸟

shāng hún niǎo

伤魂鸟又名相弘鸟，是一种被误杀者的冤魂变成的鸟。凡是被冤杀而死的人，且有仇不能报，便会化为此鸟，在坟头啼哭。

民间故事

相弘鸟

黄帝部落攻杀蚩尤后，他的虎和貂误咬伤了一名无辜的妇女，七天七夜才断气死亡。黄帝感到有些悲哀，便厚葬了这名妇女。

后来，这名妇女的魂魄化成了一只鸟，在坟上哀鸣，鸟声自呼"伤魂"。于是，后世凡有人被冤杀而死，而且有仇不能报，便会化为此鸟，在坟头哀鸣。到晋代时，人们不喜欢伤魂这个名字，遂改为"相弘鸟"。这种可怜的鬼鸟，只能用哀鸣换取人们的同情。

出处

《拾遗记》："晋惠帝元熙二年，改为永平元年，常山郡献伤魂鸟，状如鸡，毛色似凤。帝恶其名，弃而不纳，复爱其毛羽。"

傷魂鳥

百鬼芸流絵

却火雀
què huǒ què

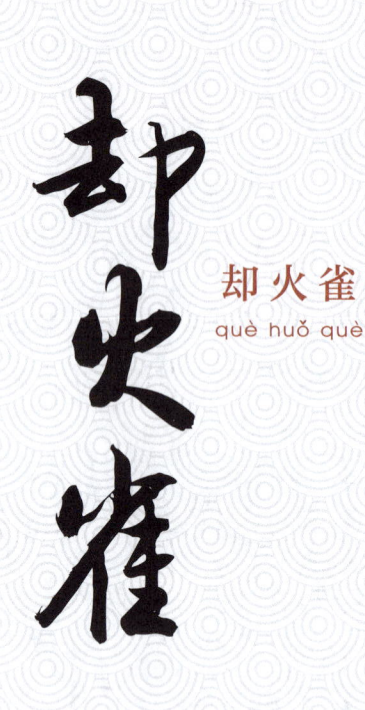

古代传说中一种奇异的鸟,被看作是鸟之精灵。相传却火雀是在唐顺宗继位时,由拘弭国进献来的一种黑色的雀形鸟。

民间故事

不怕火的奇鸟

相传唐顺宗皇帝继位那年,拘弭国进贡了一种名叫却火雀的鸟。却火雀的大小跟燕子差不多,叫声清灵,与寻常的鸟类很是不同。把它放在烈火当中,火就会自己散开。顺宗皇帝把这只神奇的鸟养在水晶鸟笼里,挂在自己的寝宫中。宫里的侍女用蜡烛烧鸟的羽毛来取乐,但是却火雀的羽毛却丝毫没有受到损伤。

出处

《杜阳杂编》:"顺宗皇帝即位岁,拘弭国贡却火雀一雄一雌、履水珠、常坚冰、变昼草。其却火雀纯黑,大小似燕,其声清,殆不类寻常禽鸟,置于火中,火自散去。上嘉其异,遂盛于水精笼,悬于寝殿。夜则宫人持蜡炬以烧之,终不能损其毛羽。"

服留鸟

fú liú niǎo

传说中一种奇特的鸟，记载于《搜神记》中。

民间故事

奇特的鸟

西晋永康元年，京城里有人捕捉到一只奇特的鸟。但是没有人能说出这只鸟的名字。赵王司马伦派人提着鸟在城里四处打听。当天，在皇宫西边，有个小孩见到这只鸟时，自言自语地说道："这是服留鸟。"提鸟的人回宫后，把这件事禀报给司马伦。司马伦派人去把那个小孩找来。那人找到小孩后，把他带回宫中。司马伦命人把鸟关进密笼子里，把小孩也关在房子里。但神奇的是，第二天早上，小孩和鸟都不见了。

出处

《搜神记》："晋惠帝永康元年，京师得异鸟，莫能名。赵王伦使人持出，周旋城邑市，以问人。即日，宫西有一小儿见之，遂自言曰：'服留鸟。'持者还白伦。伦使更求，又见之。乃将入宫。密笼鸟，并闭小儿于户中。明日往视，悉不复见。"

服留鸟

服留鸟是传说中一种奇特的神鸟。

命命鸟

mìng mìng niǎo

第二卷 — 奇禽

佛教传说中的一种鸟。"命命鸟"一词出自佛经故事，故事中说此鸟二头共一体，生死齐头，故曰共命。《杂宝藏经》作共命鸟，《涅槃经》作命命鸟，《胜天王般若经》作生生鸟。《佛本行集经》中有记载：往昔雪山有二头鸟，一头名叫迦楼嗏，一头名叫优婆迦嘍嗏，此二头轮流睡觉。《阿弥陀经》中云：此鸟为双人面，而共一鸟身，故心亦为二，能发妙音。

外貌形态

长着鸟的身子，却有两个头。

出处

《佛本行集经》："我念往昔，久远世时，于雪山下有二头鸟，同共一身，在于彼住。"

115

金翅鸟

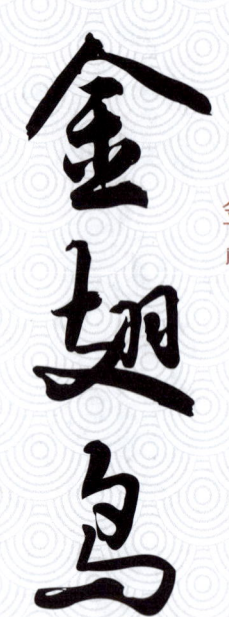

金翅鸟
jīn chì niǎo

金翅鸟梵名迦楼罗，为佛教护法神中的天龙八部之一。在中国西南地区，金翅鸟往往以金鸡形象出现，立于塔顶。而在中原地区的佛教寺庙中，金翅鸟又以观世音化身的形象，出现在供奉观音的圆通宝殿中。

外貌形态

面呈忿怒形，露牙齿，嘴如鹰喙。头戴尖顶宝冠，身披璎珞天衣，手戴环钏，通身金色。身后翅膀是红色，向外展开，其尾下垂散开。

民间故事

镇水之鸟

传说金翅鸟原是一种很凶的大鸟，会用翅膀拨动海水，使之分开，捕

金翅大鹏

《迦楼罗及诸天密言经》 般若力（唐）

龙而食。于是龙向佛求救，佛便以袈裟护住，使龙免遭啄食。后来金翅鸟皈依佛法，成了佛的护法神。

　　大理旧为泽国，洱海之水经常泛滥，淹没家畜和农田。传说崇圣寺三塔顶部铸有四只巨大的金翅鸟，就是用来镇水的。

出处

《万历云南通志》："各铸金为顶，顶有金鹏。世传龙性敬塔而畏鹏，大理旧为龙泽，故以此镇之。"

鸩鸟

鸩鸟
zhèn niǎo

传说中生活在岭南一带的一种毒鸟。岭南多蛇，鸩就以这些阴冷的动物为食，尤喜欢毒蛇。山林内凡是有毒之物必由鸩来吃。所以，有鸩的山林，必有毒蛇、蝎子等毒物。如果想进到深山找鸩鸟，定会像其他鸟兽一样，常常是有去无回，凶多吉少。

当鸩吃下毒蛇以后，鸩肾就会分泌出一种含有强烈气息的黏液，将蛇毒萃取出来，然后煎熬毒药，直至成粉末。最后，这些毒粉会随着汗水渗透到皮肤，再沿着羽毛流淌下来，逐渐蒸发散失。正因为如此，鸩的羽毛是含有剧毒的。只要将鸩的羽毛拂于上等好酒，酒色香味都不会变，而鸩毒浸入酒中，酒就成了鸩酒。这种酒毒性极强，喝完顷刻就会五脏俱溃，无痛而死。因此鸩酒一直是皇宫谋杀、赐死的上品。据《汉书》中记载，汉惠帝二年，齐王刘肥入朝，惠帝对其礼遇有加，结果招致吕后不满，令人赠鸩酒意图谋害。

外貌形态

比鹰略大,脖子上有一圈发亮的羽毛,身披紫绿色羽毛,眼里充满血红色。

民间故事

南方鸩鸟

鸩鸟是一种很难得到的鸟,因为这种鸟只生活在蛇蝎出没、古木参天的深山老林里,而且都是雌雄双宿双飞,雄鸟叫运日,雌鸟叫阴谐,是一对雌雄杀手。由于鸩酒含有剧毒,因此常被野心家们用作实施阴谋诡计的工具。故历朝历代严令不准产于南方的鸩鸟过长江。

西晋时,大富翁石崇早年在荆州任刺史时,偶然得到了鸩鸟的幼雏。石崇为了巴结晋武帝的舅父、后军将军王恺,便将鸩鸟的幼雏献给了洛阳城里的王恺。结果言官上书弹劾,因为牵扯到外戚王恺,此事不了了之,只将鸩鸟的幼雏在街头烧死了事。

出处

《山海经·中次八经》:"鸩大如雕,紫绿色,长颈赤喙,食蝮蛇之头,雄名运日,雌名阴谐也。"

鸓鸟

鸓 鸟
lěi niǎo

一种栖息于翠山上的双头妖鸟，乍看之下会误以为是雌雄两只鸟。鸓飞翔时扇动着一对大翅膀，很是壮观。

传说鸓具有避火和镇火的能力。发生火灾时，只要鸓一出现，火势立刻就能得到控制。它们会用翅膀对准火苗煽风，火就像是被泼了水一样，很快就被扑灭了。

外貌形态

样子像喜鹊，却长着两个脑袋，有四足，全身黑色。

出处

《山海经·西山经》："又西二百里曰翠山。其上多棕枬，其下多竹箭，其阳多黄金、玉，其阴多旄牛、羚、麝；其鸟多鸓，其状如鹊，赤黑而两首四足，可以御火。"

蛊雕
gǔ diāo

蛊雕又称纂雕，是一种似鸟非鸟的食人怪兽。蛊雕的食量大得惊人，它们专门吞食人类，巨嘴一张，一次可吞一人。

外貌形态

蛊雕身形庞大，形状像雕鹰，头上长有角，鸟嘴豹身，且身上有两只巨大的翅膀，羽毛坚韧，堪比钢铁，双翼展开长达数丈。

出处

《山海经·南山经》："又东五百里，曰鹿吴之山，上无草木，多金石。泽更之水出焉，而南流注于滂水，水有兽焉，名曰蛊雕，其状如雕而有角，其音如婴儿之音，是食人。"

玄鹤

玄鹤

xuán hè

仙鹤是鸟类中最高贵的一种鸟，代表长寿、富贵，寓意健康长寿。传说中，鹤是一种仙禽，据《雀豹古今注》中记载："鹤千年则变成苍，又两千岁则变黑，所谓玄鹤也"。因此鹤常被认为是鸟中长寿的代表。

民间故事

玄鹤报恩

古时候有个孝子名叫哙参，对母亲极其孝顺。

有一次哙参路过芦苇荡，发现一只黑色的玄鹤被猎人射伤了，于是便收留了它，为它治疗伤口。玄鹤伤势痊愈后，哙参就把它放走了。后来有天夜里，玄鹤又飞回到哙参的家门外。哙参拿着烛火一照，只见雌雄玄鹤

三才圖會卷之鳥獸一

玄鶴

雷山有玄鶴者粹黑如漆其壽滿三百六十歲則色純黑王者有音樂之節則至昔黃帝習樂於崑崙山有玄鶴飛翔

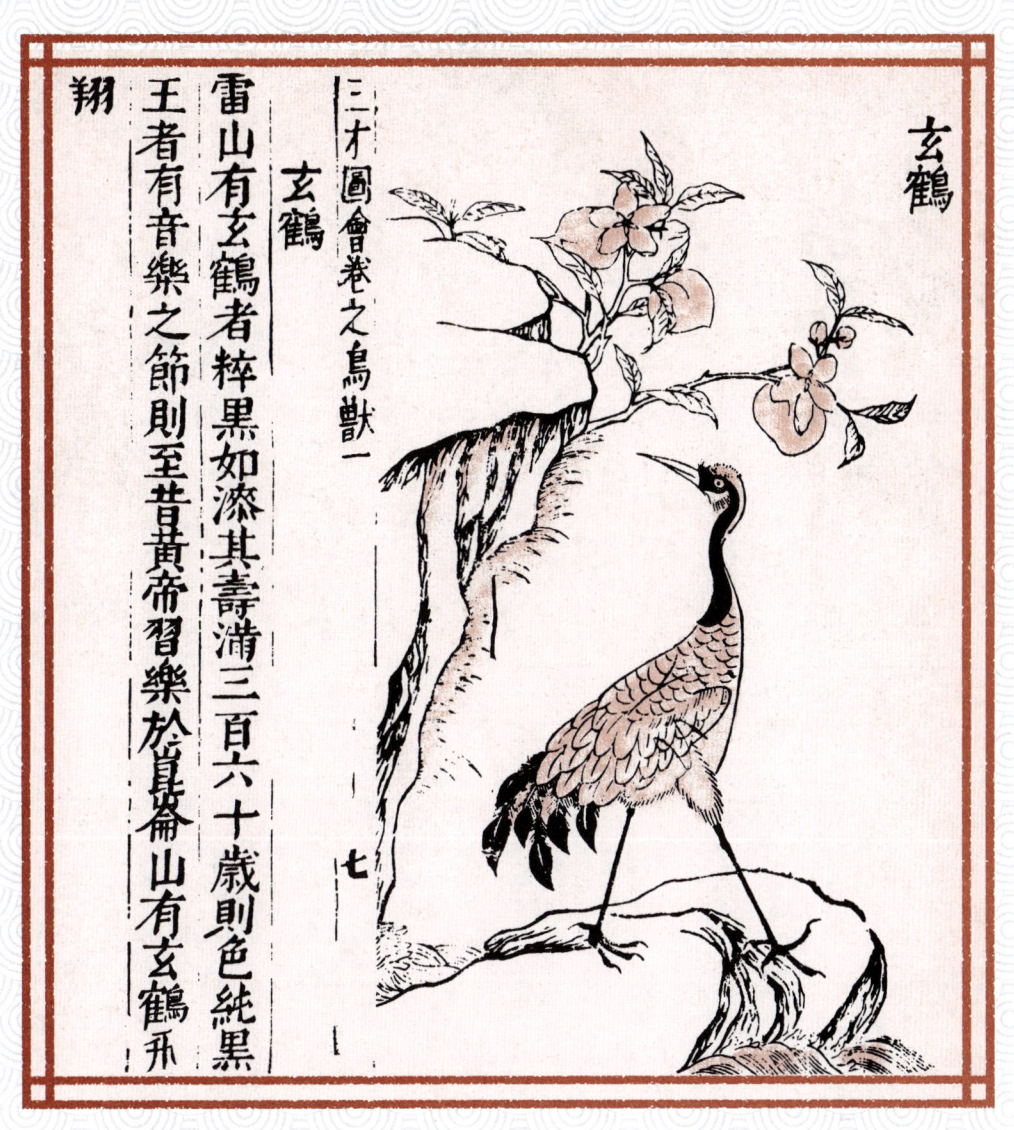

玄鹤

明·《三才图会》

"鹤千岁则变苍，又二千岁变黑，所谓玄鹤也。"

双双站在门边，口中各衔着一颗明珠。原来，玄鹤是用明珠来报答哙参的救命之恩来了。

出处

《搜神记》："哙参，养母至孝，曾有玄雀，为弋人所射，穷而归参，参收养，疗治其疮，愈而放之。后雀夜到门外，参执烛视之，见雀雌雄双至，各衔明珠，以报参焉。"

谏珂

谏珂
jiàn kē

古时候的一种神鸟,文身朱足,喜狐。

民间故事

谏珂喜狐

晋平公有一天上朝,一只鸟儿围在他身边飞来飞去,久久不离去。他就问师旷:"我听说如果是霸王之人,凤亦为之下。今天有鸟整天围着我飞,那是凤吗?"师旷说:"东边有一种鸟,名叫谏珂,文身朱足,喜狐。今天这只鸟围着你飞,是因为你身上穿着狐裘,而不是因为你的德义。"平公听后很不高兴。

出处

《说苑·辨物》:"师旷曰:东方有鸟名谏珂。其为鸟也,文身而朱足,憎鸟而爱狐。"

鬼车

鬼车
guǐ chē

鬼车长有九个头，因此又称为九头鸟。无论是活着的人，还是死去的人，鬼车都会把他们的精气或灵魂吸食殆尽。

鬼车原是有十个头的，其中一个头被狗咬掉了，于是那个没有头的脖子便不断地滴出血。据说鬼车所流出的血，具有招致凶恶的能力，一旦被这种血滴到，就会发生不幸。因鬼车被狗咬断过一个头，所以非常怕狗。

外貌形态

人首鸟身，有九个头，色赤，像鸭子。

出处

《岭表录异》："鬼车，春夏之间，稍遇阴晦，则飞鸣而过。岭外尤多。爱入人家烁人魂气。或云九首，曾为犬啮其一，常滴血。血滴之家，则有凶咎。"

虎鹰

hǔ yīng

鹰在天上飞，老虎在地上跑，本是两种风马牛不相及的动物，应该不会有交集。但是在古书里，却记载着一种神奇的动物，这种动物有着老虎的身体和老鹰的翅膀，既能在空中飞翔，又能在地上飞速奔跑，它就是虎鹰。

虎鹰光翅膀就有四米多长，体重更是高达一百公斤。不管是在天空中还是陆地上，除了大象这样的巨型动物之外，没有动物是它们的对手。

外貌形态

长着老虎的身体，却长着老鹰的翅膀。

虎鹰

虎鹰的外形是长着翅膀的老虎。

民间故事

恐怖的大鸟

《墨客挥犀》中有记载，鼓山上有一个老僧人，在几十年前曾到过一个叫灵源洞的地方，见到海上飞来一只大鸟。那只大鸟长得十分奇特，身子跟牛一般大，翅膀有两丈多长，一到有人畜活动的地方，就会保持低空飞行，伺机捕捉猎物。有时会捉到大羖羊，有时会捉到老虎和豹子，非常恐怖，人畜皆闻风丧胆。

出处

《墨客挥犀》记载："虎鹰，飞鸟。身大如牛，翼广二丈余，能捉捕虎豹。"

枭鸟

xiāo niǎo

古有枭鸟食母的传说，据说这种鸟一出生，就会把自己的母亲吃掉。因此，人们常把枭鸟比喻成恶人或逆子。

历朝历代都把枭视作不祥、不孝之鸟。汉代时，每到夏至之日，汉武帝便命人把这种不孝鸟杀了，制成羹汤，名为"枭羹"，以此宴请群臣。后来竟成定例，每年的端午节都要操办一番。把不孝鸟杀了之后，还要把鸟头挂在竹竿上。这么做的目的也是在教诫百姓，要孝顺自己的父母。

出处

《汉书·郊祀志》注引孟康曰："枭鸟食母，破镜兽食父，黄帝欲绝其类，使百吏祠皆用之。"

枭鸟

枭鸟就是猫头鹰,古时认为此鸟为不孝鸟,其原因是此鸟食母。

凫徯

凫徯
fú xī

凫徯本是鹿台山上的神鸟，因日子过得实在无趣，因此常常会下山，到凡间走走。凡是凫徯出没过的地方，必定会出现战争。它也乐得无趣，索性找些乐子，遇见战事便会多做停留。

外貌形态

外形像公鸡，却长着人的面孔，眼神犀利，总是带着一副战斗的表情。

出处

《山海经·西山经》："又西二百里，曰鹿台之山，其上多白玉，其下多银，其兽多牦牛、羬羊、白豪。有鸟焉，其状如雄鸡而人面，名曰凫徯，其鸣自叫也，见则有兵。"

大风

大风
dà fēng

第二卷 —— 奇禽 ——

神话故事中一种凶恶的鸟。大风的性格极其凶悍，它身形庞大，一展双翅就能遮住半边天，动一动翅膀就能刮起飓风，将大树连根拔起，房屋成批倒塌。因危害老百姓，被羿射杀于青丘之泽。

外貌形态

身形庞大，振翼则起风。

出处

《淮南子·本经训》："尧乃使羿诛凿齿于畴华之野，杀九婴于凶水之上，缴大风于青丘之泽。"

顒鸟

颙鸟
yóng niǎo

令丘山上寸草不生，却多山火，山上有一种叫作颙的凶鸟。这种鸟的身形与传说中会把自己母亲吃掉的恶鸟枭长得很像。据说颙只要一出现，天下必然大旱。

传说万历十二年，豫章的城宁寺曾出现过颙，身高有二尺多。这一年从五月到七月，一直酷暑难当，整个夏天一滴雨未降，庄稼颗粒无收。

外貌形态

形状像猫头鹰，长着人脸和四只眼睛，且有耳朵。

出处

《山海经·南次三经》："又东四百里，曰令丘之山，无草木，多火。其南有谷焉，曰中谷，条风自是出。有鸟焉，其状如枭，人面四目而有耳，其名曰颙，其鸣自号也，见则天下大旱。"

希有

xī yǒu

第二卷 — 奇禽

传说昆仑山上有一种大鸟,叫作希有。当它张开翅膀时,左翼可以盖住东王公,右翼就能遮住西王母。希有的左右两翼相隔一万九千里,它的后背有一小块地方没有羽毛,据说每年西王母和东王公都会在这块地方见一次面。

出处

《神异经·中荒经》:"昆仑之山有大鸟,名曰希有。南向张左翼覆东王公,右翼覆西王母。背上小处无羽,一万九千里。西王母岁登翼上,会东王公也。"

鹢

鹢
yì

古书上记载的一种似鹭的水鸟。绍兴是水乡，乌篷船是绍兴的特色之一。在乌篷船的船头上，就常绘着鹢的图案。这是因为鹢居住在海上，不怕风暴，擅于飞翔。所以，古人常把鹢的头像彩绘或雕刻在船头，以求行船安全。

出处

《夜半乐》："怒涛渐息，樵风乍起，更闻商旅相呼，片帆高举。泛画鹢，翩翩过南浦。"
《淮南子·本经训》："龙舟鹢首，浮吹以娱。"

瞿如

瞿如
qú rú

一种长着人面鸟身的怪鸟，瞿如最大的特点是有三足，而另一个特点是长得像水鸟，却是白色的头，人的面孔。

外貌形态

长得像水鸟，却有着人的面孔，长着三只足。

出处

《山海经·南山经》："有鸟焉，其状如鵁，而白首，三足，人面。其名曰瞿如，其鸣自号也。"

橐琵

橐琵
tuó fěi

传说中的一种独足鸟，冬天出没，夏天蛰睡。将它的羽毛放在衣服中，就不怕打雷。由于橐琵的羽毛有抵抗天雷的功效，因此成为了修道之士抗拒天劫的宝物。

传说南陈即将灭亡的时候，一群独足鸟聚集在宫殿，用嘴喙画出救国之策的文字，而这种独足鸟据说就是橐琵。

外貌形态

外形像猫头鹰，却长着人的面孔，只有一足。

出处

《山海经·西山经》："有鸟焉，其状如枭，人面而一足，曰橐琵，冬见夏蛰，服之不畏雷。"

酸与

酸与
suān yǔ

一种栖息于发丸山中的怪鸟，据说吃了它的肉可以使人不醉。这种怪鸟一旦出现，当地就会发生战乱。

外貌形态

身形似蛇，却长着六只眼睛、四只翅膀和三只脚。

出处

《山海经·北次三经》："有鸟焉，其状如蛇，而四翼、六目、三足，名曰酸与。其鸣自叫，见则其邑有恐。"

絜钩
jié gōu

一种生活在硜山上的鸟,擅长攀登树木,在哪出现哪里就容易发生瘟疫。

外貌形态

长得像野鸭子,却长着老鼠一样的尾巴。

出处

《山海经·东山经》:"有鸟焉,其状如凫而鼠尾,善登木,其名曰絜钩,见则其国多疫。"

青鸾

青鸾

qīng wén

第二卷 —— 奇禽

传说中的一种怪鸟。据说当青鸾和黄鹜汇聚在同一个国家时，这个国家将会灭亡。

出处

《山海经·大荒西经》："行玄丹之山。有五色之鸟，人面有发。爰有青鸾、黄鹜、青鸟、黄鸟，其所集者其国亡。"

跂踵

跂 踵
qǐ zhǒng

一种形状似猫头鹰的独脚妖鸟，生活在复州之山，山中的树木大多是檀木，山南边有很多黄金。据说跂踵一旦出现，就会发生大瘟疫。

外貌形态

形状像猫头鹰，却长着猪的尾巴。

出处

《山海经·中山经》："有鸟焉，其状如鸮，而一足彘尾，其名曰跂踵，见则其国大疫。"

跂踵

清·《禽虫典》
远古人类对鸟的崇拜，体现为将鸟想象成形貌怪异的凶鸟，如生活在复州山的独足怪鸟跂踵。

钦原

钦原
qīn yuán

昆仑山自古以来便是珍禽异兽聚集之处，传说山上居住着无数神仙，甚至有西王母这样重量级的人物。钦原便是守护在此圣域的古怪生物。钦原和蜜蜂一样，尾部都有一根毒刺，而且还有剧毒。但凡被钦原蜇过的，鸟兽当下即死，树木瞬间枯萎。昆仑山号称是天帝在人间的别都，却有如此多的凶恶怪兽，着实有些出人意料。

外貌形态

样子如同蜜蜂，个头却有鸳鸯那么大，尚不知其究竟是飞禽还是昆虫。

出处

《山海经·西次三经》有云："西南四百里，曰昆仑之丘，有鸟焉，其状如蜂，大如鸳鸯，名曰钦原，蠚鸟兽则死，蠚木则枯。"

钦原

明·蒋应镐绘

图中的钦原不像蜂,而像一只圆目的短尾鸟。

怪 第二卷

神獸

Monster

龙 lóng · 148	
麒麟 qí lín · 153	
貔貅 pí xiū · 159	风狸 fēng lí · 182
混沌 hùn dùn · 161	火鼠 huǒ shǔ · 185
穷奇 qióng qí · 163	烛龙 zhú lóng · 188
饕餮 tāo tiè · 165	应龙 yìng lóng · 190
梼杌 táo wù · 167	乖龙 guāi lóng · 193
白泽 bái zé · 169	骊龙 lí lóng · 196
白鹿 bái lù · 172	龙马 lóng mǎ · 199
貘 mò · 175	乘黄 chéng huáng · 201
药兽 yào shòu · 179	狻猊 suān ní · 203
	睚眦 yá zì · 207

开明兽 kāi míng shòu	• 209
夔 kuí	• 211
獾 huān	• 213
甪端 lù duān	• 214
五足兽 wǔ zú shòu	• 217
英招 yīng zhāo	• 219
猰貐 yà yǔ	• 220
驴鼠 lǘ shǔ	• 222
狌狌 xīng xīng	• 224
山臊 shān sào	• 226
驺虞 zōu yú	• 227
天鹿 tiān lù	• 230
祸斗 huò dòu	• 231

当康 dāng kāng	• 234
夫诸 fū zhū	• 236
举父 jǔ fù	• 238
驳 bó	• 240
犼 hǒu	• 242
朱厌 zhū yàn	• 244
蜚 fēi	• 245
獬豸 xiè zhì	• 248
蛟 jiāo	• 252
虬龙 qiú lóng	• 254
黄龙 huáng lóng	• 255
赤龙 chì lóng	• 256

螭吻 chī wěn	· 257
赑屃 bì xì	· 259
独狢 dú yù	· 261
诸犍 zhū jiān	· 262
幽䳓 yōu yàn	· 264
狡 jiǎo	· 265
猾褢 huá huái	· 266
灵龟 líng guī	· 267
旋龟 xuán guī	· 269
能言龟 néng yán guī	· 271
三足鳖 sān zú biē	· 272
犰狳 qiú yú	· 273
嘲风 cháo fēng	· 274

讹兽 é shòu	· 275
长右 cháng yòu	· 276
倒寿 dǎo shòu	· 277
孰湖 shú hú	· 278
兕 sì	· 279
蠪蛭 lóng zhì	· 281
狸力 lí lì	· 282
却尘犀 què chén xī	· 283
狰 zhēng	· 284
比肩兽 bǐ jiān shòu	· 287
耳鼠 ěr shǔ	· 289
啮铁 niè tiě	· 290
奚鼠 xī shǔ	· 291

龙

龙
lóng

古时候，人类因敬畏自然、崇拜神力，所以创造出了龙这样一种能呼风唤雨的神兽。古人把龙看成神物，它们变化无常，缩小如蚕蚁，伸展能遮天，有时显露于云端，有时隐形入深渊。

《广雅》中有记载："有鳞曰蛟龙，有翼曰应龙，有角曰虬龙，无角曰螭龙，未升天曰蟠龙。"这些都是一般的龙属，此外还有地位更高，更加神异的青龙或苍龙。《礼记》中把龙和麒麟、龟、凤一起称为四灵。

历朝历代不断有龙的传说出现。上至黄帝时，便有黄帝乘龙升天，应龙助黄帝战胜了蚩尤；夏禹治水时，传说便有神龙以尾巴划地成河道，来疏导洪水；汉高祖刘邦，传说是其母梦见与赤龙交配孕育而生。从这些传说中可以看出，人们把美德都集中到了龙的身上。龙不仅出现在古代神话故事里，后世更是被不断地传承，形成了丰富的龙文化。在封建社会，龙是皇权的象征。

外貌形态

龙的形象最基本的特点是"九似",角似鹿、头似牛、眼似虾、嘴似驴、腹似蛇、鳞似鱼、足似凤、须似人、耳似象。

民间故事

叶公真的好龙吗

有关龙的神话传说,在我国由来已久。然而,真正的龙谁也没见过,《易经》载有:"飞龙在天,大人造也。"至于龙的形象,恐怕是几千年人们在众说纷纭的假想中演化而来的。如果说古时候有谁真的见过龙,那便是春秋时期楚国叶县的沈子高,人称"叶公"。

叶公好龙心切,在房屋的梁、柱、门、窗上都雕刻着龙的花纹,家里就像龙宫一样。就连叶公自己的衣服上,也绣上了栩栩如生的龙图案。叶公还经常对别人说:"我特别喜欢龙,龙多么神气、多么吉祥啊!"

天上的真龙知道后,就从天上下凡到叶公的家。巨龙把身子盘在叶公家客堂的柱子上,尾巴拖在方砖地上,头从窗户伸进了叶公的书房。然而,叶公也只看到了一鳞半爪,因为龙来时,他早已吓得钻到桌子下面去了。

能把龙画活的人

南北朝时期的梁朝,有位出名的大画家名叫张僧繇,此人的绘画技术十分高超。当时的梁武帝信奉佛教,修建很多寺庙时,都让他去作画。

传说有一年,梁武帝让张僧繇为金陵的安东寺作画,在寺庙的墙壁上画四条金龙。他仅用三天的时间就画好了,四条金龙栩栩如生,惟妙惟肖,简直就跟真龙一样,吸引了很多人前去围观,大家都称赞画得太逼真了。可是,当人们凑近一点儿看,发现美中不足的是四条龙全都没有眼睛。众人纷纷请求张僧繇把龙的眼睛点上。张僧繇解释说:"给龙点上眼睛并不难,但是如果点上眼睛,这些龙就会破壁飞走的。"众人听后都不相

信，认为他的解释很荒唐，墙上的龙怎么会飞走呢？时间久了，很多人都以为他在说谎。

后来张僧繇没办法，不得不答应给龙"点睛"。这一天，在寺庙墙壁前有很多人围观，张僧繇当着众人的面提起画笔，轻轻地给两条龙点上眼睛。这时，神奇的事果然发生了，天空中突然乌云密布，电闪雷鸣。在雷电之中，人们看见被点睛的两条龙震破墙壁，凌空而起，张牙舞爪地飞向天空。

过了一会儿，乌云散开，天空放晴，人们吓得目瞪口呆，一句话都说不出来。再看看墙上，只剩下没有被点上眼睛的两条龙，而另外两条被点睛的龙早已不知去向。所谓"画龙点睛"的成语，即来源于此。

古人养过龙，还吃过龙肉

据说在古代，龙这种动物不仅能够见到，还能像其他动物一样为人所豢养。而有人不仅养过龙，甚至还吃过龙肉，是不是觉得很稀奇？

传说帝舜时有豢龙氏、御龙氏这种职业，这些人了解龙的嗜好脾性，能对龙进行驯养和指挥。一直帮舜驯龙的豢龙氏，收了一名叫作刘累的学徒。刘累掌握了驯龙的技术，并得到了帝孔甲的赏识。后来他因为没有传承全部的驯龙技术，将帝孔甲的两只龙养死了一只，还偷偷地把龙肉做成汤献给孔甲品尝。孔甲不知是龙肉，尝后惊叹其为绝世美味，于是吩咐刘累再弄一些来吃。后来，另一条龙也被养死。在所有的龙肉被吃光后，刘累没办法，只能选择逃跑，饲养驯龙的技术从此失传。

以上的记载说明了龙虽然稀有，却也和人类有过接触，所以古籍中那些对龙的形象和习性的描述，也许并非凭空想象。而从孔甲以后，龙在现实中确实很少能见到了，至于是不是因为担心被人类当作美味吃掉才躲起来的，就只有天知道了。

出处

《说文解字》中有记载："龙，鳞虫之长，能幽能明，能细能巨，能短能长，春分而登天，秋分而潜渊。"

龙

传说龙能显能隐，能细能巨，能短能长。春分登天，秋分潜渊，能呼风唤雨。

龙

《中国民间信仰研究》 法国教士禄是道撰

龙的形象，很可能是几千年人们在众说纷纭的假想中演化而来的。

麒麟

麒麟
qí lín

麒麟乃天上的神物，常伴着神灵出现，它是神的坐骑。据说麒麟很长寿，能活两千年，还能吐火，声音如雷。在古代，人们认为麒麟、龙、凤凰和龟是最具有灵性，最能带来祥瑞的四种动物，共称为"四灵"。历朝历代的帝王都认为麒麟的出现，是太平盛世的象征，是对君王仁德的一种肯定。

外貌形态

麒麟的外貌集龙头、鹿角、狮眼、麋身、龙鳞、牛尾于一体，尾巴毛状像龙尾，有一角带肉。

第二卷 ——神兽——

麒麟

大戴禮毛蟲三百六十而麒麟為之長說文牝曰麒牡曰麟牡鳴曰遊聖牝鳴曰歸和春鳴曰扶幼秋鳴曰養綏春秋感精符王者不剋胎不破卵則麒麟出于郊孫卿子曰王者好生惡殺則麟遊于野或云麟有角麒似麟而無角朱均曰麒麟色青黃說苑云麒麟麕身牛尾馬足圓蹄一角角上有肉

麒麟

明·《三才图会》

上古时的人希望麒麟总是能伴随着自己,给自己带来幸运和光明,辟除不祥。

民间故事

孔子写《春秋》，绝笔于获麟

第一次出现麒麟的形象是在春秋末期，鲁国西境大野泽"西狩获麟"的故事中。

相传公元前 480 年，鲁哀公率领大臣们在大野（今巨野县北）围猎。在围猎的过程中，他们发现了一只从未见过的神兽。神兽被惊扰之后仓皇逃窜。大家都十分好奇，于是拼命地追赶它。其中叔孙氏的驾车人子鉏商跑得较快，眼看神兽就要逃走了，情急之下子鉏商对准神兽射了一箭。中箭后的神兽仍然继续向西奔跑，但由于负伤，最终在嘉祥的卧龙山西部，被一班人马围住捕获。等鲁哀公等人赶到的时候，大家围在一起讨论，但在场的人没有一个能说出这只神兽的名字。

后来鲁哀公请来了孔子鉴定，孔子看到麒麟负伤而惊魂未定的样子，心中悲痛万分，泪水打湿了衣襟，"此乃仁兽麟也，它为谁而来呀！它为谁而来呀！"据说孔子当时正在写《春秋》，看到西狩捕获一麟，认为麟是圣王的祥瑞，然而春秋乱世并无圣王，麟在此时出现，并最终死于小人之手。孔子由此感慨大道不行，仁义不彰，因而伤感落泪，并以此事作为《春秋》的结束。

麒麟死后，鲁哀公便将它葬在了今巨野县的麒麟镇，如今麒麟镇还保留着麒麟冢。

瑞应麒麟颂

据记载，明永乐年间，郑和下西洋途经榜葛剌国（今孟加拉国），带回了国王赛弗丁进贡给大明王朝的一头奇特的动物，"前足高九尺，后六尺，颈长丈六尺有二，短角，牛尾，鹿身。"众人观察这头动物，发现它与传说中的麒麟十分相似，加上当时阿拉伯语中这种动物的发音与麒麟很相似，于是众人认为这便是麒麟。翰林院学士沈度当下便写了一篇《瑞应

麒麟送子

《中国民间信仰研究》 法国教士禄是道撰

中国民间认为麒麟为仁义之兽，是吉祥的象征。俗传积德人家，求拜麒麟可生育得子。《拾遗记》中描述，相传孔子诞生之前，有麒麟吐玉书于其家院。

第二卷 —神兽—

麒麟颂》，"臣闻圣人有仁德，通乎幽明，则麒麟出"。永乐皇帝看后大喜，命画师画下麒麟图，以传后世千秋万代铭记。六百年后再看那麒麟，原来竟是一头长颈鹿。

现如今，这幅《瑞应麒麟颂》就收藏在台北故宫博物院。

天子获麟

古时候，天子会在每年的春秋两季举行除灾求福的解祠，用食其母的恶鸟枭鸟、食其父的恶兽破镜兽祭黄帝；用羊祭冥羊神；用青色雄马祭马行神；用牛祭泰一神、皋山山君和地长神；用干鱼祭武夷山神；用牛祭阴阳使者神。

有一年，天子到雍县举行郊祀，在雍郊猎获了一头独角兽，样子长得像鹿。主管官员奏道："陛下祭祀虔诚，上帝作为回报，就赐给陛下这头独角之兽，这大概就是麒麟。"于是将此兽进献给五帝之祠，每畤的祭品增加一头牛，举行焚柴祭天的燎祭。并赐给诸侯白银，向他们暗示这种吉祥的征兆是与天地之意相合的。

这时济北王以为天子将要举行封禅大典，就上书向天子献出泰山及其周围的城邑。天子接受了，另用其他县邑给他作为抵偿。常山王有罪，被放逐，天子把他的弟弟封在真定，以延续对祖先的祭祀，而把常山国改为郡。这样一来，五岳就都在天子直接管辖的郡县之内了。

出处

《说文解字·十》："麒，仁宠也，麋身龙尾一角；麐（麟），牝麒也。"

《左传·卷十二》中有记载："哀公十四年春，西狩于大野，叔孙氏之车子鉏商获麟，以为不祥，以赐虞人。仲尼观之曰：'麟也'。"

《史记·孝武本纪》："其明年，郊雍，获一角兽，若麃然。有司曰：'陛下肃祗郊祀，上帝报享，锡一角兽，盖麟云。'于是以荐五畤，畤加一牛以燎。赐诸侯白金，以风符应合于天地。"

貔貅

貔貅

pí xiū

第二卷 — 神兽 —

中国古代神话中一种形似狮，而有翼的神兽。传说貔貅能腾云驾雾，号令雷霆，降雨开晴，因帮助炎黄二帝作战有功，被赐封为"天禄兽"，即天赐福禄之意。

外貌形态

身形如虎豹，其首尾似龙状，其色亦金亦玉，其肩长有一对羽翼却不可展，头生一角并后仰。

神话故事

只吃不拉的吉祥神兽

传说貔貅是龙王的九太子，长相凶猛威武，在天上负责巡视工作，阻止妖魔鬼怪、瘟疫疾病扰乱天庭。

貔貅主食金银珠宝，自然浑身宝气，因此深得玉皇大帝与龙王的宠爱。一日玉皇大帝举行寿宴，邀请龙王赴宴。貔貅与其父同去。宴会上，因貔貅与众神仙所食之物大有不同，于是它便自己去寻找食物，结果把摆在宫殿灵堂的金银珠宝吃个精光。貔貅因吃多了拉肚子，忍不住随地便溺，惹得玉皇大帝生气，于是玉帝一巴掌打下去，结果打到了貔貅的屁股，肛门被封住了。从此，金银财宝就只进不出了。这个典故传开之后，貔貅就被视为招财进宝的祥兽。

姜子牙与貔貅

传说貔貅是三百多万年以前生活在西藏、四川康定一带的西域猛兽，具有极强的搏击能力。当年姜子牙助武王伐纣时，在一次行军途中，偶遇一只貔貅，但在当时却无人认识。姜子牙觉得这只猛兽长相威猛，就想方设法将它收服，当作自己的坐骑。后来姜子牙带着它打仗，屡战屡胜。

周武王见貔貅如此骁勇，就给它封了一个官，官号为"云"。姜子牙发现貔貅每天食量惊人，却从不大小便。它唯一的排泄系统，就是从全身的毛皮里，分泌出一点点奇香无比的汗液。动物们闻到这种奇香后，无不争先恐后跑来争食，结果反被貔貅吃掉，故有夺财之称。

出处

《汉书·西域传》："乌弋山离国有桃拔、狮子、犀牛。"孟康注曰：桃拔，一曰符拔，似鹿尾长，独角者称为天鹿，两角者称为辟邪。辟邪便是貔貅。

混沌

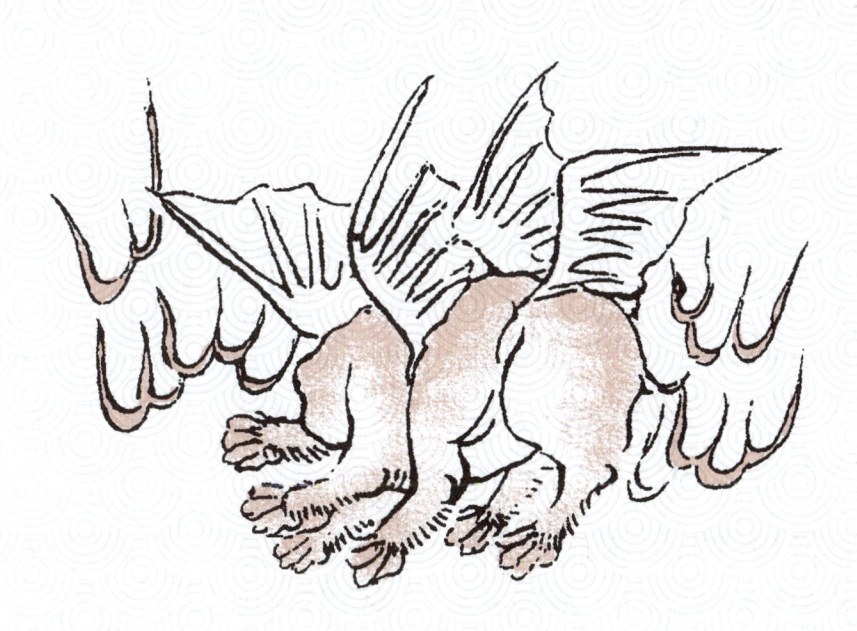

混沌

hùn dùn

第二卷 — 神兽 —

中国古代传说的四凶之一。据《左传》记载，四凶分别是浑敦（混沌）、穷奇、饕餮，以及梼杌。由于混沌是古代神话中的形象，因此关于它的长相并没有一致的说法。不同的书籍记载，其外形、外貌都有所不同。

在《山海经》中，混沌被描述成是一只神鸟。形状像一只袋子，颜色红得像赤色的火焰，有六只脚，四只翅膀。混沌虽然没有脸，却能够辨别歌声、识别舞蹈，说它就是帝江。

在《庄子》中，混沌被描述成统治中央的天帝。受惠于混沌的两位天帝为了报答混沌，为其凿七窍，一天凿一窍，待七窍凿完，混沌就死了。

而在《神异经》中，混沌则被描述成是一只长了很长毛发的，像狗一样的动物。长着眼睛，却什么都看不见，所以走起路来很不方便；长着耳朵，却什么都听不到，但它却对周遭的动静一清二楚；长着腿脚，却没有爪子；有肚子，可是里面没有五脏六腑；有肠子，却不是弯弯曲曲盘在肚子里，而是一根直的管子，吃下去的食物，径直就穿过身体排出去了。

然而混沌最怪异的并不是长相，而是脾气。因为它是一头不分善恶、颠倒是非的怪兽。如遇到有德行的好人，它会非常反感，对他们大肆施暴；如遇到凶恶的坏人，它反而会跟随，并听从他们的指挥。

神话故事

七窍开而混沌死

传说在古早以前，世界由几个不同方位的天帝统治着。其中，统治南海的天帝叫作儵，统治北海的天帝叫作忽，统治中央的天帝叫作混沌。

南海天帝儵和北海天帝忽经常相会，他们一个从南边来，一个从北边来，而相会的地点就在中央天帝混沌的地界。混沌非常友善，不仅慷慨地让他们在自己的地盘上相会，还尽地主之谊款待他们。为此儵和忽非常感动，便想报答混沌。两位天帝想来想去，觉得混沌因缺少七窍，所以他不能像一般人一样去看、去听、去闻和去吃。于是，两位天帝决定试着为混沌凿出这七窍。儵和忽立刻就动手了，他们每天替混沌凿出一窍来，等到第七天的时候，七窍都凿出来了。而得到了五官七窍的天帝混沌，却在此刻死了。

这则故事出自《庄子·内篇·应帝王》

出处

《山海经·西山经》："又西三百五十里曰天山，多金玉，有青雄黄，英水出焉，而西南流注于汤谷。有神鸟，其状如黄囊，赤如丹火，六足四翼，浑敦无面，是识歌舞，实惟帝江也。"
《庄子·内篇·应帝王第七》："南海之帝为儵，北海之帝为忽，中央之帝为浑沌。儵与忽时相与遇于浑沌之地，浑沌待之甚善。儵与忽谋报浑沌之德，曰：'人皆有七窍以视听食息，此独无有，尝试凿之。'日凿一窍，七日而浑沌死。"
《神异经·西荒经》中有记载："昆仑西有兽焉，其状如犬，长毛四足，似黑而无爪，有目而不见，行不开，有两耳而不闻，有人知性，有腹无五藏，有肠直而不旋，食径过。人有德行而往抵触之，有凶德则往依凭之。天使其然。名曰浑沌。"

穷奇

qióng qí

上古时期四大凶兽之一，是一种生活在西北，长得像虎，有翅膀，喜欢吃人的怪物。它吃人时，一般会从人的头部开始进食，是一种凶恶的异兽。

据说穷奇很有意思，它能听懂人说话，听到有人争吵，它就要去吃了有理的一方；听说有人忠诚、有信义，它就要去把那人的鼻子咬掉；但如果听说有人作恶多端，穷奇反而会去捕杀野兽，作为馈赠，并鼓励他多做坏事。因此，穷奇是一种惩善扬恶的凶兽。古时候的人，也把那种不重心意，远君子近小人的人称为穷奇。

然而在有些书上记载的穷奇，并不是凶兽。相传古时，在腊八节的前一天，宫廷里会举行大傩"逐疫"仪式，由装扮成的方相氏带着十二"神兽"游行。其中穷奇和另外一只叫腾根的异兽，共同担负着吃掉害人的蛊的任务。

穷奇

明·蒋应镐绘

穷奇的形状像老虎，却生有翅膀，据说它吃人是从人的头开始吃。

外貌形态

长得像虎，大小如牛一般，身上长有一双翅膀。

出处

《神异经·西北荒经》："西北有兽焉，状似虎，有翼能飞，便剿食人。知人言语，闻人斗，辄食直者；闻人忠信，辄食其鼻；闻人恶逆不善，辄杀兽往馈之。名曰穷奇，亦食诸禽兽也。"

饕餮

tāo tiè

上古时期四大凶兽之一，最大的特点就是贪吃。饕餮没有身体，因为太能吃，以至于把自己的身体都吃掉了。它只有一个大头和一张大嘴，见到什么就吃什么，由于吃得太多，最后被撑死了。

后来，人们对饕餮贪吃的形象加以夸张，曹禺在《北京人》第一幕中写道："而且他最讲究吃，他是个有名的饕餮，精于品味食物的美恶。"至今，喜好美食的人，还被称作"饕餮族"。

其实饕餮并非一开始就是贪婪的象征，它也曾作为威慑九州的神兽，而被刻在青铜器皿之上，尤其是鼎上，被称作饕餮纹。《吕氏春秋·先识览》有云："周鼎著饕餮，有首无身。"殷周时代鼎彝上常刻的就是饕餮，其脑袋狰狞，双目炯炯有神，鼻梁凸出，首部有一双弯曲的兽角，巨嘴大张，利齿如锯。彼时的饕餮纹是一种显示威严、荣贵的象征，是人对于神的敬畏与交流。

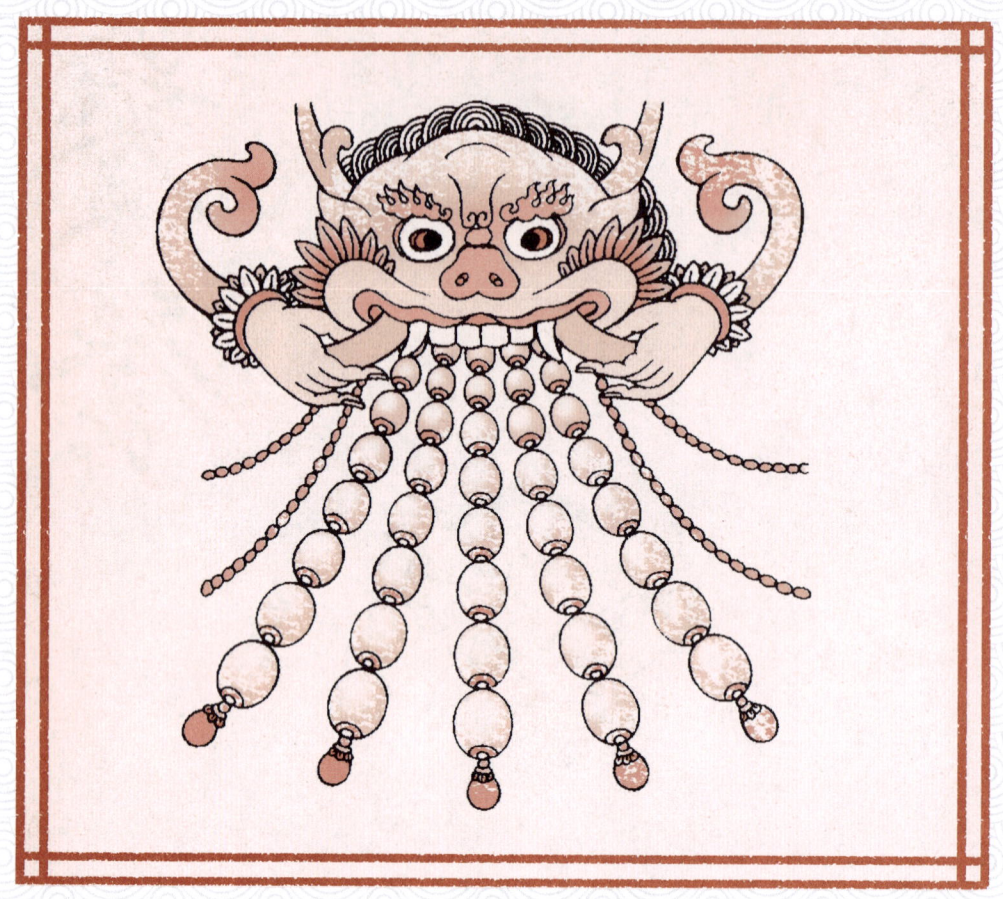

饕餮

饕餮是贪吃的怪兽,最终连自己的身子都吃没了。

外貌形态

形状如羊身人面,眼在腋下,虎齿人爪,大头大嘴;又一说长着人的样子,但全身多毛。

出处

《神异经·西南荒经》:"西南方有人焉,身多毛,头上戴豕,贪如狼恶,好自积财,而不食人谷,强者夺老弱者,畏群而击单,名曰饕餮。"

梼杌

梼杌
táo wù

相传梼杌是北方帝颛顼的儿子，它还有名字叫作傲狠、难训。据传梼杌是一种人面虎身、凶狠狂暴的猛兽，喜好在荒野中狂奔，没有人能够制服它。和穷奇一样，梼杌后来也成了四大凶兽之一。

在四大凶兽中，梼杌和穷奇是最爱玩乐的，且喜欢玩弄人类。梼杌会鼓励一些坏人做坏事，而自己却躲在一旁看好戏。有时候，它会主动现身帮助坏人。不要以为它是在主动帮助坏人，其实它只是为了玩乐。等梼杌玩腻了或者饿了的时候，便会将人类当作食物一口吞下。

外貌形态

体形像老虎，长着人脸，老虎的腿，野猪的獠牙，还有很长的尾巴。

出处

《神异经·西荒经》："西方荒中，有兽焉，其状如虎而犬毛，长二尺，人面，虎足，猪口牙，尾长一丈八尺，搅乱荒中，名梼杌。"

《左传》："颛顼有不才子，不可教训，不知诎言，告之则顽，舍之则嚚，傲狠明德，以乱天常，天下之民，谓之梼杌。"

第二卷 — 神兽 —

檮杌

檮杌獸之至惡者好鬬至死不却西荒中獸也狀如虎毛長三尺餘人面虎爪口牙一丈八尺獲人食之獸鬬終不退却惟死而已一名倒壽

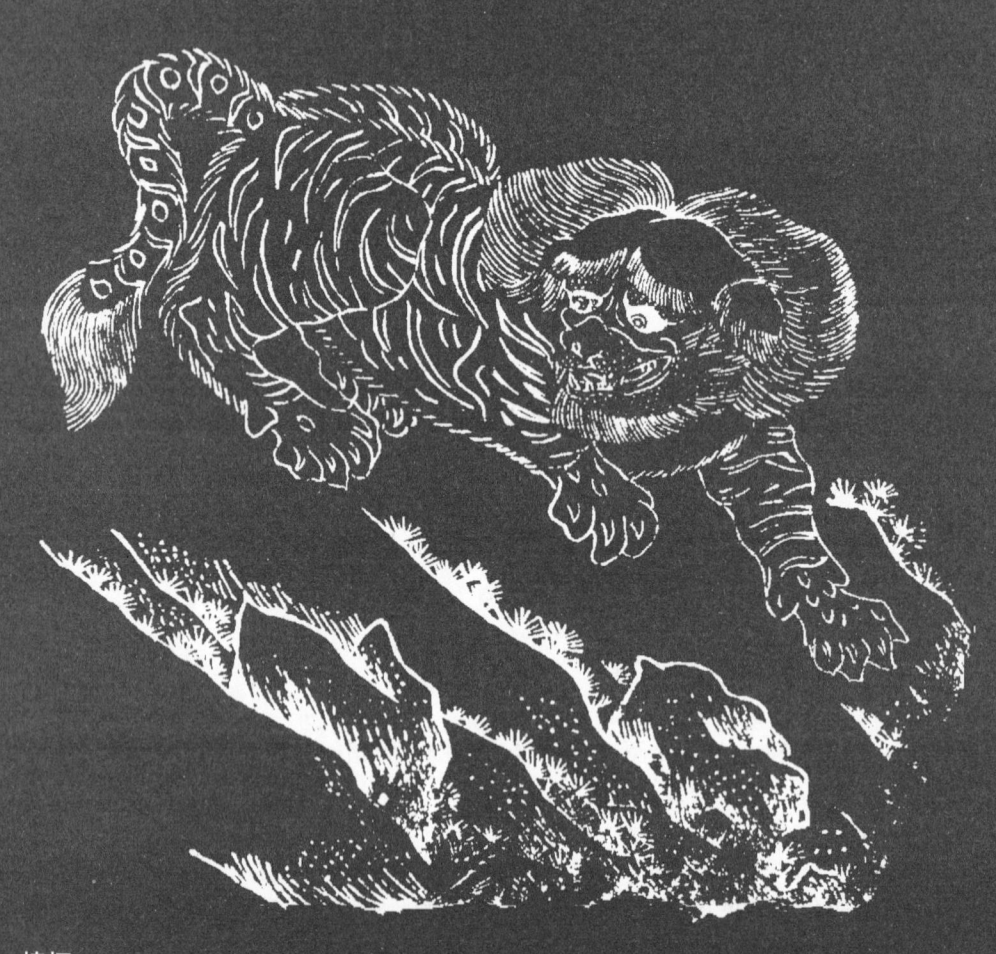

梼杌

梼杌的体格像老虎而毛类犬，脸有点像人，腿有点像老虎。

白泽

bái zé

　　白泽是一种能说人话，通万物之情的神兽，一般很少出现在人间，除非有圣人治理天下，才奉书而至。白泽通晓古今一切鬼神之事，所以从很早开始，就被当作驱鬼的神兽和祥瑞来供奉。古人将白泽的画像挂在墙上或是贴在大门上，用来辟邪驱鬼；甚至还有人做成白泽形象的枕头，用于寝卧。

　　《白泽图》可以说是一部中国鬼怪地精的名谱，书中记载的妖怪数目万余种，包含了鬼怪的名字、相貌以及驱除方法，并配有鬼怪的图。可惜如今这部名谱大多已经失传，只有流落海外的敦煌残纸数张，出自于唐人的手笔，从中依稀可见当年《白泽图》的风貌，书中所记的妖怪，多为奇怪的名字，并配有简笔的画像。

外貌形态

狮子身姿，通体雪白，头上有两角，长着山羊胡子。

神话故事

白泽图

传说黄帝曾东巡至海边，驻足之际，海中忽有一头怪兽冒出脑袋，掀起滔天巨浪。黄帝及其随从们大惊失色，纷纷掣出了兵刃。而这头怪兽正是古往今来第一瑞兽——白泽，能口吐人言，知道天地间所有的怪兽。黄帝向它请教天下鬼神妖怪，白泽一一道来，共计一万一千五百二十种，并有破解之法。黄帝命人将白泽所说的所有神怪都画下来，于是就有了《白泽图》。这本名谱在很大程度上，帮助了黄帝对天地间万事万物的管理。

有了这本名谱之后，黄帝就在西泰山检阅天底下所有的鬼神。风伯为他扫地，雨师为他洒道，毕方鸟为他驾车，六条蛟龙在身后护卫，腾蛇在地上游走，各种奇形怪状的鬼神跟在黄帝的后面。黄帝看到自己统治下的神怪队伍这么庞大，十分高兴，当即作了一首乐曲，名为《清角》。

出处

《山海经》："东望山有兽，名曰白泽，能言语，王者有德，明照幽远则至。"

《云笈七签·轩辕本纪》："帝巡狩，东至海，登桓山，于海滨得白泽神兽。能言，达于万物之情。因问天下鬼神之事。自古精气为物、游魂为变者凡万一千五百二十种。白泽言之，帝令以图写之，以示天下。帝乃作祝邪之文以祝之。"

白澤

東望山有澤獸者一名曰白澤能言語王者有德明照幽遠則至昔黃帝巡狩至東海此獸有言為時除害

白澤

白泽是昆仑山上著名的神兽，它浑身雪白，能说人语，通达万物的情感。

白鹿

白鹿

bái lù

古时，人们向来把鹿与福寿相连，传说中的福、禄、寿神仙总是和鹿形影不离。古人臆想中的吉祥物麒麟，也是在鹿的形态上加工创造的。

外貌形态

通体雪白的神鹿，眼睛闪着红玛瑙的亮光。

民间传说

白鹿原

西周末期，西方兴起一支凶悍的部落犬戎，对西周镐京造成了严重威胁。周幽王被犬戎杀死，新登基的周平王因镐京都城岌岌可危，与大臣商议，决定另行择地建都。

周平王带领着执掌星象扶乩等大臣们，在大队卫士的簇拥下，向东涉过滋水河，登上一片平坦的原上。此原三面环水，一面接南山。从原上向西北眺望，可以看到广阔的渭河平原，东南依靠终南山，进退可据，军事地位极其有利。一众人马从原西头浩浩荡荡一直走到原东头。这时天色已晚，便择了一处小谷岸边的一所庙宇设下行宫，结队扎营。

翌日清晨天刚破晓，周平王忽然被外边的惊呼声吵醒。出寺门一看，只见东南方向的崇山峻岭之间，一团祥光瑞气环绕着一只雪白之物。细一看，那团东来的紫气中心原来是一只通体雪白的神鹿，除一双眼睛闪着红玛瑙的亮光外，全身无一根杂色。那白鹿口含一枚灵芝，四蹄飘云生风，飘然而至。

这只白鹿是受天帝的旨意，来此原消灾播福的。这时，白鹿突然看见旌旗猎猎的周王卫队，猛吃一惊，口中的灵芝掉落到小谷中。白鹿扭头向西南方向疾驰而去。周平王随父王射猎多年，却从未见过也未曾听说过有如此奇鹿，立即传旨卫队快骑，紧随白鹿去的方向拼命追赶。追到一个沟坡时，白鹿见再往前就要到南原坡了，忽又折向西北而去，那里有一座小庙。白鹿绕庙一圈，见骑队追上来，又继续向前奔跑，来到一个村庄。村边有一座女娲祠，不远处有两株苍柏。白鹿便在苍柏树下小憩起来，刚一打盹，平王的卫队又追上来了。白鹿左冲右突迷失了方向，一直向北跑到半原坡时，才知走错了方向。于是又折回向南，进入浐河谷道的苇蒿丛中，瞬间便无踪影。

人们惊奇地发现：凡白鹿经过的地方，皆是一片郁郁葱葱，百卉竞开，毒虫殆尽，疫疠灭绝，六畜兴旺，人寿年丰。后来，人们为了纪念这只带来吉祥康乐的白鹿，便把这原起名为白鹿原。

刘伯温智破白鹿城

一次，朱元璋因不听刘伯温的劝阻，中了元军设下的圈套，整座城池被元军围得水泄不通。朱元璋一时气结心头，口中鲜血喷出，昏绝于地。

刘伯温见朱元璋昏迷不醒，整夜长吁短叹，难以入寐。正恍惚之间，忽闻帐外一声鹿鸣，只见一头白鹿正往城西迤逦而去。刘伯温忙带上几个部下紧随其后，却见那白鹿忽然化为一道白光，然后没入城西的古庙中。推开庙门，里面漆黑一片，晃亮火折，只见庙中壁上供着骑鹿的南极仙翁，地上几个铁蒲团早已生锈。

刘伯温心下一动，令众人将几个铁蒲团一个个扭转，果然一个蒲团缓缓升起，露出一个大洞。众人大喜，钻进洞中，发现里边是一条密道，甚是宽敞。刘伯温高举火把抢先而行。行不多时，突然前面透来亮光，原来这秘道的出口在城郊田间的一口枯井。众人爬出枯井后，发现身后竟是敌军营帐。"哈哈！主公有救了！"刘伯温一声大笑。醒来，却发现是个梦。

刘伯温很惊讶，于是他依梦中所见，四处寻找古庙。终于，在城西找到一座古庙，推开庙门，掀开铁蒲团，果然有一条秘道直通城外。朱元璋一听有秘道，痛体即愈。刘伯温献上一条破敌之策，朱元璋拍手称妙。

次日夜晚，朱元璋命几员大将率数万兵马连夜由秘道潜出城，在元军营帐后集结，并约定好信号从背后杀来。自己则率兵马从城内杀出，两面夹击。元军防不胜防，阵脚大乱，纷纷丢盔弃甲，狼狈而逃。

朱元璋为感谢白鹿相救，将温州城称为白鹿城。从此，白鹿显灵的故事也就在民间传开了。

出处

《后汉书郡国志》："新丰县西有白鹿原，周平王时白鹿出。"

貘

貘
mò

貘是上古时期一种极为凶猛，嚼铁如泥的怪兽。而在日本的传说中，貘却成了一种能吞食噩梦的神兽。它们以噩梦为食，吃完后再给做梦的人留下好梦；或是在人做完噩梦后，帮人吃掉噩梦，忘却不愉快的梦境。因此，貘深得人们的喜爱，还出现在不同的文化作品中。

关于貘的传说可追溯至唐朝。古人认为貘有驱邪之功，把貘的皮做成垫子和寝具，就可以驱魔辟邪。在当时，把貘画在屏风上辟邪，也甚为流行。相传白居易就曾因头风头痛，请了画师在屏风上画貘。不久他的病好了，便写下《貘屏赞》，赞其"寝其毗辟瘟，图其形辟邪"。但白居易写这首诗并不是因为貘画屏真的治好了他的头痛病，而是托物起兴，借貘食铜铁的传说来讽喻战乱迷信，铜铸像铁铸兵，搞得貘没东西吃才灭绝了。

那个时候唐代中日交流频繁，遣唐使将这一风俗带回日本，貘画屏得以流传开来。室町时代末期，很多人相信貘不仅可以辟邪，还可以吃掉噩梦，甚至改画屏为绣枕。在正月的时候，将绣有貘的图样的画放在枕头下，希望貘能吃掉噩梦，这样便可以得到美梦。由此便有了"食梦貘"的传说。

第二卷 — 神兽 —

食梦貘

《怪奇鸟兽图卷》

貘从中国传到日本后，变成了以噩梦为食的神兽。

外貌形态

似熊，黑黄色，象鼻犀目，牛尾虎足。

神话故事

以梦为食的怪兽

日本传说中，在每一个洒满朦胧月色的夜晚，貘会从幽深的森林里，来到人们居住的地方，吸食人们的梦。它们生性胆怯，但是从来不会担心在吃梦的时候，吵醒熟睡的人们。因为在夜色中，它们会发出一种轻轻的像是摇篮曲的叫声，人们便会在这种声音相伴下越睡越沉。

于是，貘便把人们的梦慢慢地，一个接一个地收入囊中。貘在吃完梦之后，便又悄悄地返回丛林中，继续神秘的生活。

出处

《貘屏赞》中有记载："貘者，象鼻犀目，牛尾虎足，生于南方山谷中。寝其毗辟瘟，图其形辟邪。予旧病头风，每寝息，常以小屏卫其首。适遇画工，偶令写之。按山海经，此兽食铁与铜，不食他物。"

貘

南方山谷中有獸名曰貘象鼻犀目牛尾虎足身黄黑色人寢其皮辟瘟圖其形可辟邪舐食銅鐵不食他物

貘

白居易所作的《貘屏赞》中，将貘描绘成鼻子像大象，眼睛像犀牛，尾巴像牛，四肢像虎的动物。

药兽
yào shòu

据古书记载，上古神农时期有一种神兽名叫药兽。如果有人生病，只要在它耳边低语一番陈说病情，药兽便会外出采集草药，回来之后将采来的草药熬制服用，其病必愈。

说来也神奇，这种神兽不仅能听得懂人话，而且还能辨识百草，懂得药性，简直称得上是动物界的"华佗"。史书传说神农氏遍尝百草，发明了中药学，很可能其中很大功劳都要归于这种神兽。

外貌形态

身形似牛，头上戴着帽子，身上穿着衣服。

药祖神农

东汉画像石　1965年
江苏铜山出土　徐州博物馆藏
在这幅图刻中，神农手持耒耜（古时耕地用的农具），驭使一只大鸟，右侧的月亮中有玉兔蟾蜍，下面是一只药兽。

神话故事

动物界的"华佗"

传说神农时期，白民进贡了一只药兽。人一旦生病，只要摸摸药兽的头，然后说些白民教导的话，虽然不知道究竟说的是什么，但是话一说完，药兽就会去野外衔一株草药回来。病人把草药捣汁服下去，病立马就好了。后来药兽看病的时候，神农让风后将药兽的这些药方记下来，所有的药方都得到了验证，很管用。

观药兽发妙论

《镜花缘》中也记载了一则关于药兽的故事。唐敖、林之洋、多九公三人游历到白民国，忽见有个异兽，宛似牛形，由一小童牵着走过来。

唐敖道："请教九公，小弟听闻神农时，白民曾进药兽，不知此兽可是？"多九公道："此兽正是药兽，最能治病。人若有疾病，对兽细告病源，此兽即到野外衔一草归，病人捣汁饮之，或煎汤服之，莫不见效。如若病很严重，一服不能除根，次日再告知病源，此兽又会再到野外，或仍衔前草，或添一二样，照前煎服，往往都能治好。此地至今相传。"

林之洋道："原来它会行医，怪不得穿着衣帽。请问九公，不知这兽可通晓脉理？可曾读过医书？"多九公道："它不会切脉，也从未读过医书。大约略晓得几样药味。"林之洋指着药兽道："你这畜牲，连医书也未读过，又不晓得脉理，竟敢出来看病，岂非以人命当耍么！"多九公道："你骂它，要是被它听见，准给你药吃。"林之洋道："我又没生病，为什么要吃药？"多九公道："你虽无病，吃了它的药，自然要生出病来。"说笑间，回到船上，大家痛饮一番。

出处

《芸窗私志》："神农时，白民进药兽。人有疾病则扪其兽，授之语。语如白民所传，不知何语。语已，兽辄如野外，衔一草归，捣汁服之，即愈。后黄帝命风后纪其何草起何疾，久之，如方悉验。古传黄帝尝百草，非也。故虞卿曰：黄帝师药兽而知医。"

第二卷 — 神兽 —

风狸

fēng lí

上古神话中的一种神兽，又叫风生兽，常栖息在高树上，等候风吹而移到其他树上吃果子。风狸最神奇的地方是它有一根风狸杖，状如草茎，长尺许，飞禽走兽随指而毙。

传说风狸火烧不死，刀砍不入，打之如打皮囊，用锤击其头数十下方死。但只要有风吸入口中，它就能复活，必须用菖蒲塞到它鼻子里，才能真正杀死它。据说风狸还是世间少有的仙药，把它的脑子与菊花搅拌在一起，吃完之后可以延寿五百年。

外貌形态

形如猎豹，浑身青色，大如狸子。

神话故事

上古神兽风生兽

很久以前，在南海之中，距离北岸九万里的地方有一种神兽，名叫风

风狸

风狸外形似貂，浑身青色。乘着风可以攀越岩石，爬上树梢，快得像飞鸟一样。

第二卷 神兽

狸。它形如猎豹，浑身青色，大如狸子。

传说风狸能够识别一种神草，平常人发现不了，只有风狸能够发现它，所以这种草又名风狸杖。只要用它指一指，鸟兽立刻就会死去。为了得到这件宝物，有人用一根长长的绳子系在大树下，自己藏在风狸洞穴旁边的树洞里。那人一直等了三天，风狸才从洞中慢慢走出来。风狸见四周无人，便在草丛中寻找了一阵，忽然找到一根草，折下一尺多长的一段拿在手中。见到有鸟儿在树上，随手一指，鸟儿便掉到地上，然后它将鸟儿捡起吃掉。等到风狸困倦休息的时候，那人突然跑上去，抢夺它的风狸杖。风狸不愿宝物被夺走，急忙将草秆塞进嘴里嚼烂吞掉。那人只好击打风狸数百下，风狸熬不住，才勉强替人觅找。

也曾有人用大网将风狸捕获，又收集了好几车的柴火想要将它烧死。谁知薪火都已化为灰烬，风狸却还立在火中，皮毛一丝损伤都没有。那人又用斧子和匕首砍它，却怎么也刺不进去；用棍棒击打它，就像是打在空皮囊上一样，无论怎样都奈何不了它。最后经高人指点，用铁锤砸它的脑袋，砸了几十下它才咽气。但是只要风狸的口中一进风，它立马就能复活。众人都觉得这是件很奇怪的事。后来听人说，采集长在山石之上的菖蒲，塞进风狸的鼻子里，才能真正将它杀死。

出处

《海内十洲记·炎洲》："炎洲在南海中，地方二千里，去北岸九万里。上有风生兽，似豹，青色，大如狸。张网取之，积薪数车以烧之，薪尽而不然，灰中而立，毛亦不燋；斫刺不入，打之如皮囊，以铁锤锻其头数十下乃死，而张口向风，须臾复活；以石上菖蒲塞其鼻，即死。取其脑和菊花服之，尽十斤，得寿五百年。"

《抱朴子·仙药》："风生兽似貂，青色，大如狸，生于南海大林中，张网取之，积薪数车以烧之，薪尽而此兽在灰中不然，其毛不焦，斫刺不入，打之如皮囊，以铁锤锻其头数十下乃死，死而张其口以向风，须臾便活而起走，以石上菖蒲塞其鼻即死。取其脑以和菊花服之，尽十斤，得五百岁也。"

《酉阳杂俎·诺皋记下》："南中有兽名风狸，如狙，眉长，好羞，见人辄低头。其溺能理风疾。卫士多言风狸杖难得于髇形草。南人以上长绳系于野外大树下，入匿于旁树穴中伺之。三日后，知无人至，乃于草中寻摸。忽得一草茎，折之长尺许，窥树上有鸟集，指之，随指而堕，因取而食之。人候其急，劲走夺之。见人遽啮食之，或不及，则弃于草中。若不可下，当打之数百，方肯为人取。有得之者，禽兽随指而毙。有所欲者，指之如意。"

火鼠

火鼠
huǒ shǔ

第二卷 — 神兽 —

在南荒之外有一座火山，山上火焰长期燃烧，即便是这样，仍有动物生存，那便是火鼠。火鼠，亦称为火光兽，是一种生活在南方火山里的奇鼠，栖息在名为不尽木的烧不坏的树木中。一般在春夏时活动，到秋冬时不见踪影。它们在火中时，皮毛为赤红色，但出来时却变成了白色。但是火鼠从火里出来后，一旦碰水就会死。成年火鼠重达百斤，毛长二尺。

传说因火鼠能在火中生存，它的毛皮火烧不毁，所以很多人千方百计地寻找火鼠的毛皮。若取火鼠的毛皮来做布，经燃烧后，可以得到其中的精华，称为火浣布。

外貌形态

长相似老鼠，皮毛是白色，在火中却会变成赤红色。

民间故事

《竹取物语》之火鼠裘

日本古代小说《竹取物语》中记载了一则与火鼠有关的故事。故事说的是右大臣阿部御主人费劲心力从中国弄来一张火鼠皮,想以此向辉夜姬求婚。结果辉夜姬将毛皮放到火里一烧就成灰了,阿部的婚事也就此告吹。

右大臣阿部御主人家境富裕。他写了一封信给舶来日本的中国贸易船上的王卿,托他买一件火鼠裘。他在侍从中选了一个精明能干的人,此人叫作小野房守,命他把信送给王卿。房守来到贸易船停泊的地方,把信呈上,并交付了一笔货款。王卿得信,便作回信如下:"火鼠裘,我中国并无此物。我曾闻其名,却并未见过。如果世间确有此物,则贵国应有舶来。阁下言不曾见过,则恐世间并无此物。总之,阁下所嘱,乃难中之难。然而,万一天竺有此物舶来我国,则鄙人可向富翁们询问;或可借彼等之助力而获得,亦未可知。如果世间绝无此物,则所付货款,当交来人如数奉还。"

王卿带着小野房守回到中国。几个月后,他的船又来到日本。小野房守乘着这艘船回到日本,即将入京。阿部御主人等得心焦,闻讯之后,连忙派人快马迎接。房守快马加鞭,只走了七天,便从筑紫来到京城。他带来一封信,信中写道:"火鼠裘,我曾四处派人采购。据说此物在现世和古代,都不易见到。但闻从前天竺有圣僧持来中国,保存在遥远的西方寺中。这是朝廷有旨要买,好不容易才买到的。我去购买时,办事人员说此款不够,当即由我补足,终于买到。垫付的黄金五十两,请即送还。如果不愿付此款,则请将裘送还为好。"阿部御主人看到此信,笑逐颜开,说道:"哪里的话!金钱不足,岂有不还之理!当然会送还。我得到裘,真乃莫大的喜事啊!"他欣喜之余,合掌拜谢。

装火鼠裘的箱子上,镶嵌着美丽的宝玉。裘是绀青色的,毛的尖端散发着金色的光辉,其色泽之美丽,光看一眼就觉得是一件稀世珍宝。

据说此裘穿脏了，可放在火中烧，烧过之后反而更加洁净了，而且此裘火烧不坏。阿部御主人看着这裘，感叹道："辉夜姬欲得此物，不是没有道理的。真是造化啊！"于是便将裘放入箱中，饰以花枝。然后自己打扮一番，以为今夜可以泊宿在辉夜姬家中，便得意扬扬地出门了。

阿部御主人站在辉夜姬的家门前，叩门问讯，老翁出来接了火鼠裘的箱，拿进去给辉夜姬看。辉夜姬看了，说道："啊！这裘真漂亮呀！不过，到底是不是真的火鼠裘，还不可知呢。"老翁答道："这是世间难得一见的裘，你必须相信它是真的。你这样一味地怀疑别人，是不行的。"说着就去请阿部御主人进来，心想这次她肯定会接见这位男子了。老翁因为辉夜姬没有丈夫，孤身一人，觉得非常可怜，所以希望她找到一位好男子。

辉夜姬对老翁说道："把这裘放在火中燃烧，如果烧不坏，证明是真的火鼠裘，我就遵他的命。"老翁把辉夜姬的话传达给大臣。将这件裘放在火里一烧，立刻劈劈啪啪地烧光了。辉夜姬说："看吧！这便知道它是一张假的皮毛。"大臣看到这副情景，气得面孔发青。而辉夜姬则很高兴，连忙作了一首诗，放在装裘的箱子里，还给阿部御主人。诗曰："假裘经火炙，立刻化灰尘。似此凡庸物，何劳枉费心！"于是，大臣只得灰溜溜地回去了。

出处

《神异经》："南荒之外有火山，昼夜火燃。火中有鼠重百斤，毛长二尺余，细如丝，可以作布。恒居火中，时时出外而白，以水逐而沃之乃死，取其毛缉织以为布。"

烛龙

烛龙
zhú lóng

古代神话传说中的钟山之神。因烛龙常衔着火精，照在北方幽黯的天门之中，所以人们又叫它"烛阴"。烛龙所居住的钟山，终年照不到日光，阴暗又寒冷，幸亏有烛龙口衔火精为之照明。

据说烛龙的威力极大，闭上眼时，即是黑夜，天地隐没于黑暗之中；睁开眼时，即是白昼，世界重现光明；吸一口气，就变成烈日炎炎的夏天；吹一口气，就是寒风呼啸的冬天；。

外貌形态

人面龙身，口中衔烛，全身为赤红色，身长千里。

神话故事

掌管昼夜的神

传说在很久以前,那时候还没有人类。在西北海之外有一条红色的大河,无论何时这条河里的水都是红色的。河的北边有一座大山,名叫章尾山,这座大山里居住着一位叫作烛龙的神。它长着人的脸庞,却长着蛇的身体,没有手也没有脚。它的身体很长,足有一千里,身体跟河水一样是红色的。它总是蜷伏在那里,不喝水,不吃饭,也不睡觉。它睁开眼,太阳就出来了,就变成了白天;闭上眼,太阳就下山了,就变成了黑夜。它吸一口气,就是炎热的夏天;吹一口气,就是寒冷的冬天。

出处

《山海经·海外北经》:"钟山之神,名曰烛阴,视为昼,瞑为夜,吹为冬,呼为夏,不饮,不食,不息,息为风,身长千里。在无䏿之东。其为物,人面,蛇身,赤色,居钟山下。"

应龙

应龙
yìng lóng

古代神话传说中一种有翼的龙，又名飞龙，亦作黄龙。《广雅》中记载："有翼曰应龙"。应龙的原型是夏天的龙星，因为每年到了夏季，苍龙七宿会升上南方高空，达到一年中的最高点，如奋翼翱翔一般，所以古人就在想象中给南方的龙插上了双翼。

《山海经》里记载，黄帝和蚩尤打仗，一直久战不下，请来应龙蓄水才降伏了蚩尤。杀了蚩尤之后，应龙就在南方住下了，所以南方多雨。如果遇到干旱天气，人们就堆土塑成应龙的形状，立刻就会风雨交加。

应龙

明·蒋应镐绘

一片云雾中，神力超凡的应龙伸展双翼，双目有神地自由遨翔，显得苍劲有力，威武神性。

第二卷 — 神兽 —

外貌形态

生有双翼,鳞身脊棘,头大而长,眼眶大,眉弓高,牙齿利,前额突起,尾尖长。

神话故事

黄帝的功臣

应龙是黄帝手下的神龙。据说当年黄帝和蚩尤打仗,蚩尤请来风伯和雨师前来助阵。黄帝的军队被狂风吹得东倒西歪,士兵们被倾盆大雨浇得晕头转向,黄帝军队大败而归。于是黄帝请出应龙助战,两军正在厮杀之际,风伯和雨师又站立云端,使用妖术刮起狂风,降下暴雨。这时,应龙化作一条巨大的飞龙,展开双翼在乌云中昂头摆尾,张开大口将倾盆暴雨吸入口中。风伯和雨师见一条巨龙将那大水吸去,又继续施展妖术。大风将巨龙刮得摇摇欲坠,大雨又似江河决堤,巨龙难以尽收。应龙与风伯、雨师相持一个时辰,渐渐支撑不住。幸好这时黄帝的女儿女魃及时赶到,狂风暴雨才止住。女魃乃是天上的旱神,有驱风赶雨之术。应龙乘机将蚩尤杀死。

黄帝虽然胜利了,但女魃和应龙经此一战,法力消耗过大,再也无力升天。后来女魃隐居在北方,所以北方干旱少雨;应龙蛰居在南方,所以南方潮湿多雨。

万事变幻,斗转星移,一转眼到了大禹时代。洪水滔天,生灵涂炭,大禹肩负起了拯救苍生的重任。应龙前来帮忙,以尾扫地,疏导了洪水,因此应龙又是禹的功臣。

出处

《山海经·大荒东经》:"大荒东北隅中,有山名曰凶犁土丘。应龙处南极,杀蚩尤与夸父,不得复上,故下数旱,旱而为应龙之状,乃得大雨。"

乖龙
guāi lóng

本性嚣张、乖僻的神兽，因天生就有行云布雨的能力，所以很早就被天界收服驯化，归于雷神部，往人间降雨解旱。乖龙有时厌烦了行雨，所以一到行雨之时，便四处逃逸，藏在人身上或是古木上，逃避雷神的追捕。如果在旷野，无处可躲，它便会钻入牛角，牧童常会因此受牵累，被雷震死。

民间故事

乖龙惹祸事

宋太宗年间，戏子罗袂长去城南探望亲戚。途中路过一条小河，看到有村民抓到几条大鱼，活蹦乱跳很是新鲜，罗袂长便买了三条，准备送给亲戚。因身上没有袋子，就把鱼放进了随身携带的雨伞里，拎在手中继续赶路。刚走几步，原本晴朗的天空突然乌云密布，暴雨倾盆而下，闪电霹雳大作，一道道打在他身边，震耳欲聋，树木都倾倒了。他心想这可能是那三条鱼惹的祸，它们可能是由神龙变化而成，要不怎么刚拎手上就下暴雨了。想到这，罗袂长连忙将伞和鱼一起扔进旁边的水田里，撒腿就跑，跑到一户农家暂避。等到天放晴了才回去。

第二天一早，昨天卖鱼的村民找到罗袂长，手里拿着他扔进水田的伞和鱼。伞柄有烧焦的痕迹，鱼也好像烧焦了。村民笑道："昨天你买完鱼就下暴雨了，我也急忙往家赶，在水田旁边看见霹雳闪电一道接一道，绕着你这把伞狠命地击打，伞和鱼都冒烟了。那鱼很神奇，幻化成乖龙极力挣扎，但还是被闪电劈死了，然后又变回鱼，没过一会儿便雨过天晴了。我猜您一定在附近借宿，既然我收了您的钱，就不能诳您。所以，就把伞和鱼收了起来，到处找你。现在找到你了，也算是物归原主了！"

出处

见于《茆亭客话》卷五："世传乖龙者，苦于行雨，而多方窜匿，藏人身中，或在古木楹柱之内，及楼阁鸱甍中，须为雷神捕之。若在旷野，无所逃避，即入牛角或牧童之身，往往为此物所累，遭雷震死。"

乖龙

乖龙天生就有行云布雨的能力，往人间降雨解旱。

骊龙

骊龙
lí lóng

传说中一种黑色的龙，其颔下有千金之珠，得之者能得大智慧。骊龙盘在很深的深渊下，但是必须要等到骊龙睡着了，才能从它的下巴下面偷出龙珠。

民间故事

骊龙之珠

古时，有个拜会过宋王的人，宋王赐给他车马十乘。这个人依仗着这些车马，在庄子面前炫耀。

骊龙

骊龙遍体黑色,传说其颔下有千金之珠。

庄子说:"河上有一个家境贫穷,靠编织苇席为生的人家。他的儿子潜入深渊,得到一枚价值千金的宝珠。父亲对儿子说,拿块石头过来锤坏这颗宝珠。价值千金的宝珠,必定出自深潭底黑龙的下巴下面。你能轻易地获得这颗宝珠,一定是趁黑龙睡着了。倘若黑龙醒过来,你还想活着回来吗?如今宋国的险恶,远不止深深的潭底;而宋王的凶残,也远不只是黑龙那样。你能从宋王那里获得十乘车马,也一定是遇上宋王睡着了。倘若宋王醒过来,你就必将粉身碎骨了"。

出处

《庄子·列御寇》:"人有见宋王者,锡车十乘。以其十乘骄稚庄子。庄子曰:'河上有家贫恃纬萧而食者,其子没于渊,得千金之珠。其父谓其子曰:取石来锻之!夫千金之珠,必在九重之渊而骊龙颔下,子能得珠者,必遭其睡也。使骊龙而寤,子尚奚微之有哉!今宋国之深,非直九重之渊也;宋王之猛,非直骊龙也;子能得车者,必遭其睡也。使宋王而寤,子为齑粉夫。'"

龙马

龙马
lóng mǎ

龙马不是龙和马的合称，而是古代传说中的一种骏马。在中国传统文化中占有重要地位的八卦图，就和龙马有着直接关系。传说上古时，黄河中浮出龙马，背负河图，献给伏羲，伏羲依此而演成了八卦。

"龙马精神"这四个字最早出现在唐代李郢的诗《上裴晋公》中："四朝忧国鬓成丝，龙马精神海鹤姿。"裴晋公就是唐人裴度，这句诗是夸他为官历任四朝，忧国忧民，年纪虽老却依旧精神矍铄。自此以后，"龙马精神"就演变成了一句成语，形容人像龙马一样精神抖擞。

外貌形态

体形像马，却长着龙头、龙爪，身上有鳞片。

出处

《御批资治通鉴纲目》："龙马者，天地之精，其为形也，马身而龙鳞，故谓之龙马。高八尺五寸，类骆有翼，蹈水不没，圣人在位，负图出于孟河之中焉。"

龙马

传说历史上黄河有龙马背负河图出现，伏羲据此画出八卦。龙马体形像马、但却是龙的头、龙爪、身上有鳞片、乃祥瑞之兽。

乘黄

乘黄
chéng huáng

第二卷 — 神兽

白民国境内生活着一种叫作乘黄的野兽,又名飞黄、訾黄。据古文献记载,乘黄是一种祥瑞吉光之兽,人如果骑上它就能长寿,活到两千岁。也有人说,乘黄是一种神马,其身子像马,长着龙的翅膀,背部长着两只角。传说黄帝就是在乘坐乘黄之后,才飞升成仙的。

外貌形态

长着马的身子,狐狸的脸,马背上还长有角。

出处

《山海经·海外西经》:"有乘黄,其状如狐,其背上有角,乘之寿二千岁。"

乘黃
西海外白民國有
乘黃馬白身被髮
狀如狐其背上有
角乘之壽二千歲

乘黃

明·胡文焕绘

乘黄长有三角，背上两短角，头上一尖角，似在奔跑。

狻猊

suān ní

狻猊是狮子的古称，形似狮子。传说为龙生九子之一，平生喜静不喜动，好坐，又喜欢烟火。文殊菩萨见它有耐心，便收在门下当了坐骑，因此在供奉文殊菩萨的庙宇，都可以看到狻猊的形象。狻猊的形象一般出现在佛座上或是香炉上，当香炉内点燃香，盖上炉盖，就会呈现狻猊吞云吐雾的奇特景象。

唐代高僧慧琳说："狻猊即狮子也，出西域。"相传东汉时期，西域大月氏国把一头金毛狮子作为礼物，进贡给中国的皇帝。

外貌形态

形似狮子，狮子在不同的朝代有不同的特征，汉唐时通常强悍威猛，元朝时身躯瘦长而有力，明清时较为温顺。

第二卷 — 神兽

狻猊

狻麑如虎貓食虎豹即獅子也蓋虎色謂之虦貓而西域傳記稱獅子似虎正黃而有顓尾端毛大如斗又詩稱韓土之樂有貙有虎周書記武王之狩禽虎二十有二貓貓則異之類也

狻猊

明·《三才图会》

古书记载的狻猊外貌与狮子相似能食虎豹的猛兽，亦是威武百兽率从之意。

民间故事

火眼狻猊

古代传说中有一种怪兽名叫"火眼狻猊"。据明代《吹景集》中记载，临海有一位姓陆的人，从腾冲带了一张兽皮，来到董斯张的乡里。兽皮上有一个头，两个身子，两条尾巴，八只脚。这只怪兽的头像老虎，耳朵和尾巴有些像猪，尾巴上的细毛像人的头发。

姓陆的人对董斯张说，这只怪兽跑得很快，力气也很大，以羊为食，饭量大得惊人。当地的山里人千方百计想要捕获它，都没有成功。后来人们用一只下了毒药的羊为诱饵，怪兽吃了羊才中毒而死。可是人们直到捕获了，也不知道这是什么怪兽。

后来人们听说有一位博学多才的西域僧人，于是就向他问起这只怪兽。僧人说："这怪兽名叫火眼狻猊，在西域时偶尔能见到它。不过这怪兽一出来，天下就要有兵刃之灾。"说完，僧人写下了几句话："火眼狻猊，曰万兽君，厥首惟一，牝牡各身。是食狮象，迅蹄蹑云，饥喷烈焰，足兵尾火。出现世间，剑戟天下。有其殪之，可以弭祸。"

这个故事发生的时间大约是万历天启年间，出现怪兽不久，到崇祯年间，便有李自成和张献忠发起的大规模起义。

出处

《天禄识余·龙种》："俗传龙子九种，各有所好……八曰金猊，形似狮，似好烟火，故立于香炉。"

睚眦

睚眦
yá zì

睚眦是龙生九子之一，性格刚烈，好勇擅斗。睚眦好杀戮，天生喜斗，经常幻化为人，惹起无端杀戮，并且没人能降伏它，人人谈及睚眦而色变。因此古人常将它的形象刻在刀剑刃身与手柄接合的吞口处，更有将其绘于盾牌之上，用其怒目而视，来增加对敌人的威慑。

外貌形态

豹首龙身，总是嘴衔宝剑，怒目而视。

民间故事

睚眦必报

提到睚眦，不禁让人联想到"睚眦必报"这个典故。

相传战国时期，魏国中大夫须贾家有一名门客名叫范雎，此人因才能出众而遭人嫉妒，在魏国不能立足。范雎在逃出魏国之后，他又跑到秦国运用能言善辩的能力，去向秦昭王游说。

范雎恐被人知道自己是从魏国逃出，于是改名为张禄。范雎向秦昭王建议远交近攻的政策，秦昭王认为范雎的策略很妥善，于是把他留在秦国拜为上卿。后来，范雎能够时常接近秦王，而且提出的策略秦王都认为可行，实施后又有良好的效果，于是秦昭王将范雎封为了秦国的丞相。

范雎在秦国成了有钱有势的大人物后，他决心清算旧账，但凡从前对他有恩惠的人，即便所施恩惠只是给他吃一顿饭，他也必重重酬谢；但凡从前对他有嫌怨的人，即便嫌怨的程度只是张目忤视一下，他也不放过，都要实施报复。

出处

《天禄识余·龙种》："俗传龙子九种，各有所好……七曰睚眦，性好杀，故立于刀环。"

开明兽
kāi míng shòu

在中国古代神话传说中，昆仑山是众神居所。在那白雪皑皑，高耸入云的山巅上，长满奇花异草，住着各种仙怪，而开明兽正是昆仑山的守门神兽。

据《山海经》里记载，昆仑山有九座门，开明兽长了九个头，每个头都有一张人脸，它朝东而立，九张脸分别盯守九个方向，它们是昆仑山的守护神。

外貌形态

身形巨大如老虎，有九个头且长着人脸。

第二卷 — 神兽

神话故事

昆仑仙境，神兽看门

昆仑山是中国神话里地位最崇高的神山，它是天帝在人间的都城，山上有天帝的园林，众神聚居。传说昆仑山高一万一千一百一十四步二尺六寸，其下有不能浮起羽毛的弱水，外围有持续燃烧不灭的神树的炎火山。

相传昆仑山有九道门，守门的就是开明兽，此兽具有勇猛的性格，以及普通精兽无法比拟的强大力量。开明兽是昆仑山的守护神，守护着万丈高岩之上通往天界的九道大门，不让任何异常生物进入昆仑山，保卫着昆仑山的和平与安宁。有趣的是，在这昆仑山上，还有个叫陆吾的天神，也是个守门人。他与开明兽一个守西北，一个守西南。

出处

《山海经·海内西经》："昆仑南渊深三百仞。开明兽身大类虎而九首，皆人面，东向立昆仑上。"

夔
kuí

神话传说中一种独腿的怪兽。夔的身上闪着光芒，好似日光和月光。它的吼声如同雷声一般震耳欲聋。在商晚期和西周时期的青铜器上，夔龙纹是主要的纹饰之一，形象多为张口、卷尾的长条形，具有古拙的美感。自宋代以来，青铜器上凡是一足的，类似爬虫的物象，都称之为夔，这是引用了古籍中"夔一足"的记载。

外貌形态

身形似牛，浑身青黑色，但头上没有角，只有一条腿。

神话故事

夔鼓

传说中国的东海上有一座流波山，夔就居住在此山之上。据说夔不仅能放出如同日月般的光芒，还能发出如同雷鸣般的吼声。只要夔出入水中，必定会引起暴风。

传说黄帝曾捕获了夔，在讨伐蚩尤的战争中，用夔的皮制成军鼓，用

夔

明·蒋应镐绘

东海中有座流波山，入海七千里，山上栖息着一种形如牛的独足兽，名夔。

夔的骨头作为鼓槌。当黄帝摆下"奇门遁甲"阵之后，即令军士以雷兽之骨，击打夔皮巨鼓。一时间鼓声大作，声响传遍了方圆五百里，整个战场地动山摇，天旋地转，喊杀声直冲云霄。黄帝军顿时士气大振，蚩尤军大骇，兵卒神魂颠倒，冲杀无门，败倒如山。后来，黄帝又诛榆罔于阪泉，经过这场大战，天下始得大定。

出处

《山海经·大荒经》："东海中有流波山，入海七千里。其上有兽，状如牛，苍身而无角，一足，出入水则必风雨，其光如日月，其声如雷，其名曰夔。黄帝得之，以其皮为鼓，橛以雷兽之骨，声闻五百里，以威天下。"

讙

谨
huān

翼望山是一座无草木，多金玉的山。山中有一种奇兽名叫讙，据说讙能够模仿一百种动物的叫声，路过的人都会被它所骗。当它走夜路时，会趴在地面爬行，吓唬来往的旅人。

外貌形态

样子像狸猫，只有一只眼睛，却有三条尾巴。

出处

《山海经·西山经》："西水行百里，至于翼望之山。无草木，多金玉。有兽焉，其状如狸，一目而三尾，名曰讙，其音如夺百声，是可以御凶，服之已瘅。"

甪端

甪端
lù duān

中国古代神话中的一种独角兽，可日行一万八千里，通晓四方语言，只有明君，它才捧书而至，护驾身旁。在宋代统治者眼中，甪端虽其貌不扬，但却是辅国安邦的神瑞之物，因此也被排列在神道两侧。

外貌形态

形似鹿而鼻生一角。

甪端

神话传说中的一种独角兽，可日行一万八千里。

民间故事

被秦始皇改了名的神兽

秦始皇一统天下后，喜欢驯养异禽怪兽，便在咸阳郊外围地千亩，建禽兽园收罗各种珍禽异兽。

有一天，一头硕大的野牛临产，竟然生下一对独角怪兽，一雄一雌。其形状怪异，犀角、狮身、龙背、熊爪、牛尾。众官大喜，商量该给它起个名字，再向秦始皇汇报，最后叫它角端。秦始皇听闻随即赴禽兽园观兽。秦始皇甚喜，问："此兽何名？"园官忙答："角端。"秦始皇问："何故取此名？"园官解说："此兽为独角，端生头顶中央，不偏不倚，故名角端。"秦始皇说："角端之名尚欠。朕赐它名甪端。可有人明了甪端之意？"一园官谨小慎微地回答："皇上赐名甪端，意在角字头形似双角，指的是双角兽之角；而甪字头形似独角，指的是独角兽之角。皇上改得极好。"秦始皇大笑："对，好聪明之人。"就命他专管繁殖甪端的后代。

秦始皇等了五年，也不见奏报甪端有后。就命再不育出后代，一个月杀一名园官。两只甪端得知此情，为不冤屈园官，于深夜冲破禁锢，腾空向南方巡行。秦始皇得知此事，急忙命御林军捕杀甪端。甪端巡行至甪里镇郊的澄湖上空，见湖水清澈，水波浩渺，便偷偷降落匿于湖中。当地人不但不追捕，反而给它们食物，还在湖边为它们搭了一个大棚。甪端见当地人谆朴、善良，也就安心居住在澄湖之畔。每当湖中发生沉船，或是有人落水，甪端就腾飞而至，背驮落水人送至岸上，又将沉船拖至岸边。自从甪端来临，澄湖一带风调雨顺，少有天灾。后来，两只甪端死了，当地人便将它们合葬在澄湖边。

此为苏州甪直镇的民间故事。

出处

《宋书·符瑞志下》："甪端者，日行万八千里，又晓四夷之语，明君圣主在位，明达方外幽远之事，则奉书而至。"

五足兽

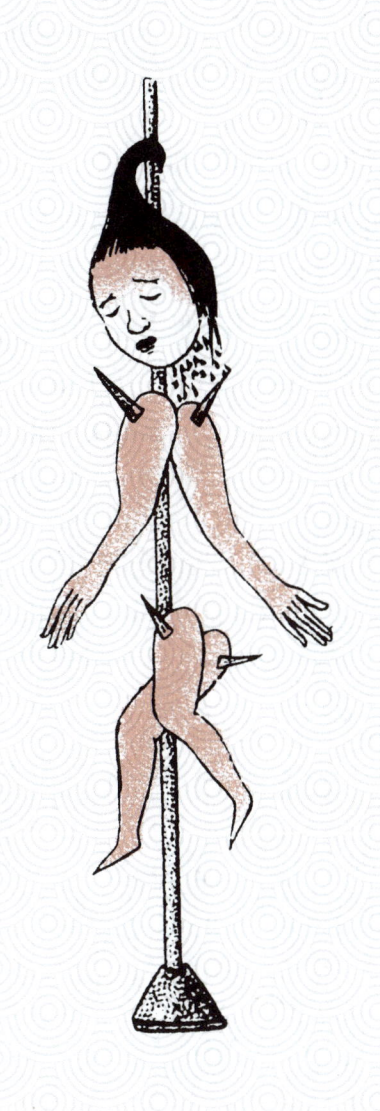

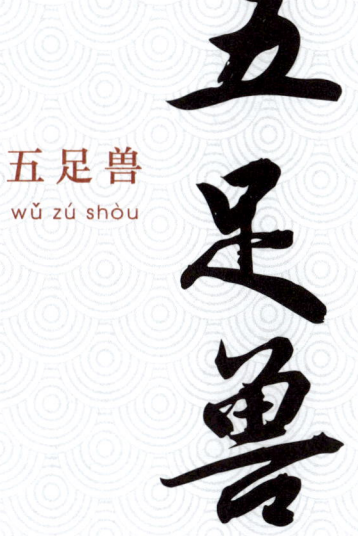

wǔ zú shòu

神话故事中异兽名。为解形民之手所化。

民间故事

五足兽

晋武帝时,一名因墀国的使者来到中国,朝觐晋武帝,向晋武帝进献了一只叫作五足兽的动物。五足兽的样子与狮子很像。

据这名来自因墀国的使者说,在因墀国的东方,有一种人的身体可以分解。他们的头飞到了南方海洋,左手飞到了东部山区,右手飞到了西方的河流地区。剩余的身体则由腿部支撑，双脚呈站立姿势。到了晚上，头部飞回来，回到了分解人的脖子上。而两只手却在回来的途中，碰到大风，被吹到了海洋之中，落到了海洋深处的岛屿上。这两只手便化作了两只五足兽，每根手指变化成五足兽的一只脚。因每只手有五根手指，所以变化的动物有五只脚，故叫作五足兽。由于两只手没有飞回来，分解人就请人用刀割自己身上的肉，做成手臂的样子，装到身体上。后来身体就恢复成了完整的形态，如同分解前一样。

据因墀国的使者介绍，因墀国在西域地区的北方，使者乘坐铁轮车花费了十年的时间，才来到了中国。到达中国时，铁轮车的铁轮早已磨坏了。有人说，因墀国在印度的北部。

出处

《拾遗记·晋时事》："因墀国献五足兽，状如狮子；玉钱千缗，其形如环，环重十两，上有'天寿永吉'之字。问其使者五足兽是何变化，对曰：东方有解形之民，使头飞于南海，左手飞于东山，右手飞于西泽，自脐以下，两足孤立。至暮，头还肩上，两手遇疾风飘于海外，落玄洲之上，化为五足兽，则一指为一足也。"

英招

英招
yīng zhāo

第二卷 — 神兽 —

传说槐江山上丰盈富饶，奇珍异兽不计其数，是天帝在人间的花园。英招就在此地为天帝看管花园。它亲近自然，故容貌也有自然特色，兼人、马、虎、鸟四兽于一身。马身人面，身着虎纹，背长双翅，善于飞行。

虽说英招是这块园圃的管理员，但并不是一直待在这里。英招天性自由，常常展翅高飞，以巡游四海为乐，故天帝令英招为使者，巡四海传其旨意。

外貌形态

长着马的身子，人的面孔，浑身虎斑，背有双翅。

出处

《山海经·西次三经》："槐江之山，实惟帝之平圃，神英招司之。其状马身而人面，虎文而鸟翼，徇于四海，其音如榴。"

219

猰貐

猰貐
yà yǔ

猰貐又称窫窳，是古代神话中一种吃人的怪兽，奔跑迅速。据说猰貐是烛龙的儿子，后被贰负所杀。天帝将猰貐复活后，没想到它却变成了性格凶残，喜食人类的怪物，于是被大羿射死，贰负之后被天帝囚禁。

外貌形态

关于猰貐的外貌有很多种说法，比如人面龙身，大小和狸一样；也有说是人面、牛身、马腿，或是龙头虎身的巨兽。

神话故事

怪物猰貐

传说天神贰负,因受了手下危的挑唆,谋杀了猰貐。天帝闻之非常震怒,处死了挑拨者危,重罚了贰负。然后命手下天神将猰貐抬到昆仑山,让巫师用不死药救活了它。谁知重生的猰貐竟变成了人脸、牛身、马足的怪兽。

后来尧帝时,猰貐到处吃人,百姓苦不堪言。尧帝就命令擅长射箭的大羿将猰貐射死了。

出处

《山海经·海内西经》:"又北二百里,曰少咸之山,无草木,多青碧。有兽焉,其状如牛,而赤身、人面、马足,名曰窫窳,其音如婴儿,是食人。敦水出焉,东流注于雁门之水,其中多䰽䰽之鱼。食之杀人。"

驴鼠
lú shǔ

一种身形似牛的怪兽，乃是兰亭驴山神明的使者。

外貌形态

身形大如水牛，全身是灰色的，脚跟大象一样短，动作迟缓。

民间故事

驴鼠过宣城

据古书记载，从前在宣城郡曾出现过一头怪兽。这头怪兽身体是灰色的，体形似水牛。由于它的突然出现，整座城顿时陷入一片混乱。

太守殷祐为了捕捉这头怪兽，便命郭璞卜卦，出的签诗是：由遁至蛊，因而得知这个怪兽叫作驴鼠。郡里的官吏们赶紧参拜请示土地神。女

驴鼠

驴鼠的身形大如水牛,全身灰色。

巫祈祷后,传达了神明的旨意:"此怪兽乃是兰亭驴山神明的使者,前往荆山途中路过此地,众人切莫有所触犯。"

人们一开始因惊慌失措,拿矛刺怪兽,还在怪兽身上留下了伤口。但听到女巫所说的话后,无不遵循神的旨意,再也不敢轻举妄动,默默目送怪兽离去。自此以后,怪兽再未出现过。

出处

《搜神记》:"郭璞过江,宣城太守殷祐,引为参军。时有一物,大如水牛,灰色,脚类象,胸前尾上皆白,大力而迟钝,来到城下,众咸怪焉。祐使人伏而取之。令璞作卦,遇遯之蛊,名曰'驴鼠'。卜适了,伏者以戟刺,深尺余。郡上祠请杀之。巫云:'庙神不悦。此是邺亭驴山君使。至荆山,暂来过我,不须触之。'遂去,不复见。"

第二卷 — 神兽 —

狌狌

狌狌
xīng xīng

狌狌栖身于临近西海沿岸的招摇山上，是一种神奇的异兽。传说它们能通晓过去的事情，但是却无法预知未来之事。狌狌生活在与世隔绝的环境下，从不会伤害人类。

外貌形态

形似猿猴，长有一对白耳，既能匍匐，也能直立行走。

民间故事

好酒的狌狌

据说招摇山上，生长着许多奇怪的树，其中有一种叫作迷谷的树。这种树虽像谷物一样漆黑，但开出来的花却能照亮四周，因此有了这种花，就不会迷路了。狌狌一般是匍匐前进的，但是吃了迷谷树的花之后，就会像人一样跑得飞快。

狌狌一般都是百余头一群，出没于山谷之中。它们还特别好酒和喜欢穿人的草鞋。因此生活在招摇山一带的土人，常常在狌狌活动的路上，摆上酒菜，放上几十双连在一起的草鞋。狌狌走过，看见酒菜草鞋，就想去吃。但是狌狌认为人阴险狡诈，所以一开始是不相信人的。它们会喊着土人和土人祖先的名字，一边大骂"诱我也"，然后一边走开。不一会儿，它们又会返回来，相互叫嚷着喝酒，还把草鞋穿在脚上。酒才喝了一点儿便大醉，而连着的草鞋让它们想跑也跑不动，于是便被土人捉住。而这些土人为什么要捉狌狌呢？那是因为狌狌的肉很甘美，人吃了就能走得飞快。

出处

《山海经·南山经》："有兽焉，其状如禺而白耳，伏行人走，其名曰狌狌，食之善走。"

山臊
shān sào

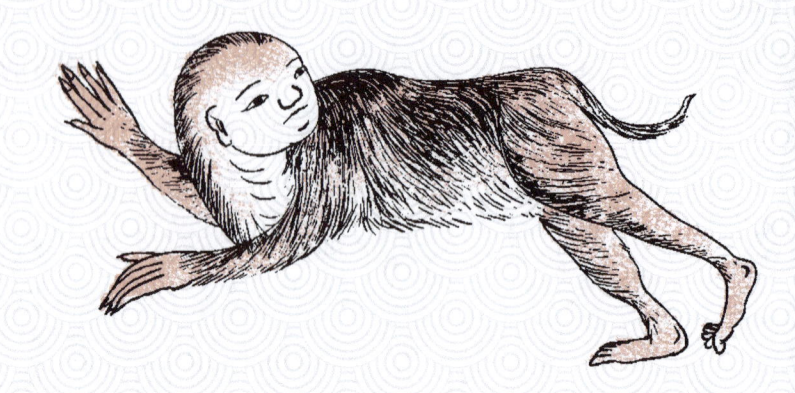

栖息在中国西部山上的树木之精，因鸣声似山臊而得名。传说山臊常在夜里出没袭击人类。

外貌形态

人脸猴身，双眼放光，口如脸盆，齿长三寸，长相十分吓人。

民间故事

怪物山臊

据《神异经》记载，古时候人们途经深山露宿，晚上要点篝火，一是为了煮食取暖，二是为了防止野兽侵袭。然而山中有一种怪物，既不怕人也不怕火，经常趁人不备偷食东西。它们会把虾蟹放在篝火旁炙烤，并偷盗食盐，蘸着吃。这种怪物就是山臊，人若遇到它，便会患上寒热病。

后来人们为了对付山臊，就用火燃爆竹，用竹子的爆裂声使其远离，山臊惧怕爆响声，便不敢来了。

出处

《神异经》："深山中有人焉，身长尺余，一足，袒身，捕虾蟹。性不畏人，见人止宿，暮依其火，以炙虾蟹。伺人不在，而盗人盐，以食虾蟹。名曰山臊，其音自叫。"

驺虞

驺虞
zōu yú

驺虞自古就是一种祥瑞之兽，许多古籍中都有关于驺虞的记载。传说驺虞是林氏国一种十分珍贵的神兽，当坐骑堪比千里马，传说骑上它能日行千里。

不过历代记载多是传说，唯有在明代永乐、宣德年间，竟然三次出现了活的驺虞。永乐年间，周王朱橚就曾给他的哥哥成祖朱棣献上瑞兽驺虞。见过驺虞的朝廷官员认为这是"皇上至仁，格天所至"，纷纷写颂、诗、歌等，表示祝贺。

外貌形态

虎身狮头，尾巴比身子长，像白毛黑纹的虎。

出处

《山海经·海内北经》："林氏国有珍兽，大若虎，五彩毕具，尾长于身，名曰驺虞，乘之日行千里。"

驺虞

明·《三才图会》

驺虞驺虞的形象最早见于山海经，是林氏国的珍兽。据说当君王圣明仁义时，它就会出现。

驺虞

《怪奇鸟兽图卷》

传说驺虞大若虎，五彩毕具，尾长于身，乘之可日行千里。

天鹿
tiān lù

天鹿是古代天庭中的一只神兽，因其本身能够吸收并且镇压邪气，所以被任命为看护坟墓的神兽。天鹿似鹿而长尾，一角者为天鹿，二角者为辟邪，可避免灾难，永安百禄。

民间故事

看护坟墓的神兽

古时候，人死了会埋入土中。但是有的人死后却有一股怨气，这股怨气在其体内会慢慢转变为尸气，让其身体不会腐烂，时间久了便会变成僵尸；也有的人看起来死了，却奄奄一息，被活活掩埋，死前心里有怨念，就会化作鬼怪。

每当有人类误入坟地的时候，鬼怪作祟，往往进入的人会猝死在里面。因此，天神派天鹿镇压坟地里的邪气，让其守在坟地旁边。久而久之，凡是有天鹿的地方，坟地里就没有鬼怪。因此，人们便认为天鹿能够镇压墓地邪气，久而久之，天鹿就成了瑞兽之一。

出处

《宋书·符瑞志下》："天鹿者，纯灵之兽也。五色光耀洞明，王者德备则至。"

祸斗

祸斗

huò dòu

祸斗是一种奇特的怪兽，虽然它们不以人类为食，但是却可以引发火灾。由于祸斗所到之处常常伴随着火灾，因此古人便将祸斗视为火灾之兆和不祥的象征。传说母狗在受孕一个月后，如果被流星的碎片击中，那么它生下的就不是普通的狗，而是祸斗。

据说祸斗和普通的狗不一样，它们对一般的食物根本不看一眼，因为它们只吃火焰。后来，祸斗被火神祝融收为宠物，因为只有火神才会给祸斗提供大量的火焰。于是祸斗担任起了火神的助手，有时火神因某些原因不在时，祸斗就要接手火神的职司。祸斗以火为食，每次吞食火焰后，就会有一次蜕变。当它们不需要进食的时候，就常常会聚集在南方海外的厌火国，这个国家的名字便是因祸斗而来。

祸斗很少在人间出现，一旦森林出现大火的时候，或许就能看到它们的影子。祸斗会出现，并非是为了扑灭火焰，而是为了填饱饥肠辘辘的肚子。大量的火焰被祸斗吞食消化后，就变成大便排出。而这些大便中所含的热量极为惊人！能将石头熔化，因此大便掉落处往往成了一片火海。这样的灾难，对村民来说更大，正因为如此，祸斗才成了人见人怕的恶兽。

外貌形态

外形似犬，全身覆盖黑色的毛发，还泛着特殊的光泽。极少数的祸斗，尾巴尖上是开叉的。除此以外，仅凭外表无法觉察出它们与狗有任何异样。

民间故事

白螺女

从前有个叫作吴堪的年轻男子，在县里担任小吏。他家面临荆溪，他常在门前用竹篱遮护溪水，不让它受到污染。

几年后的某一天，吴堪偶然在水边捡到一只白螺，就带回家用水养了起来。从那以后，吴堪每天回家，桌上都摆放着香喷喷的饭菜。邻居告诉他，每天他走后，就有一位十七八岁，衣着轻艳的美丽女子来为他做饭菜。吴堪疑是白螺所为，第二天便假装出门，躲入邻家想一探究竟。只见一位女子从他的屋里出来，又进了厨房。吴堪赶紧推门进去拜谢，女子说："上天见你敬护泉源，又同情你孤苦一人，因此派我来为你操持家务。"从此螺女成了吴堪的妻子，夫妻俩十分恩爱。

当时的县令听说了吴堪的这段艳遇，意欲横刀夺爱，便设下了陷害他的计谋，然后召来吴堪说："我要虾蟆毛和鬼臂这两件东西，你今晚就把它们交来衙门，不然就严加重罚。"吴堪回家后，将此事告诉了妻子。妻子劝他不要担心，转身出门，不久就为他找来了这两件古怪的东西。

县官第二次召见吴堪，又故技重施说："我要祸斗，你马上为我找来，否则你将会大祸临头。"吴堪回去告诉妻子，妻子又为他牵来了名叫祸斗的怪兽，大小和形状都跟狗很像。吴堪把祸斗送给县官，对方见了后勃然大怒："我要的是祸斗，这分明是一只狗嘛！"又问它有什么特别的能耐。吴堪说它能吃炭火，也能排泄粪火。县令于是烧红了木炭，让它进食。祸斗吃了木炭，排在地上的粪便都变成了火团。县令怒道："此物有屁用？"正当县令准备加害吴堪时，火焰猛然烧起，迅速点燃了整个县衙。火势之大，一直飘到了城门，县令全家都在火灾中化为灰烬。而吴堪和妻子却从此失踪，杳无音讯，想必是逃到了某个世外桃源。

第二卷 — 神兽 —

出处

《本草集解》："南方有厌火之民，食火之兽。其国近黑昆仑，人能食火炭，食火兽名祸斗也。"

《太平广记》："常州义兴县有鳏夫吴堪，少孤，无兄弟，为县吏，性恭顺。其家临荆溪，常于门前以物遮护溪水，不曾秽污。每县归则临水看玩，敬而爱之。积数年，忽于水滨得一白螺，遂拾归以水养，自县归见家中饮食已备，乃食之。如是十余日，然堪为邻母哀其寡独，故为之执爨，乃卑谢邻母……"

当康

当康
dāng kāng

　　当康又称牙豚，是中国古代神话中一种兆丰穰的瑞兽。传说当康会在天下将要丰收的时候，从山中鸣叫着自己的名字跳着舞出现。它会来到庄稼人的住所，在土地上一边撒娇打滚，一边用獠牙松动泥土。若是在当康打滚的土地播种，庄稼就一定会得到丰收。

　　当康相貌虽然并不好看，农户们却都把它当成吉祥的动物。若能亲眼见到当康，人们一定会将家中的谷物拿出来给它吃，认为这是它令庄稼丰收应得的回报。

外貌形态

　　其外形像猪，身长六尺，高四尺，浑身青色。两只大耳，口中伸出四颗大獠牙，犹如象牙一般。

民间故事

喜欢跳舞的瑞兽

林之洋一行人来到东口山,说话间,船已停泊在山脚下。林之洋和唐敖离开船,上了山坡。林之洋提着鸟枪火绳,唐敖身佩宝剑。两个人边走着,只见远处山峰上走出一只怪兽,身形如猪,浑身青色,长着两只大耳朵,口中伸出如象牙一般的大獠牙。这只奇怪的动物引起了林之洋的兴趣,他随即询问唐敖,然而唐敖也不认识。

后来,多九公为他们揭开了谜团。多九公说:"此兽名叫当康,其鸣自叫。每逢盛世,始露其形。今忽出现,必主天下太平。"多九公的话还没说完,那只野兽果然口呼"当康",鸣了几声,跳舞而去。

此故事摘录于《镜花缘》。

出处

《山海经·东次四经》:"钦山,多金玉而无石。师水出焉,而北流注于皋泽,其中多鳡鱼,多文贝。有兽焉,其状如豚而有牙,其名曰当康,其鸣自叫,见则天下大穰;郝懿行注:'当康大穰,声转义近,盖岁将丰稔,兹兽先出以鸣瑞。'"

夫诸

fū zhū

千年神兽，本性温驯善良又好水，乃是通体雪白的白鹿。

传说夫诸是一只带来水灾的恶兽。每次它一出现，都会伴随着铺天盖地的大水而来，无论是干旱的平原还是群山间，只要夫诸在必有大水。因此，人们便对夫诸唯恐避之不及，故而将夫诸归入了恶兽一类。

外貌形态

长得像白鹿，有四只角。

出处

《山海经·中山经》："中次三山萯山之首，曰敖岸之山，其阳多㻬琈之玉，其阴多赭、黄金。神熏池居之。是常出美玉。北望河林，其状如茜如举。有兽焉，其状如白鹿而四角，名曰夫诸，见则其邑大水。"

夫诸

清·《禽虫典》

夫诸的样子像白鹿，却头生四角；奔跑在水边，以示夫诸象征大水的特性。

第二卷 ― 神兽 ―

举父
jǔ fù

  举父应该是中国神话故事中最早的有关灵猴的记载。它们生活在崇吾山，长得像猿猴，善于跳跃，经常在树梢上跳来跳去。举父有抚摸自己头的习惯，经常举起石头掷人，因为这个本领，连虎豹都畏惧它们。

  李时珍在《本草纲目》中记载过一种猴子，名叫果然。只要有人捉住它们的同伴，它们就一定会穷追不舍，以命相搏，即使杀死它也不会退缩。《镜花缘》直接引用了这个戳心的故事，讲的是有人抓到一只猴子，另一只猴子就一直守在原地，直到饿死也没有离开。

外貌形态

  形似猿猴，手臂上有花纹，长着豹子的尾巴。

出处

《山海经·西次三经》："西次三经首，曰崇吾之山，在河之南，北望冢遂，南望䍃之泽，西望帝之搏兽之丘，东望螞渊。有兽焉，其状如禺而文臂，豹虎而善投，名曰举父。"

举父

清·《尔雅音图》

举父坐在树下,左顾右盼。

驳

驳
bó

传说中的一种猛兽，会发出如击鼓般的吼声。驳作为一种吉兽，可以为主人抵御刀兵之灾。虽然它的样子像马，却以虎豹为食。如果在深山里骑着驳，连虎豹都会躲得远远的。所以，驳就像是一个守护神，饲养它可以避开战争。

驳所栖息的中曲山上，有一种欂树，圆状的树叶似甘棠。此树的果实呈红色，大小跟木瓜一样。据说吃了这种果实，会变成大力士，或许驳经常吃的就是这种果实。

外貌形态

形似骏马，头上还长有一只角。身体呈白色，拥有老虎般的獠牙和爪子，长着一条黑尾巴。

驳

驳长得像马，却长着老虎的牙齿和爪子，头上有一只角。

民间故事

"驳象虎疑"的典故

相传齐桓公有一次骑着马外出，迎面来了一只老虎。结果，老虎非但没有扑过来，反而趴在地上。齐桓公感到十分奇怪，便问管仲"我今天骑马外出，虎看见都不敢来，这是什么原因呢？"管仲回答说："我猜您是骑着杂毛色的马在路上盘旋，并且迎着太阳奔跑吧？"桓公说："是的。"管仲告诉齐桓公："这种马形状很像驳，驳是能吃老虎、豹子的，所以虎就疑心了，自然不敢上前了。"

此故事见于《管子·小问第五十一》。

出处

《山海经·西山经》："中曲之山，有兽焉，其状如马而白身黑尾，一角，虎牙爪，音如鼓音，其名曰驳，是食虎豹，可以御兵。"

犼

犼
hǒu

明清神话故事中的一种凶兽。传说犼很凶猛，不但虎狮之类的森林之王见到犼会躲得远远的，连蛟龙的脑子它也敢吃。而另有一种说法则完全相反，说犼是一种灵兽，又名"望帝归"。它经常蹲坐在宫殿之外，看着宫外的方向。如果皇帝出游久不归，它就会召唤皇帝尽早回来；如果皇帝总腻在后宫不理朝政，它就会催促皇帝快点儿上朝。

外貌形态

相传犼有几种特征：角似鹿，头似驼，发似狮，眼似虾，耳似猫，嘴似驴，颈似蛇，腹似蜃，鳞似鲤，前爪似鹰，后爪似虎。

民间故事

犼龙大战

据古书记载，康熙年间，平阳县里有一只犼追杀一条龙，从海里一直追到空中，仍不罢休。后来龙渐渐落了下风，于是招来另外两条龙和三条蛟，一同与犼争斗。它们持续打了三天三夜，结果其中的一条龙和两条蛟被杀死，犼也筋疲力竭，掉下山谷，同归于尽。

另有传说，同治年间，有人看见一头怪兽，形大如牛，尾巴如团扇，嘴巴大如盆，周身红毛，正在吃龙脑，民间传说正是犼。

出处

《述异记》记载："东海有兽名犼，能食龙脑，腾空上下，鸷猛异常。每与龙斗，口中喷火数丈，龙辄不胜。康熙二十五年夏间，平阳县有犼从海中逐龙至空中，斗三日夜，人见三蛟二龙，合斗一犼，杀一龙二蛟，犼亦随毙，俱堕山谷。其中一物，长一二丈，形类马，有鳞鬣。死后，鳞鬣中犹焰起火光丈余，盖即犼也。"

朱厌

朱厌
zhū yàn

古代的一种恶兽，全身毛发鲜红如火，双臂强健有力，擅长在森林中奔跑。朱厌奔跑的速度极快，加上敏捷的身手，可以称得上是森林里的一方霸主。据说每次朱厌出现，便会有战争爆发。因此，人们便将朱厌视为恶兽，是兵乱的征兆。

出处

《山海经·西山经》："又西四百里，曰小次之山，其上多白玉，其下多赤铜。有兽焉，其状如猿，而白首赤足，名曰朱厌，见则大兵。"

蜚
fēi

第二卷 — 神兽

在古代，有一种极其恐怖的恶兽，名叫蜚。虽然蜚的力量并不是很强大，也不以人类为食，但却是恶兽中的佼佼者。

蜚栖息于中原东部的太山，它全身漆黑，身体周围散发着氤氲的黑色雾气。所经之处，皆成死地，数年之内，无人敢进入。当蜚进入水中时，水源会立即干涸；当蜚进入草丛时，草会立即枯死。蜚之所以有如此强大的杀伤力，皆与它身上携带的疾病、毒虫有关。因蜚天生免疫力强悍，不惧怕疾病与毒虫，能靠体表分泌的奇异物质，吸引大量的毒虫和病毒。

蜚身体周围的黑雾实际上就是由这些毒虫所化，久而久之身上的毒虫越多，四周的黑雾就越浓厚。这些毒虫、疾病的危害性极大，每次引发瘟疫，往往就会造成整个村子的人死亡。因此，蜚所经过之地，尸横遍野。故此，蜚的恶兽之名也随之震慑四方。

外貌形态

身形似牛，头部为白色，脸部正中央只有一只眼睛，长着蛇的尾巴。

出处

《山海经·东次西经》："太山上多金玉、桢木。有兽焉，其状如牛而白首，一目而蛇尾，其名为蜚，行水则竭，行草则死，见则天下大疫。"

蜚

清·《禽虫典》

《禽虫典》中的蜚为一目巨牛,正从崇山峻岭之中奔跑下来。

獬豸
xiè zhì

古代神话传说中的瑞兽，又称任法兽。獬豸拥有很高的智慧，懂人言、知人性，能辨是非曲直，能识善恶忠奸。

据说尧做皇帝时，宫廷里就饲养过獬豸这种猛兽。它能分辨是非，发现奸恶的官员，就用角把他顶翻，然后吃下肚。但凡遇到疑难不决之事，便由獬豸裁决，均准确无误。所以在古代，獬豸就成了执法公正的化身，古代法官戴的帽子又称獬豸冠。

外貌形态

额上长独角，体形大者如犀牛，体形小者如羊又似麒麟。双目炯炯有神，全身长着浓密黝黑的毛。

獬豸

明·《山海百灵图卷》
獬豸长得像麒麟，全身长着浓密的毛，双目明亮有神，额上长一角。

民间故事

獬豸断案

春秋战国时期，齐庄公有一位叫王里国的臣子，与另一位叫中里徼的臣子打了三年官司。由于案情难以断定，齐庄公便让神兽獬豸来听二人自读诉状。结果王里国的诉状读完，獬豸没有任何反应；而中里徼的诉状还没读到一半，獬豸就用角顶翻了他。于是，齐庄公判决王里国胜诉。

出处

《后汉书·舆服志下》："獬豸，神羊，能辨别曲直，楚王尝获之，故以为冠。"

獬豸

東望山有獬豸者神獸也堯前有之能觸邪狀如羊一角四足王者獄訟平則至御史臺故事云御史法冠一名獬豸神羊也有一角楚王嘗獲之

獬豸

明·《三才图会》

獬豸拥有很高的智慧，懂人言知人性，能辨是非曲直，能识善恶忠奸。

蛟

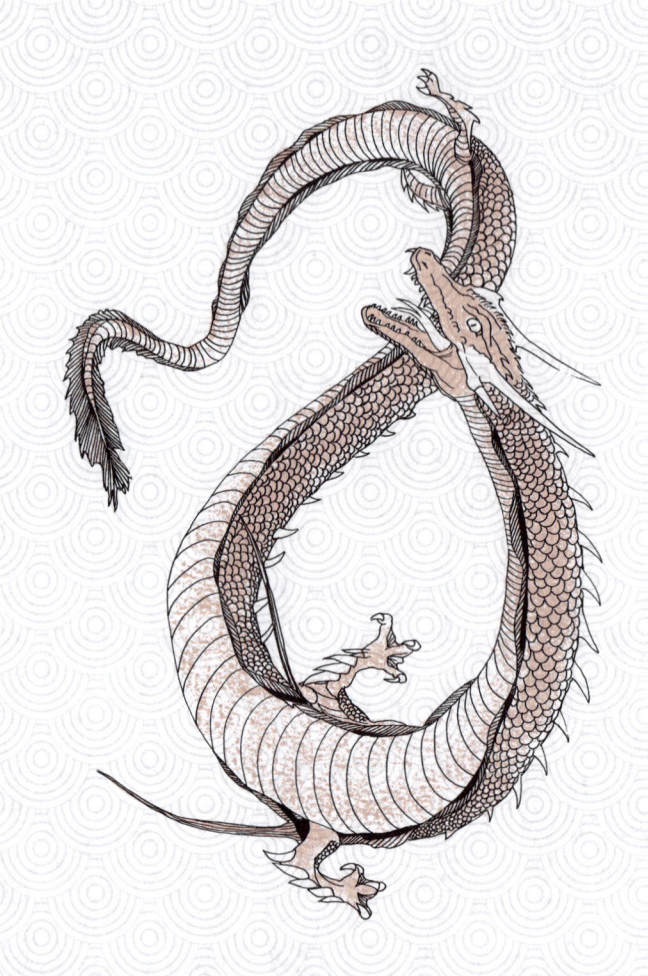

蛟
jiāo

蛟是中国古代传说中一种能发水的神兽，有时称蛟龙，但并非龙。之所以称蛟为蛟龙，是因为蛟的形态、能力很接近龙，相传蛟龙得水即能兴云作雾，腾踔太空。

龙是一种神物，能隐藏于天地，而蛟是一种有灵性的动物，只能作地隐。蛟一般栖息在湖渊等聚水处，有时也会隐居在离民家很远的池塘中。隐栖在池塘与河川的蛟龙，一般会被称作潜蛟。传说蛟修炼一千年后，便能沿江入海化为龙。

外貌形态

身形如蛇，长着虎头，身长数丈。

民间故事

蛟庇舍

古时，安城郡平都县有个姓尹的人，生活在城东面十里的日黄村。有一年，尹家十三岁的儿子独自在家。远处，有位年轻人骑着白马打着伞，从东边过来，身边有四个随从，都身穿黄色的衣服。

到了门口，一个随从招呼尹家儿子："我们来你家暂借休息。"进入房屋的庭院，年轻人下马坐下。另一个随从拿起伞把年轻人遮住。尹家儿子见他们的衣服全都没有线缝，那马身上的五彩斑纹好像是鳞甲而没有毛。过了很短的时间，有了下雨的迹象。年轻人上马要离开，他回头对尹家儿子说："明天我们还要来。"

尹家儿子看见他们离开后，往西方而去，踩着天空渐渐升腾。不一会儿，云雾烟气从四方合拢来，天空变得阴暗起来。第二天，洪水爆发，翻滚汹涌，漫无边际。当尹家住宅快要被淹没时，忽然出现了一条三丈多长的大蛟龙，盘曲着身体护住了尹家的房舍。

此故事见于《搜神后记》。

出处

《墨客挥犀》："蛟之状如蛇，其首如虎，长者至数丈，多居于溪潭石穴下，声如牛鸣。"

《搜神后记》："安城平都县尹氏，居在郡东十里日黄村，尹佃舍在焉。元嘉二十三年六月中，尹儿年十三，守舍，见一人年可二十许，骑白马，张伞，及从者四人，衣并黄色，从东方而来。至门，呼尹儿：'来暂寄息。'因入舍中庭下，坐床，一人捉伞覆之。尹儿看其衣，悉无缝，马五色斑，似鳞甲而无毛。有顷，雨气至。此人上马去，回顾尹儿曰：'明日当更来。'尹儿观其去，西行，蹑虚而渐升，须臾，云气四合。白天为之晦暝。明日，大水暴出，山谷沸涌，丘壑森漫。将淹尹舍，忽见大蛇长三丈余，盘屈庇其舍焉。"

虬龙

qiú lóng

传说中的瑞兽，是一种有角的小龙。据说在武昌郡的虬山上，有一个水洞。居住在那里的人，常看到一条神奇的虬龙，在水洞飞进飞出。人们在干旱的年份向它祷告，天空立刻就会下雨。后来人们在虬龙住的水洞下面，修筑起了堤坝，取名为虬塘。

外貌形态

头上长着两只小犄角，但是没有胡须。

出处

《广雅·释鱼》："有鳞曰蛟龙，有翼曰应龙，有角曰虬龙，无角曰螭龙。"

黄龙

黄龙

huáng lóng

第二卷 — 神兽 —

黄龙在古代是皇权的象征，在九龙壁上可以见到黄龙。按照古籍记载，黄帝和大禹可能都是黄龙的化身。古云黄帝乘黄龙而去，一说化黄龙飞升。

出处

《史记·天官书》言："轩辕黄龙体。"

赤龙

赤龙
chì lóng

赤色的龙，传说为神仙所乘。

《史记·高祖本纪》中有记载刘邦为赤龙所生。传说刘邦的母亲王氏有一天在河边睡着了，梦中与神相遇。此时电闪雷鸣，刘邦的父亲刘太公出来寻妻，找到河边，看见有一条龙伏在妻子身上。王氏回家后不久就怀孕，生下了刘邦。

出处

《墨子·贵义》："（帝）以丙丁杀赤龙于南方。"

螭吻
chī wěn

传说为龙的九子之一，又叫鱼龙，是鱼和龙的结合体。螭吻平生好吞，喜欢东张西望，其形象经常被安在汉族宫殿建筑的屋脊上。在古代，五脊六兽只有官家才能拥有。这种泥土烧制而成的小兽，被请到皇宫、庙宇和达官贵族的屋顶上，俯视人间，颇有点平步青云的意味。

民间故事

好望者

相传汉武帝建柏梁殿时，有人上奏说大海中有一种鱼，虬尾似鸱鸟，能喷浪降雨，可避火灾，驱除魑魅。因此脊兽螭吻最初并不是龙形的，而是像鸟，更多像鱼龙形的。

到清朝以后，龙形的螭吻增多，龙首怒目做张口吞脊状，龙纹四爪腾空，并用一剑以固定之，立于建筑物的尾脊上。它喜欢登高俯瞰，因此被称作"好望者"，在民间被视为祈求降雨和避火的饰物。

螭吻

明·《三才图会》

螭吻又叫鱼龙，是鱼和龙的结合体。

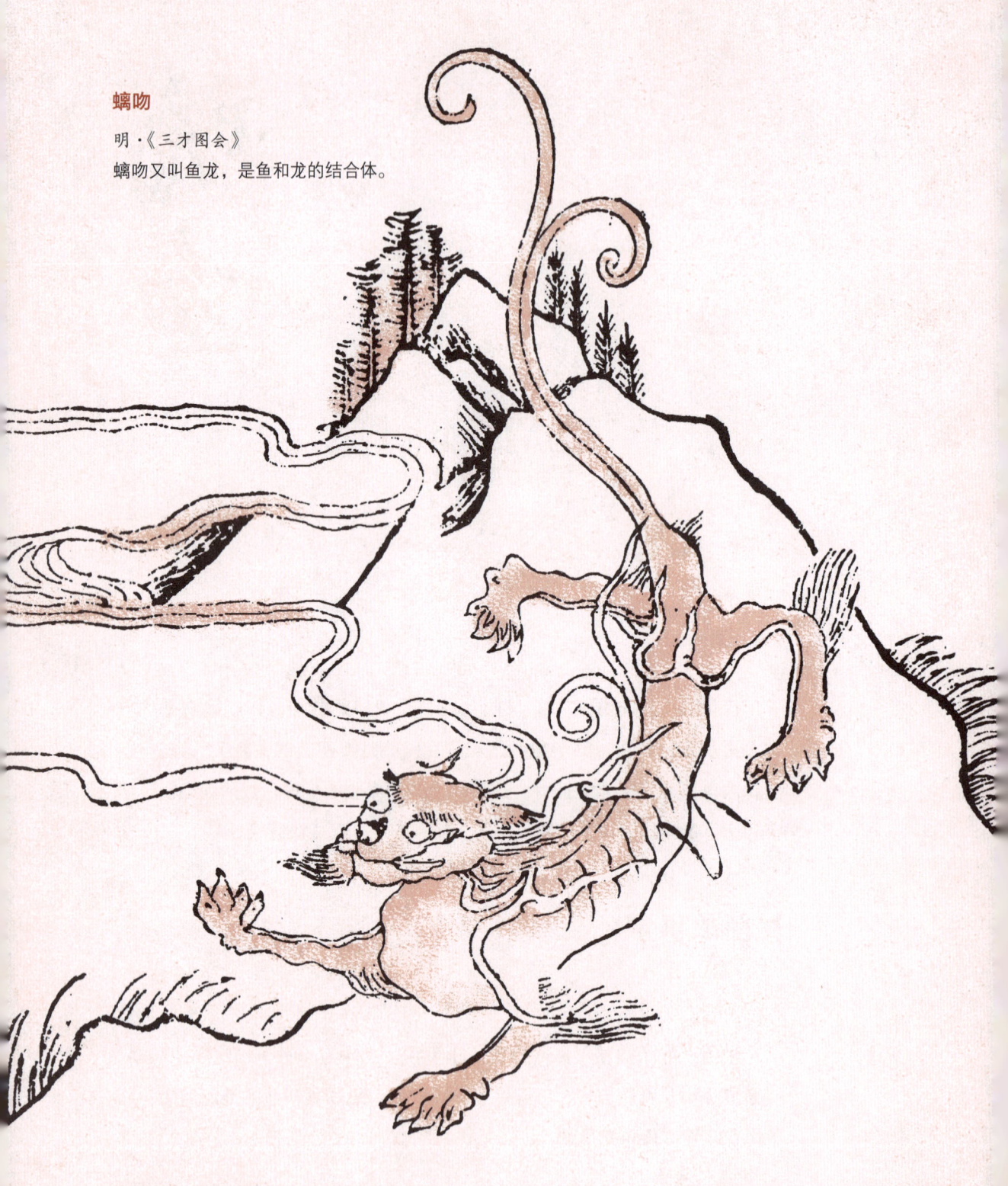

出处

《天禄识余·龙种》："俗传龙子九种，各有所好……二曰螭吻，形似兽，性好望，今屋上兽头是也。"

赑屃

赑屃
bì xì

赑屃又称为霸下，传说为龙生九子之一，是长寿和吉祥的象征。赑屃总是奋力地昂着头，四只脚顽强地撑着地，努力地向前走。

传说在上古时，赑屃常背起三山五岳兴风作浪，后被夏禹收服，为夏禹立下汗马功劳。治水成功后，夏禹就让赑屃背起了自己的功绩。

外貌形态

赑屃虽然长得和龟十分相似，但细看却有差异，赑屃有一排牙齿，而龟类却没有。

神话故事

巨鳌

有人认为赑屃的原型是传说中力大无穷的巨鳌。传说女娲娘娘炼五色石以补苍天，担心天掉下来，便断鳌足以立四极，支撑大地。

又传说渤海之东有五座仙山浮动在水面上，不能固定下来。居住在仙山上的神仙，为此感到很忧虑，便将此事禀告天帝。天帝担心这些仙山会流于西极，使众仙失去居所，于是便命十五只巨鳌分作三班，用头托住仙山，才使仙山得以稳固。后来，人们便按鳌的样子雕成石鳌，让它们背负沉重的石碑。

出处

《天禄识余·龙种》："俗传龙子九种，各有所好，一曰赑屃，形似龟，好负重，今石碑下龟趺是也。"

独狢

独狢
dú yù

钩吾山往北三百里是北嚣山，山上没有石头，南坡都是青碧，北坡都是美玉。山中生活着一种野兽，名叫独狢。

外貌形态

身形似虎，却长着狗头，一身白毛，尾巴像骏马的后尾一般遒劲有力，背上的鬃毛硬如猪鬃。

出处

《山海经·北山经》："有兽焉，其状如虎，而白身犬首，马尾彘鬣，名曰独狢。"

诸犍

诸犍
zhū jiān

诸犍的尾巴特别长，比它的身体还要长，走路的时候，必须要将尾巴叼在嘴里，睡卧时就要把尾巴盘在身边。又有说诸犍喜欢吼叫，这很容易让猎物警觉。为了不打草惊蛇，诸犍只得衔尾走路，这样就不会胡乱吼叫了。

据说诸犍威力无穷，善射。被击中者，九死一生，活着则残废，生活无法自理，非常可怕。

外貌形态

人面豹身，牛耳一目，有长尾，能发巨声。

出处

《山海经·北山经》："又北八百里，曰单张之山，其上无草木。有兽焉，其状如豹而长尾，人首而牛耳，一目，名曰诸犍，善吒，行则衔其尾。"

諸犍

單張山有獸狀如豹而尾長至首牛鼻直目名曰諸犍善吒行則銜其尾居則蟠之

诸犍

明·胡文焕绘

图中的诸犍是一只牛鼻、直目、长尾的豹状怪兽。

幽鴳

yōu yàn

　　边春山上生机盎然，长满了野生的蔬菜、水果，如野葱、山桃之类。山里还住着一种有趣的怪兽，名叫幽鴳。幽鴳整天叫着自己的名字，特别喜欢笑，还爱跟人耍小聪明，一见到人就躺在地上装死。

外貌形态

　　外形似猴，全身上下却布满了花纹。

出处

　　《山海经·北山经》："又北百一十里，曰边春之山，多葱、葵、韭、桃、李。杠水出焉，而西流注于泑泽。有兽焉，其状如禺而文身，善笑，见人则卧，名曰幽鴳，其鸣自呼。"

狡

狡 jiǎo

玉山上的一种野兽，它发出的声音如同狗叫。据说狡出现在哪里，哪里便会五谷丰登。对于中国这样一个农业大国来说，狡的出现无疑是最让人喜爱的祥兽。

外貌形态

长得像狗，却浑身都长着豹子的斑纹，头上的角与牛角相似。

出处

《山海经·西山经》："玉山有兽焉，其状如犬而豹文，其角如牛，其名曰狡，其音如吠犬，见则其国大穰。"

猾褢

huá huái

尧光山的南面是采玉的地方，北面有金矿，此山是座宝山。山上有一种怪兽叫作猾褢，长得像人类，却多毛，叫声如同砍木头。猾褢平日喜欢待在洞穴里，冬天有冬眠的习惯。如果世间太平，天下有道，它们便会销声匿迹。但是，一旦猾褢出现，就意味着某个地方将有大事发生，这里的人都将被派去服徭役。

外貌形态

身形似人，但是全身长满了猪鬃。

出处

《山海经·南次三经》："又东三百四十里曰尧光之山。其阳多玉，其阴多金。有兽焉，其状如人而彘鬣，穴居而冬蛰，其名曰猾褢，其音如斫木，见则县有大繇。"

灵龟

灵龟
líng guī

灵龟与龙、凤、麒麟并称为四灵，古人谓可以知吉凶，视之为祥瑞。由于灵龟是一种长寿的动物，因此是长寿的代名词。它们生长在海边，在山上休息，在水中捕食，能入水。

据说武王伐纣的时候，曾用灵龟、蓍草占卜，结果都不祥。姜太公把龟甲、蓍草一齐摔到地上，说："死动物的骨头和枯草，有什么灵光的，战机稍纵即逝，赶快下决定打啊！"

第二卷 — 神兽 —

民间故事

神龟负书

唐尧时,尧带领众酋长东游于洛水。太阳偏西时,不小心把璧玉沉入洛水中,忽见洛水上光芒四起,有灵龟出而复隐。于是,尧便在洛水边上修建了一座祭坛,然后选了一个吉日,郑重其事地将璧玉沉入河底。

片刻间,河底光芒四射,接着水中突然飞起一团云雾,在云雾中有喷气吐水之声。猛地一阵大风过后,云开雾散,水面又恢复风平浪静。这时水面上游过来一只大龟,广袤九尺,绿色赤文。龟壳上文理清晰,上有列星之分、七政之度,记录着各代帝王兴亡之数。此后,易理文字便在人间传开。这龟便是传说中的灵龟。

出处

《说苑》:"灵龟五色,色似玉。背阴向阳,上隆象天,下平法地,转运应四时。蛇头龙胆,左精象日,右精象月,知存亡吉凶之变。"

旋龟
xuán guī

《山海经》谈到的旋龟，将其佩带在身上，可以不患耳聋，而且对于治疗足茧也有奇效。

外貌形态

外形与乌龟类似，但颜色为红黑，长着鸟的头，毒蛇的尾巴。

神话故事

治水的神龟

传说在舜帝晚年的时候，洪水成灾，鲧受命治水却苦思无果。一日散步，看到了旋龟首尾相连，受此启发，想到用筑堤阻水。世人皆知此果无效，失败后鲧被处死。

旋龟

清·《山海经》图注原本　毕沅绘
旋龟与一般的乌龟很像，却长着鸟的头、毒蛇的尾巴。

　　后来鲧的儿子大禹治理洪水时，旋龟又不请自来，和黄龙一起协助大禹。应龙在前面用尾巴划地，指引禹沿着它所划的地方开凿水道，将洪水引入大海；而旋龟则驮着息壤跟在禹身后，以便禹能随时把一小块一小块的息壤取来，投向大地。息壤落到地面后迅速生长，很快就把恣意的洪水填平了。可见旋龟也是治水的重要角色。

出处

《山海经·南山经》："怪水出焉，而东流注于宪翼之水。其中多玄龟，其状如龟而鸟首虺尾，其名曰旋龟，其音如判木，佩之不聋，可以为底。"

能言龟

能言龟
néng yán guī

传说千岁之龟能作人言，故古代小说笔记中常有龟言的传述。元封年间，数过国献了一只口胡龟，大概四十厘米长的样子，放在青玉的盒子里。东方朔见了口胡龟，说："要给它喝秋露水，放在通风台上才行。"要算卦的时候，就命东方朔去问卦，口胡龟说的没一个不对的。

出处

《洞冥记》："元封三年，数过国献能言龟一头，长一尺二寸，盛以青玉匣，广一尺九寸，匣上豁一孔以通气。东方朔曰：'唯承桂露以饮之，置于通风之台上。'欲往卜，命朔而问焉，言无不中。"

第二卷 — 神兽 —

三足鳖

sān zú biē

传说尧命鲧去治水，鲧用堵塞的办法，治水失败后被杀。鲧死后，尸体三年都不腐。后来祝融用刀剖开鲧的尸体，这时禹就出来了。也有一种说法是鲧的尸体化为一只三足鳖，爬走了。大禹长大后继承父亲志愿，终于治水成功。

外貌形态

有三只足的乌龟，尾巴分叉。

出处

《山海经·中山经》："从水出于其上，潜于其下，其中多三足鳖，枝尾，食之无蛊疫。"

犰狳

qiú yú

余峨山上有着茂密的梓树和楠木树，山中有一种野兽名叫犰狳。这种野兽一看见人就躺下装死，一出现就会有蝗虫出现，危害庄稼。

外貌形态

外形长得像兔子，却有鸟的嘴，鹞鹰的眼睛和蛇的尾巴。

出处

《山海经·东山二经》："又南三百八十里，曰余峨之山，其上多梓楠，其下多荆杞。杂余之水出焉，东流注于黄水。有兽焉，其状如菟而鸟喙，鹞目蛇尾，见人则眠，名曰犰狳，其鸣自訆，见则螽蝗为败。"

第二卷 — 神兽 —

273

嘲风
cháo fēng

嘲风，平生好险又好望，喜欢登高站在最高处，如山尖、危崖上。在民间，嘲风不仅象征着吉祥和威严，还具有威慑妖魔、清除灾祸的寓意。因此，人们常把嘲风的形象用作殿角上的装饰。

外貌形态

兽头短躯龙，面部有些像狼，发鬣浓密，颌须成束，没有触须，龙颈上挺。

出处

《怀麓堂集》："嘲风，平生好险，今殿角走兽是其遗像。"

讹兽
é shòu

传说讹兽拥有娇好的面容，仪态优美，举手投足间灵气四散。讹兽还会说人话，人和动物都爱聚在它身旁。可是它的话中真言不多，喜欢骗人。据说这种充满灵气的妖兽，其肉鲜美，但人吃了后，也无法说真话了。

出处

《神异经》："西南荒中出讹兽。其状若菟，人面能言，常欺人，言东而西，言恶而善。其肉美，食之，言不真矣。"

第二卷 — 神兽

长右

长右
cháng yòu

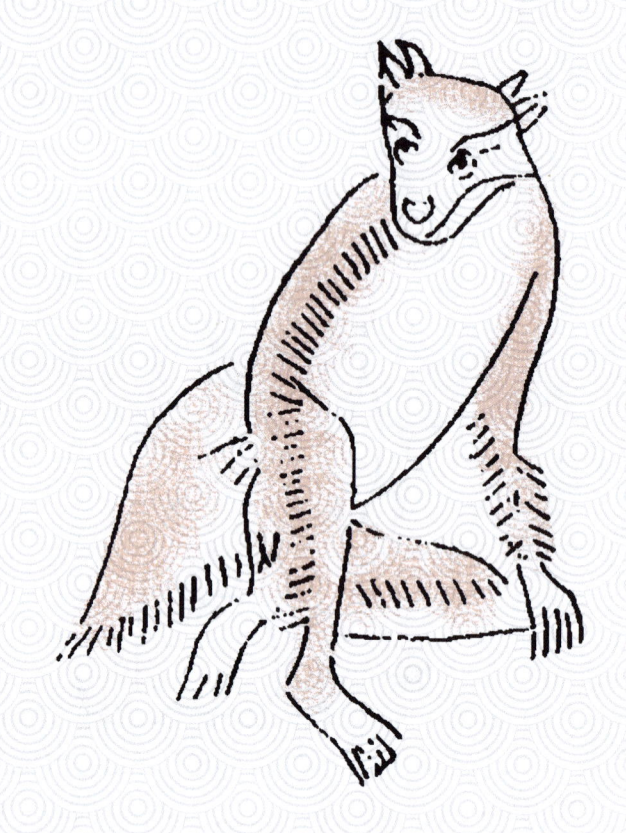

长右山上没有花草树木，但有很多水。山中有一种野兽名叫长右，它有耳听四方的灵敏听觉，身上长着长臂，叫声如同人在呻吟。任何地方，只要一出现长右，就会发生大水灾。

外貌形态

外形像猿猴，却长着四只耳朵，人面兽身。

出处

《山海经·南山经》："东南四百五十里曰长右之山，无草木，多水。有兽焉，其状如禺而四耳，其名长右，其音如吟，见则郡县大水。"

倒寿

dǎo shòu

第二卷 — 神兽

西荒中的一种异兽，体形像老虎，毛有三尺多长，却长着人的脸，牙齿很长。有人想尝尝这种异兽的味道，就去捉它。倒寿却毫不畏惧，与猎人打斗，不死不休，也不逃跑，性格刚烈之极。

外貌形态

体形像老虎，却长着人的脸，有老虎的牙齿。

出处

《神异经·西荒经》："西荒中兽如虎，豪长三尺，人面虎足口牙一丈八尺。人或食之，兽斗终不退却，唯死而已。荒中人张捕之，复黠逆知。一名倒寿焉。"

277

孰湖

孰湖

shú hú

孰湖是一种人马兽，类似西方传说的人头马。孰湖虽然外形古怪，脾气却很随和，它们喜欢抱举人。

外貌形态

孰湖是集人、马、鸟、蛇四形于一身的四不像，长着马的身子，却有鸟的翅膀，人的面孔，蛇的尾巴，与英招类似。

出处

《山海经·西次四经》："崦嵫之山有兽焉，其状马身而鸟翼，人面蛇尾，是好举人，名曰孰湖。"

兕

兕
sì

第二卷 — 神兽 —

兕是上古时期的一种瑞兽，苍黑色，大板角，一般只有在盛世时期才会出现。远古时代人们常常捕杀兕，偶尔用来祭祀，食其肉，将它的皮制作成兵甲。《国语》中有记载，春秋末期吴王夫差有十万三千兵卒身着兕甲。

外貌形态

状如水牛，全身呈青黑色，头顶长一只犄角。

出处

《山海经·海内南经》："兕在舜葬东，湘水南。其状如牛，苍黑，一角。"

兕

上古瑞兽兕，状如水牛，全身呈现青黑色，长着独角兽一样的犄角。

蠪蛭

lóng zhì

第二卷 — 神兽

一种类似于狐狸的妖怪，经常被误认为是狐狸。蠪蛭栖身于凫丽山上，会发出婴儿般的叫声，以此博取人类的同情，然后伺机伤害靠近它的人类，把人吃掉。在中国的深山中有很多这种妖怪，如果遇到会发出婴儿般叫声的动物，最好还是赶紧躲开。

外貌形态

长得像狐狸，有九个头和九条尾巴。

出处

《山海经·东山二经》："又南五百里，曰凫丽之山。其上多金玉，其下多箴石。有兽焉，其状如狐，而九尾、九首、虎爪，名曰蠪蛭，其音如婴儿，是食人。"

狸力

狸力

生活在柜山上的一种奇兽。狸力出现的地方，地面多起伏，所以人们猜测狸力擅于挖土。狸力如果出现在野外，就会出现地震、泥石流、山崩等自然地质灾害。

外貌形态

形状像普通的小猪，脚上长着一双鸡爪。

出处

《山海经·南次二经》："柜山，有兽焉，其状如豚，有距，其音如狗吠，其名曰狸力，见则其县多土功。"

却尘犀

què chén xī

却尘犀又称辟尘犀,传说是海中的一种神兽。它的角可以避开灰尘,只要是它走过的地方,海水就会自动分开;即使出了水也是行不沾地,任何尘土都碰不到它。

外貌形态

状如犀牛,其角可以避却尘埃。

出处

《述异记》:"却尘犀,海兽也,然其角辟尘,致之于座,尘埃不入。"

第二卷 —— 神兽

狰
zhēng

相传章莪山上寸草不生，常有许多怪兽出没其中。狰就是其中的一种，它的声音如击石般铿锵，常以老虎、豹子为食物。

外貌形态

身形似豹，脸部正中长有一角，全身赤红，长着五条尾巴。

出处

《山海经·西山经》："又西二百八十里，曰章莪之山，无草木，多瑶碧。所为甚怪。有兽焉，其状如赤豹，五尾一角，其音如击石，其名曰狰。"

狰

明·《山海百灵图卷》

狰状如赤豹，脸部中央长出一只角，而且有五条尾巴。

狰

明·胡文焕绘
胡本的狰身披豹纹,独角偏右,
五条尾巴向下卷曲,满脸威猛桀骜。

比肩兽

bǐ jiān shòu

比肩兽是蟨和邛邛岠虚的合体，因蟨的脚长短不一，使它举步维艰。但蟨却心思机敏，善于觅食，经常给邛邛岠虚采甘草吃。而等到蟨有难时，善于奔跑的邛邛岠虚便把蟨背在背上，共同逃跑。

在比肩兽家族中，最为有名的当属狼狈。狈的形象，早期见于唐人段成式的《酉阳杂俎》："狈前足绝短，每行常驾于狼腿上，狈失狼则不能动，故世言事乖者称狼狈。"狼本是凶兽，有了狈出谋划策，则恶行更甚，故有"狼狈为奸"之说。

出处

《尔雅·释地》："西方有比肩兽焉，与邛邛岠虚比，为邛邛岠虚啮甘草，即有难，邛邛岠虚负而走，其名谓之蟨。"

比肩兽

清·《尔雅音图》

中国吉祥文化中，除了比翼鸟外，还有不比不视的比目鱼，不比不行的比肩兽。

耳鼠

耳鼠
ěr shǔ

一种生活在丹熏山的奇兽。耳鼠依靠尾巴就能在天空中飞翔。据说吃了它的肉，不但可以治疗腹部的肿胀，还能抵御百毒的侵袭，又能让人不做噩梦。

外貌形态

样子像老鼠，却长着兔子的脑袋和麋鹿的身子，叫起来像狗叫。

出处

《山海经·北山经》："有兽焉，其状如鼠，而菟首麋身，其音如獋犬。以其尾飞，名曰耳鼠，食之不睬，又可以禦百毒。"

啮铁

啮铁
niè tiě

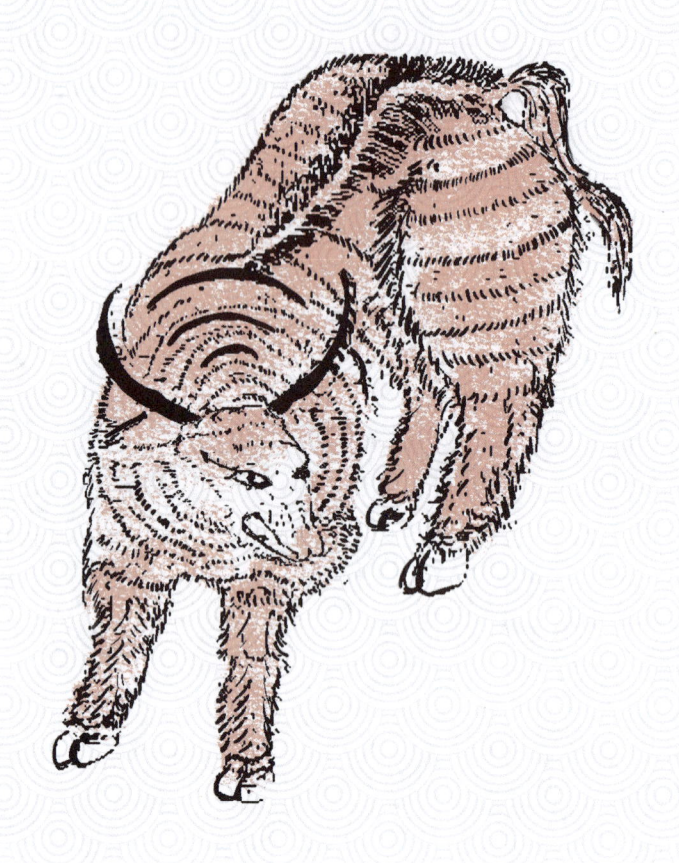

远古时的神兽之一，以铁为食。传说啮铁可以大口吃钢铁，凶猛无比，刀枪不入。就连它的粪便都锋利得像钢一样，古人还能作为兵器。明代袁牧的《新齐谐初集》中有描述，啮铁看到锋利无比的锄头，不躲避，而是淌着口水迎面而来，就连城门也不放过。

外貌形态

身形像水牛，皮毛黑如漆。

出处

《神异经·中荒经》："南方有兽焉，角足大小，形状如水牛，皮毛黑如漆，食铁饮水，其粪可为兵器，其利如钢，名曰啮铁。"

奚鼠

奚鼠
xī shǔ

跟火鼠相对的一种鼠类，生活在北方的冰盖之下，以草木为食，能长到千斤之重。用它的皮制成鼓，鼓声可传千里之远。奚鼠毛长八尺，用它的毛可以做成能驱寒的褥子。这个褥子虽然好，但有个致命的缺点，就是奚鼠的毛会吸引其他鼠类，在寒冷鼠类少的地方还好，如果在温暖的南方，威力不下于用它的皮做的鼓。

出处

《神异经》："北方层冰万里，厚百丈，有奚鼠在冰下土中。其形如鼠，食冰草木根，肉重万斤，可以作脯，食之已热。"

怪 第二卷
奇虫
Monster

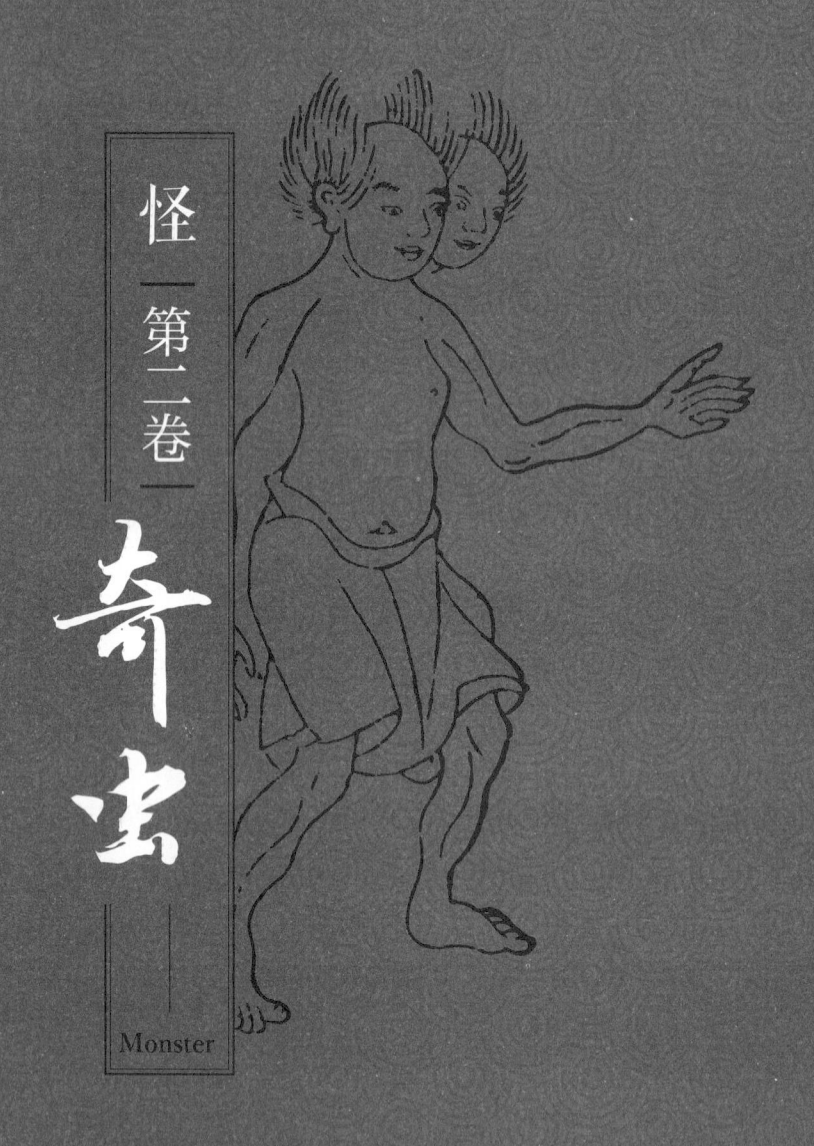

骄虫 jiāo chóng	·	294
蝼蛄 lóu gǔ	·	295
应声虫 yìng shēng chóng	·	299
青蚨 qīng fú	·	300
酒虫 jiǔ chóng	·	302
冰蚕 bīng cán	·	304
蜚虫 fēi chóng	·	305
蜮 yù	·	306
玄蜂 xuán fēng	·	308
山蜘蛛 shān zhī zhū	·	309

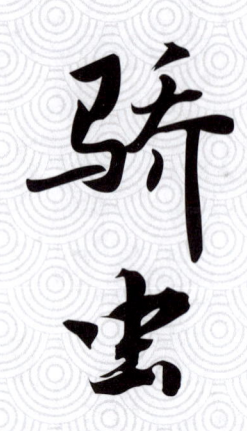

骄虫

骄虫
jiāo chóng

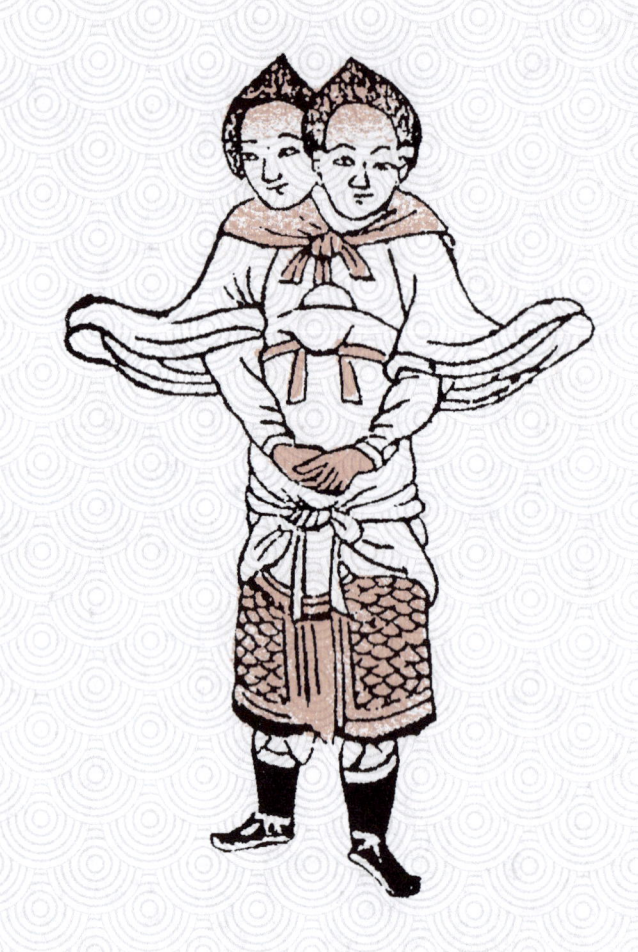

骄虫是平逢山的山神，它是所有蜇人昆虫的首领，平逢山也确实是各种蜜蜂聚集筑巢的地方。

外貌形态

身形似人，长有两个脑袋。

出处

《山海经》："有神焉，其状如人而二首，名曰骄虫，是为螫虫，实惟蜂蜜之庐。"

蝼蛄

蝼 蛄
lóu gū

生活在泥土中的昆虫，昼伏夜出，有飞、缘、游、穴，走五种本领。但前翅短小，飞不能越屋脊；前足可以挖掘，却不能从土中取食；能爬却爬不上屋顶；落水能游却游不过小河；能走却跑不快。

外貌形态

背部呈茶褐色，腹部呈灰黄色。前脚大，呈铲状，适于掘土，有尾须。

民间故事

身怀绝技的奇虫

庐陵太守太原庞企，他说自己有一个也不知道多少世的祖先，因牵扯

螻蛄

螻蛄小蟲穴土中好夜出今人謂之土狗一名蠹爾雅正義以為蠹是雄者喜鳴善飛雌者腹大羽小不能飛翔食風與土腰以前甚澁要以後甚利淮南子孟夏之月螻蟈鳴丘螾出蓋四月陰氣始動於下故二物應之而鳴也

蝼蛄

明·《三才图会》

蝼蛄，也叫土狗。一般夏、秋季耕地翻土时捕捉，或晚上点灯诱捕。

到一桩案件里而被抓进监狱。并非是他的罪过，但是经不住严刑拷打，便屈打成招，关在监狱中准备上报。有只蝼蛄虫在他身边爬行，于是他对蝼蛄虫说："如果你有神灵，能救活我这死囚，这不是一件善事吗？"接着便把饭扔给蝼蛄虫吃，蝼蛄虫吃完饭就走了。过了一会儿蝼蛄虫又回来了，身体稍微大了一些。他感到很惊奇，就又拿饭给蝼蛄虫吃。就这样来来去去，反反复复，经过了几十天，蝼蛄虫已经跟猪一样大了。

到最后判罪，要对他执行死刑。要行刑的前一夜，蝼蛄虫趁晚上把监狱的墙根挖了个大洞，于是他打破刑具，跟着蝼蛄虫出去了。逃出去很久后，他得到赦免，于是得以存活。于是庞家祖先世世代代于都衢处，以四节祠祭祀蝼蛄虫。

出处

《搜神记》："庐陵太守太原庞企，字子及，自言其远祖，不知几何世也，坐事系狱，而非其罪，不堪拷掠，自诬服之，及狱将上，有蝼蛄虫行其左右，乃谓之曰：'使尔有神，能活我死，不当善乎。'因投饭与之。蝼蛄食饭尽，去，顷复来，形体稍大。意每异之，乃复与食。如此去来，至数十间，其大如豚。及竟报，当行刑，蝼蛄夜掘壁根为大孔，乃破械，从之出。去久，时遇赦，得活。于是庞氏世世常以四节祠祀之于都衢处。"

应声虫
yìng shēng chóng

一种寄生在人肚子中的妖怪，只要人每次发出声音，肚子里的虫子就会发出同样的声音。

民间故事

肚子里的小虫

古时候，有个姓杨的淮西人，中年时得了一种怪病。每当他说话时，肚子里便有东西会小声地模仿他的声音。几年后，他肚子里的声音越来越大。一个道士对他说，这是应声虫，如果不及时治疗，就会祸及他的妻子。道士让他专心读《本草纲目》，当读到某一种药材，肚子里没有回音时，就立即停止，然后服下该药，这样应声虫就会被除掉了。

出处

《遯斋闲览·人事》："余友刘伯时，尝见淮西士人杨勔，自言中年得异疾，每发言应答，腹中辄有小声效之。数年间，其声浸大。有道士见之惊曰：'此应声虫也，久不治延及妻子。宜读《本草》，遇虫所不应者，当取服之。'勔如言，读至雷丸，虫忽无声，乃顿饵数粒，遂愈。"

青蚨
qīng fú

传说青蚨母子连心，母与子分离后仍会聚回一处。把青蚨母子的血各涂在钱上，涂母血的钱或涂子血的钱用出后必会飞回，所以有"青蚨还钱"之说。如果这样的话，青蚨虫也可以用来寻人。将母子虫分别装在罐子里，彼此各携一罐，就算人海茫茫，远隔天涯，也不会弄丢对方。

民间故事

青蚨飞去复飞来

青蚨产卵时必须要依附着花草的叶子，产出的卵大小如蚕蛾。如果把它的卵拿走，不管离得多远，母青蚨都一定会飞过来。即便是偷偷拿走了它的卵，母青蚨也一定知道藏卵的地方。

将母青蚨的血涂在八十一文铜钱上，再用子青蚨的血涂在另外的

青蚨

青蚨形似蝉，且稍大一些。

八十一文铜钱上。每次去买东西，有时先用母钱，有时先用子钱，用掉的钱都会再飞回来，这样循环往复，钱就永远都用不完了。

人们把这个故事称作"青蚨飞去复飞来"，把传说中飞来的青蚨钱，称作"神钱"。传说古人既能如是生钱，青蚨一精灵焉能不绝迹于世。

出处

《搜神记》："南方有虫，名青蚨，形似蝉而稍大，味辛美，可食。生子必依草叶，大如蚕子。取其子，母即飞来，不以远近。虽潜取其子，母必知处。以母血涂钱八十一文，以子血涂钱八十一文，每市物，或先用母钱，或先用子钱，皆复飞归，轮转无已。"

第二卷 — 奇虫

酒虫

酒虫
jiǔ chóng

一种寄生在人腹中的妖怪，能使人嗜酒，但会为了有酒喝而使人维持富贵。

民间故事

和尚出奇招诱捕酒虫

山东长山的刘某，身体肥胖且爱饮酒。他在靠近城郭的地方有三百亩地，常常只种一半庄稼。

从西域来了一位僧人见到刘某，说他身患奇异的病症。刘回答："没有。"僧人问他："您饮酒是不是不曾醉过？"刘某说："是的。"僧人说："这是因为你的肚里有酒虫。"刘某非常惊讶，便求他医治。刘某问："什么药能治好？"僧人说什么药都不需要，只是让刘某在太阳底下俯卧，绑住其手足，在离头半尺多的地方，放置一盆好酒。过了一会儿，刘某感觉又热又渴，很想饮酒，却又苦于喝不到酒。

忽然他觉得喉咙里一阵发痒，然后"哇"的一声吐出了一个东西，直落到酒盆里。一看是一条虫，三寸多长，像游鱼一样蠕动着，嘴、眼俱全。刘某向僧人致谢，拿银子报答他，僧人不收，只请求要这只酒虫。刘某问他："这有何用？"僧人回答："它是酒之精，瓮中盛上水，把虫子放进去搅拌，就成了好酒。"刘某让僧人试验，果真是这样。

刘某从此开始厌恶酒，身体却渐渐地瘦下去，家境也日渐贫困，最后竟连饭都吃不上了。

出处

《聊斋志异·酒虫》："长山刘氏，体肥嗜饮。每独酌，辄尽一瓮。负郭田三百亩，辄半种黍；而家豪富，不以饮为累也。一番僧见之，谓其身有异疾。刘答言：'无。'僧曰：'君饮尝不醉否？'曰：'有之。'曰：'此酒虫也。'刘愕然，便求医疗。曰：'易耳。'问：'需何药？'俱言不须。但令于日中俯卧，絷手足；去首半尺许，置良酝一器。移时，燥渴，思饮为极。酒香入鼻，馋火上炽，而苦不得饮。忽觉咽中暴痒，哇有物出，直堕酒中……"

第二卷 — 奇虫 —

冰蚕

冰蚕
bīng cán

传说中的一种神秘生物。冰蚕不同于一般的蚕，它们的身上有一种与生俱来最厉害的剧毒，同时它们也是别的毒物的克星。因此，冰蚕有"至毒"之称。除了"至毒"，冰蚕的另一大特性是"至寒"。苏轼的《徐大正闲轩》曾有"冰蚕不知寒，火鼠不知暑。"的诗句。

外貌形态

比一般的蚕要大一倍有余，长得像一条蚯蚓，身子透明直如水晶。

出处

《拾遗录》："员峤之山名环丘，有冰蚕长七寸，黑色，有角有鳞，以霜雪覆之，然后作茧，长一尺，其色五彩，织为文锦，入水而不濡，投火则经宿不燎，海人献尧，以为黼黻。"

蜚虫
fěi chóng

一种非常小的虫子。一般寄生在蚊子的翅膀下面，据说眼神好的才能看见。蜚虫一次产九枚卵，如果有一次九枚卵没能全孵化出来，那么蜚虫就会全部离开，而蚊子对此却一无所知。

出处

《神异经·南荒经》："南方蚊翼下有小蜚虫焉……此虫既细且小，因曰细蠛。"

蜮
yù

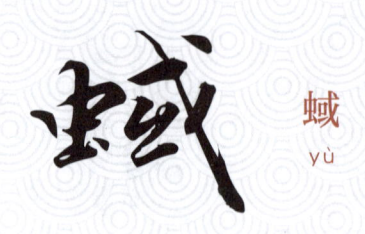

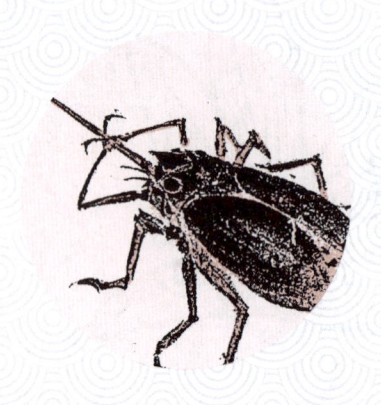

　　一种生活在水里暗中害人的怪物，通过口含沙粒来射人或射人的影子，被射中的相应部位马上会生疮，不治疗就会死掉。

外貌形态

　　水射工虫，长一两寸，嘴里有弓弩形的器官。

民间故事

溪毒

　　汉朝中平年间，长江之中生活着一种名叫"蜮"的怪物。这种怪物能含沙射人，被它射中的人会全身抽筋、头痛发热，严重的甚至会死亡。住

蜮

蜮是一种水射工虫。

在长江边上的人用方术来治它,就在肉中找到了沙石。现在民间把它称为"溪毒"。

古代儒者认为,男女在同一条河川中洗澡,淫乱的女子占了上风,那淫乱的元气就会产生这种怪物。

出处

《搜神记》:"汉光武中平中,有物处于江水,其名曰'蜮',一曰'短狐'。能含沙射人。所中者,则身体筋急,头痛,发热。剧者至死。江人以术方抑之,则得沙石于肉中。诗所谓'为鬼,为蜮',则不可测也。今俗谓之'溪毒'。先儒以为男女同川而浴,淫女为主,乱气所生也。"

第二卷 — 奇虫

玄蜂

xuán fēng

古代神话及书籍中记载的妖怪之一，是一种巨大的蜂，腹部跟壶一样大，会蜇人，且有毒能置人于死地。在《山海经》和《楚辞》中曾被提及。

外貌形态

身形巨大的蜂，腹部跟壶一样大。

出处

《楚辞·招魂》王逸注："言旷野之中，有飞蜂腹大如壶，有毒，能杀人也。"

山蜘蛛
shān zhī zhū

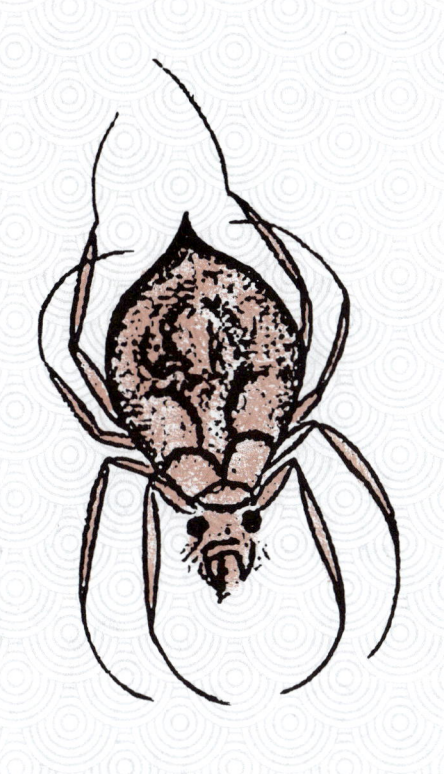

一种体形异常巨大的蜘蛛，常在山中出没，性格凶残，一见到人就用蛛丝绑住，带回山洞里食用。

民间故事

止血的蛛丝

有一次裴曼在山里走，看到一只山蜘蛛，垂下的丝像是一匹布。当蜘蛛想要去触碰裴曼时，被裴曼用弯弓射退了。蛛丝如同车轮一般大，裴曼将蛛丝割下几尺长，收藏起来。将士们如果打仗时受了伤，只要剪下方寸大小的蛛丝贴上，血立刻就止住了。

出处

《南部新书》："山蜘蛛，巨蛛，大如车轮，其丝可止血。"

怪 第二卷

仙草

Monster

吉云草 jí yún cǎo	·	312
鹿活草 lù huó cǎo	·	314
蛇衔草 shé xián cǎo	·	315
怀梦草 huái mèng cǎo	·	316
蔓金苔 màn jīn tái	·	317
祝余 zhù yú	·	318
龙刍 lóng chú	·	319

吉云草
jí yún cǎo

传说吉云草是东方朔种在九景山的一种神草，此神草两千年才开一次花。据说用这种草喂马，马就不会感到饥饿。

民间故事

神奇的古云国

东方朔曾游历过五色祥云升起的地方。回来后他对武帝说："我在五色祥云升起的地方，种了一千顷的草。这片草地在九景山的东边，两千年才开一次花，明年就是它开花的时候了。我去把那草割来喂马，马就不会感到饥饿了。"紧接着东方朔又说："我曾到过东方的极地，经过了吉云之泽。"武帝问："什么叫吉云？"东方朔说："吉云国里常用云的颜色来预卜吉凶。如果将要发生吉庆的事，满屋就会升起五色祥云，光彩照人。五色吉云如果落在了花草树木上，就会变成五色露珠，露的味道十分甘甜。"武帝问："吉云和五色露，你能弄些来吗？"东方朔说："我割来吉云草把马喂饱后，骑马去就可以弄来，一天可以来回两三趟呢。"

于是东方朔就骑上马往东走，晚上就赶回来了，弄来了五种颜色的露水。他把露水分装在青色的琉璃杯中，献给了武帝。武帝把五色露赏给大臣们，大臣们喝下了露水，老人都变成了少年，有病的都痊愈了。

出处

《洞冥记》："东方朔云：'臣有吉云草，种于九景山中，二千岁一花。臣种一千九百九十九年矣，明年应生花。臣走往刈之以饲马，马食之不饥。'帝许之，朔平旦而去，至暮而返，背负数束，其叶似麦而金色。锉以饲马，马即肥泽。"

第二卷 — 仙草 —

鹿活草
lù huó cǎo

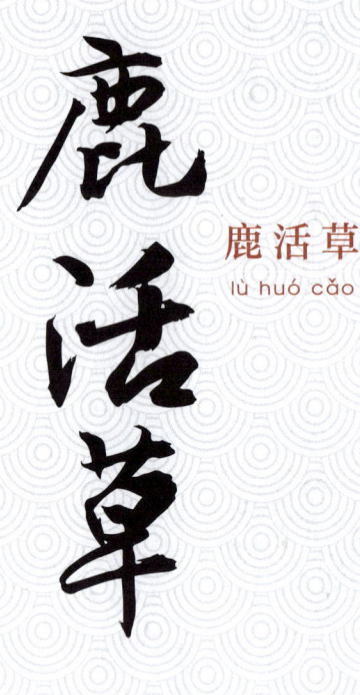

又叫作天名精，可治瘀血。据说鹿活草能够起死回生。

民间故事

能起死回生的草

宋元嘉年间，青州有个叫刘炳的人，射到一头鹿。他剖去鹿的五脏，然后把鹿活草塞进鹿的肚子里，那鹿一下子就蹦了起来。他觉得奇怪，就把草给拔了出来，鹿又重新倒在地上。刘炳偷偷地种了这种草，并治好了很多断折之伤。因而后世也称鹿活草为刘炳草。

出处

《酉阳杂俎》："天名精，一曰鹿活草。青州刘炳，宋元嘉中，射一鹿，剖五脏，以此草塞之，蹶然而起。炳密录此草种之，多愈伤折。俗呼为刘炳草。"

蛇衔草

shé xián cǎo

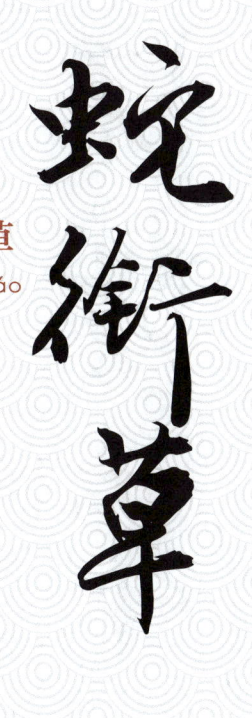

又名蛇衔，多年生草本植物，生长于山坡或湿地。《抱朴子》里说，蛇衔草能把已经断了的手指接得和原先一样。

民间故事

能治疗伤口的草

从前有一位老农，一天他正在田里耕地，看见一条受了伤的蛇躺在那里。不一会儿，便有一条蛇衔着一棵草，放在受伤的蛇的伤口上。过了一天时间，受伤的蛇跑了。老农将那棵草其余的叶子拾起来，回家后用来治伤口，伤口很快就痊愈了。没有人知道这种草叫什么名字，于是村里的人就叫它"蛇衔草"。

出处

《异苑》卷三："昔有田父耕地，值见伤蛇在焉。有一蛇衔着疮上。经日伤蛇走。田父取其草余叶，以治疮皆验。本不知草名，因以蛇衔为名。《抱朴子》云：'蛇衔能续已断之指如故，是也'。"

怀梦草
huái mèng cǎo

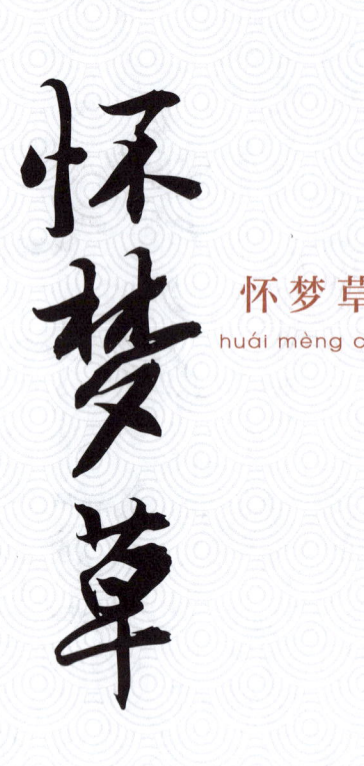

西汉时有一种植物名叫"梦草",也叫"怀梦",样子很像菖蒲,但颜色是红色的。这种草白天会缩到地底下,夜晚才偷偷摸摸地伸头出来。据说只要把这种草放在怀里,便可以梦见自己想梦见的人。

民间故事

怀梦草

传说汉武帝的宠妃李夫人去世后,汉武帝对李夫人思念不已,很想再见到她。东方朔便给了汉武帝一株梦草。汉武帝把草放在怀里,晚上果真梦到了李夫人。因此,梦草的名字改成了怀梦草。

出处

《洞冥记》:"有梦草,似蒲,色红。昼缩入地,夜则出,亦名怀莫。怀其叶,则知梦之吉凶,立验也。帝思李夫人之容,不可得,朔乃献一枝,帝怀之,夜果梦夫人。因改曰怀梦草。"

蔓金苔
màn jīn tái

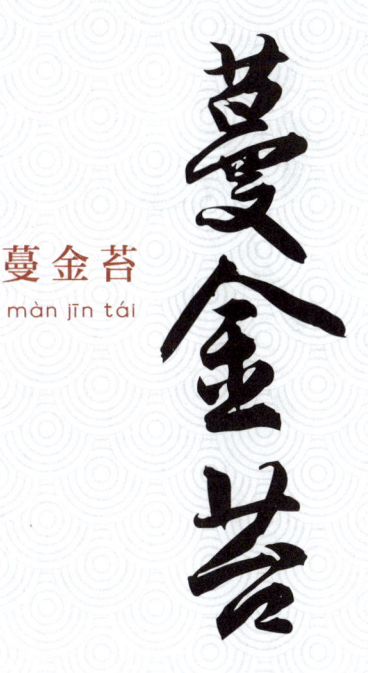

晋朝时，有邻国向宫中敬献一种叫作蔓金苔的苔类植物。其色如金，宛若无数只荧火虫聚在一起，大小有如鸡蛋一般。若将它投入水中，则蔓延于水波之上，所发出的光亮闪烁夺目。因此，也有人称之"夜明苔"。

出处

《拾遗记·晋时事》："祖梁国献蔓金苔，色如黄金，若萤火之聚，大如鸡卵，投于水中，蔓延于波澜之上，光出照日，皆如火生水上也。宫人有幸者，以金苔赐之，置漆盘中，照耀满室，名曰'夜明苔'；着衣襟则如火光。"

第二卷 — 仙草 —

祝余

祝余
zhù yú

传说在西海之滨的招摇山上，生长着很多桂树。桂树下的土里，埋藏着许多黄金和玉石。这里还有一种叫作祝余的植物，长得像韭菜，盛开着绿色的花朵。据说这种植物是一种非常好的果腹之物，人吃了这种草，就不会感到饥饿。

出处

《山海经·南山经》："有草焉，其状如韭而青华，其名曰祝余，食之不饥。"

龙刍

lóng chú

第二卷 — 仙草 —

东海岛的龙驹川，是穆天子养八骏的地方。岛中有一种草名叫龙刍。据说马吃了这种草，可日行千里。古语说："一棵龙刍，化成龙驹。"

出处

《述异记》："东海岛龙驹川，穆天子养八骏处。岛中有草名龙刍。马食之，日行千里。古语：'一株龙刍，化为龙驹。'"

怪 第二卷

怪鱼

Monster

文鳐鱼 wén yáo yú	• 322		鮨鱼 yì yú	• 330
鳛鳛鱼 xí xí yú	• 324		薄鱼 báo yú	• 331
何罗鱼 hé luó yú	• 325		赤鱬 chì rú	• 332
横公鱼 héng gōng yú	• 326		牛鱼 niú yú	• 333
冉遗鱼 rǎn yí yú	• 327		䃌鱼 luǒ yú	• 334
陵鱼 líng yú	• 328		鲑 lù	• 335
鱼妇 yú fù	• 329		鲲 kūn	• 336

文鳐鱼

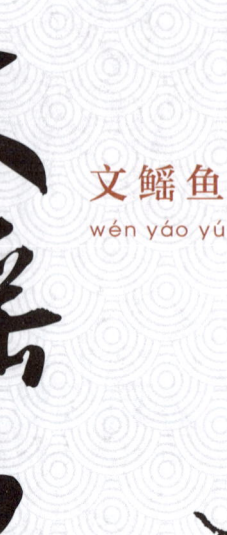

文鳐鱼
wén yáo yú

从前有座泰器山,观水便是从这座山发源的,水中生活着一种半鱼半鸟的飞鱼,名叫文鳐鱼,身长一尺有余,叫声如鸾鸟。这种鱼并不是靠翅膀飞行,而是用尾鳍滑行跳跃。如果失去尾鳍,就无法滑行了。

外貌形态

样子像鲤鱼,却长着一对翅膀。白头红嘴,身上还有苍白色的斑纹。

民间故事

飞鱼

据说文鳐鱼白天待在西海,一到晚上就成群结队地飞往东海,然后第二天再飞回来,就这么不知疲倦地来回飞。据汉代东方朔所说,有一些飞鱼留在了东海南端的温湖里,由于不再飞来飞去,竟长到了八尺长。

虽然文鳐鱼经常来往,但是人们见到这种鱼并不容易。一旦它们主动示人,就预示着渔民的大丰收。因为这种鱼是群体活动,捕捉起来也很简单,只需把渔网挂高一点,自然就都跳到网里了。而且这种鱼一出现,便表示水中有凶猛肥大的鱼,所以渔民又能捕获到大鱼了。

《吕氏春秋》中曾夸赞文鳐鱼的肉很鲜美,酸中带着甜。根据《本草拾遗》的记载,这种鱼还可以入药,能补益气血,治疗疯癫病。

出处

《山海经·西山经》:"又西百八十里,曰泰器之山。观水出焉,西流注于流沙。是多文鳐鱼,状如鲤鱼,鱼身而鸟翼,苍文而白首,赤喙,常行西海,游于东海,以夜飞。"

鳛鳛鱼

鳛鳛鱼

xí xí yú

鳛鳛鱼的身上含有水气，可以防患火灾，它发出的声音和喜鹊的叫声差不多。据说吃了这种鱼可以治黄疸病。

外貌形态

头部和尾部都是鱼的样子，却有着喜鹊的身体，而且还长了十只翅膀，鱼鳞长在羽毛的尖端。

出处

《山海经·北山经》："又三百五十里，曰涿光之山，嚣水出焉，而西流注于河。其中多鳛鳛之鱼，其状如鹊而十翼，鳞皆在羽端，可以御火。食之不瘅。"

何罗鱼

何罗鱼
hé luó yú

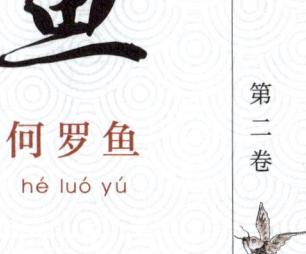

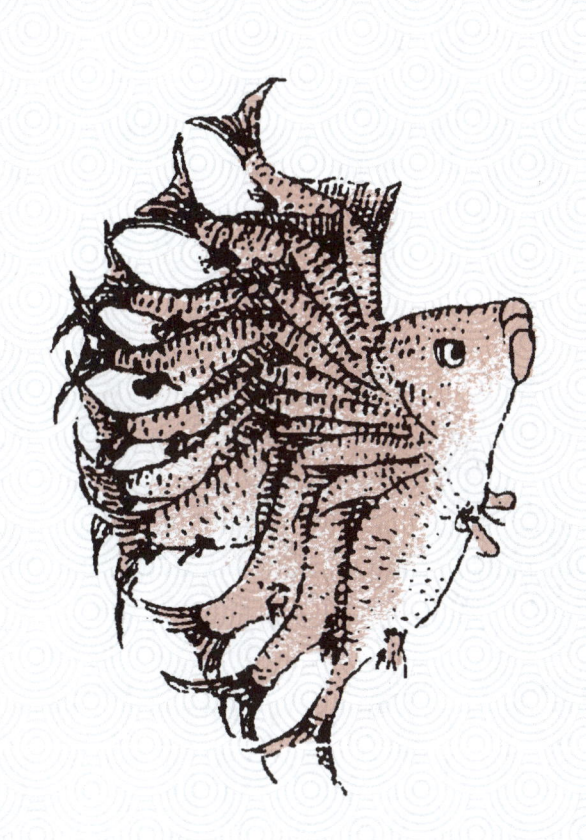

第二卷 — 怪鱼 —

根据《山海经》记载，何罗鱼是一种长着一个脑袋、十个身子的怪鱼，实际上它是一种大肚子鱼。人如果吃了它，可以治疗痈肿病；如果舍不得吃把它养起来，还可以防御火灾。

相传何罗鱼可以化作鸟，名叫休旧，这种鸟最爱偷别人臼里舂好的米，不过休旧鸟特别害怕打雷，一听到雷声便四处躲藏。

外貌形态

长着一个脑袋，却有十个身子。而且还会叫，叫声如狗吠。

出处

《山海经·北山经》："谯明之山，谯水出焉，西流注于河。其中多何罗之鱼，一首而十身，其音如犬吠，食之已痈。"

横公鱼
héng gōng yú

　　北方大荒中有一个湖泊，名叫石湖，湖深五丈多，常年结冰，只有夏至前后的五六十天冰才会融化。传说湖里生长着一种怪鱼，名叫横公鱼，身长七八尺，形状像鲤鱼，全身红色。

　　横公鱼白天在水里，一到晚上就会从水里出来，化为人形。用刀刺这种鱼的身体，根本刺不动，用水煮也煮不死，在水里放两颗乌梅一起煮才会死。据说吃了这种鱼，可以祛除邪病。

外貌形态

　　长七八尺，形状像鲤鱼，全身红色。

出处

《神异经》："生于石湖，此湖不冻。长七八尺，形如鲤而赤，昼在水中，夜化为人。刺之不入，煮之不死，以乌梅二枚煮之则死。食之可去邪病。"

冉遗鱼
rǎn yí yú

古代传说中的怪鱼，生活在浣水中。据说这种鱼的肉有一种很特别的功能，吃了可以使人不患梦魇症，还可以防御凶灾。

外貌形态

长着鱼的身体，蛇的头，而且还有六只脚，眼睛的形状如同马的眼睛。

出处

《山海经·西山经》："英鞮之山，上多漆木，下多金玉，鸟兽尽白。浣水出焉，而北流注于陵羊之泽。是多冉遗之鱼，鱼身蛇首六足，其目如马耳，食之使人不眯，可以御凶。"

第二卷 怪鱼

陵鱼

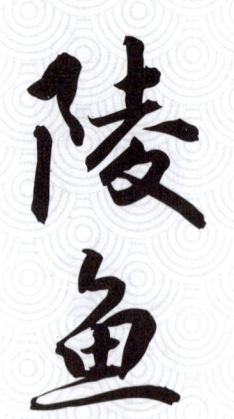

陵鱼
líng yú

古代神话故事中的怪鱼，属于半人半鱼，栖息在海中。有的古书把它称作鲛人，有的说就是人鱼。

外貌形态

有着鱼的形体，却长着和人一样的手和脚。

民间故事

海上妖怪

一次，一艘船正在大海上航行。在离船很远的地方，海里仿佛有一个人。船上的人以为有人快要溺毙了，便朝那人大声呼叫，可对方却没有答话。船上的人一齐对着海里的那个人喊叫："喂！怎么了？"却还是没有回音。这时，船客中突然有人说道："它叫陵鱼，是一种经常出现在海上的妖怪，手脚齐全，长得与人相似。"

出处

《山海经·海内北经》："陵鱼人面手足鱼身，在海中。"

鱼妇

鱼妇
yú fù

鱼妇是古人想象中的一种动物，据说它具有能使生命转化、灵魂复苏的作用，就像寄生在身体里的寄生虫，人虽然已经死了，但是却被寄生，以另一个形态生存于世。

民间故事

人鱼结合

据说鱼妇是由颛顼死而复生变化成的。颛顼死的时候，刚巧大风从北面吹来，海水被风吹得奔流而出，蛇变成了鱼。已经死去的颛顼便趁着蛇即将变成鱼而未定型的时候，托体到鱼的躯体中，死而复生。后来人们就把这种与人结合在一起的鱼，叫作鱼妇。

出处

《山海经·大荒西经》："有鱼偏枯，名曰鱼妇。颛顼死即复苏。风道北来，天及大水泉，蛇乃化为鱼，是为鱼妇。颛顼死即复苏。"

鮨鱼

鮨鱼
yì yú

《山海经》中记载的一种似狗又似鱼的怪鱼。这种鱼生活在罷水中，叫起来的声音像是婴儿的哭声，据说吃了它的肉可以治疗惊风癫狂之病。

外貌形态

长着鱼的身子和尾巴，却长着狗的脑袋。

出处

《山海经·北山经》："诸怀之水出焉，而西流注于嚣水，水中多鮨鱼，鱼身而犬首，其音如婴儿，食之已狂。"

薄鱼
báo yú

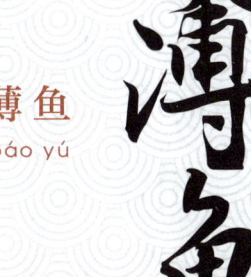

石膏水中有一种薄鱼，形状像鳣鱼，只有一只眼睛。这种鱼的叫声就像人呕吐一样，每当它出现，天下就会面临大旱。

外貌形态

形状像鳣鱼，却只有一只眼睛。

出处

《山海经·东山经》："又东南三百里，曰女烝之山，其上无草木，石膏水出焉，而西流注于禹水，其中多薄鱼，其状如鳣鱼而一目，其音如欧，见则天下大旱。"

赤鱬
chì rú

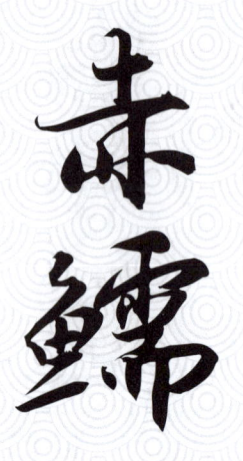

赤鱬存在于中国古时汉族的传说中,在秦代最早被人发现。这种鱼长着人类的面孔,鱼的身体,叫声如鸳鸯。据说人吃了它的肉可以防病,又说可以不得疥疮。

外貌形态

长着人的脸,鱼的身体。

出处

《山海经·南山经》:"青丘之山,英水出焉,南流注于即翼之泽。其中多赤鱬,其状如鱼而人面,其音如鸳鸯,食之不疥。"

牛鱼
niú yú

一种稀有鱼类。喜欢睡卧，受惊动声如牛，可传一里。把它的皮悬起，潮涨则毛起，潮退则毛伏。

外貌形态

形如小牛，毛色青黄。

出处

《博物志》："东海有牛鱼，其形如牛，引其皮悬之，潮水至则毛起，潮退则毛伏。"

蠃鱼

蠃鱼
luǒ yú

一种长着鱼身，却有鸟翅膀的异鱼，能发出像鸳鸯一样的鸟叫。蠃鱼生长在邽山的河水中，据说它在哪个国家出现，那里就会发生水灾。

外貌形态

长着鱼身，却有鸟翅膀。

出处

《山海经·西山经》："蒙水出焉，南流注于洋水，其中多黄贝；蠃鱼，鱼身而鸟翼，音如鸳鸯，见则其邑大水。"

鯥

鯥
lù

　　杻阳山往东三百里有一座山名叫柢山。山里有一种集鸟、兽、鱼、蛇四种动物特征为一体的怪鱼，名字叫作鯥。传说此鱼冬天蛰伏，夏天苏醒，人吃了它可以治疗身上的肿痛。

外貌形态

　　形似牛，长着蛇一般的尾巴和鸟一样的翅膀，其翅膀长在两肋之下。

出处

《山海经·南山经》："有鱼焉，其状如牛，陵居，蛇尾有翼，其羽在魼下，其音如留牛，其名曰鯥，冬死而夏生，食之无肿疾。"

第二卷 — 怪鱼 —

鲲

kūn

传说北方的大海里有一种鱼，名叫鲲。鲲的体积特别大，其背长达几千里。据说鲲会变成鹏鸟，每年六月鹏鸟都要乘着大风，飞往南海的天池。它们的翅膀拍击水面，激起的水花能波及千里远；扇动双翼，就能凭借旋风飞跃九万里的高空。

外貌形态

体积特别大，背长达几千里。

出处

《庄子·逍遥游》："北冥有鱼，其名曰鲲。鲲之大，不知其几千里也；化而为鸟，其名为鹏。"

北海中的鲲

传说北海无边无际，水深而黑。海中孕育了丰富的海产。北海里有一条鱼，名字叫做鲲。鲲的体积，不知大到几千里。

怪 第二卷

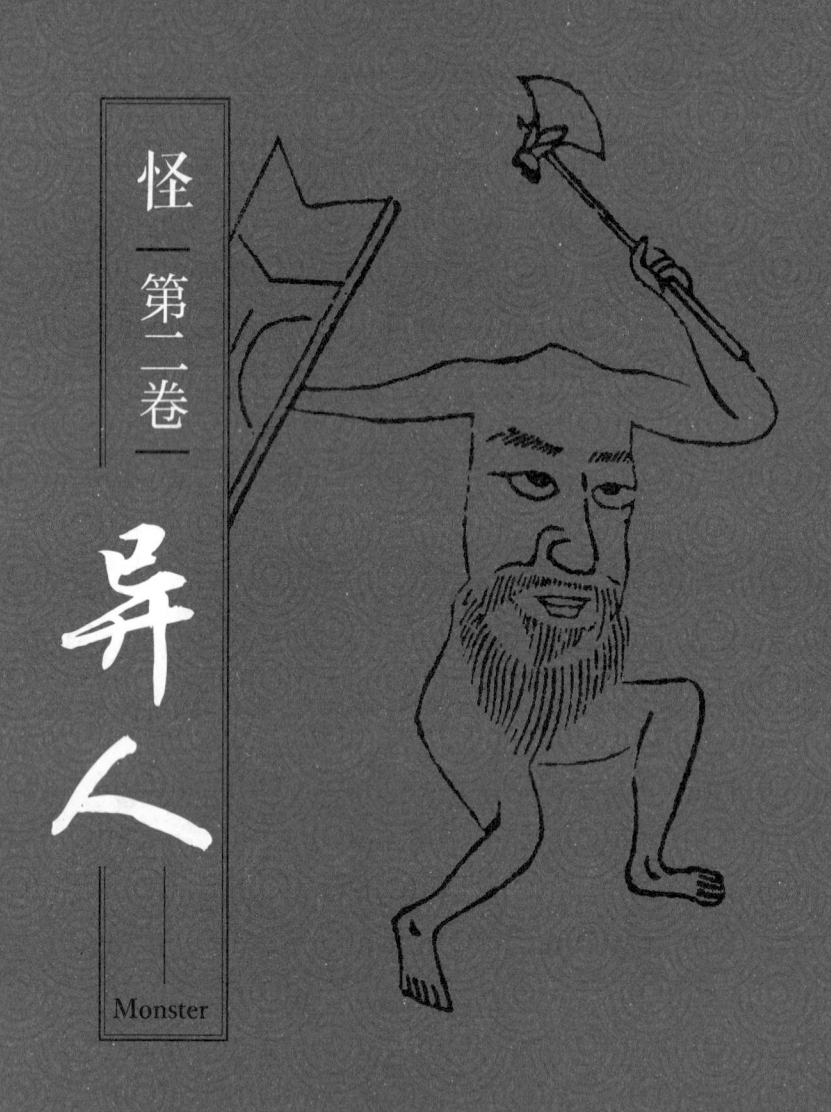

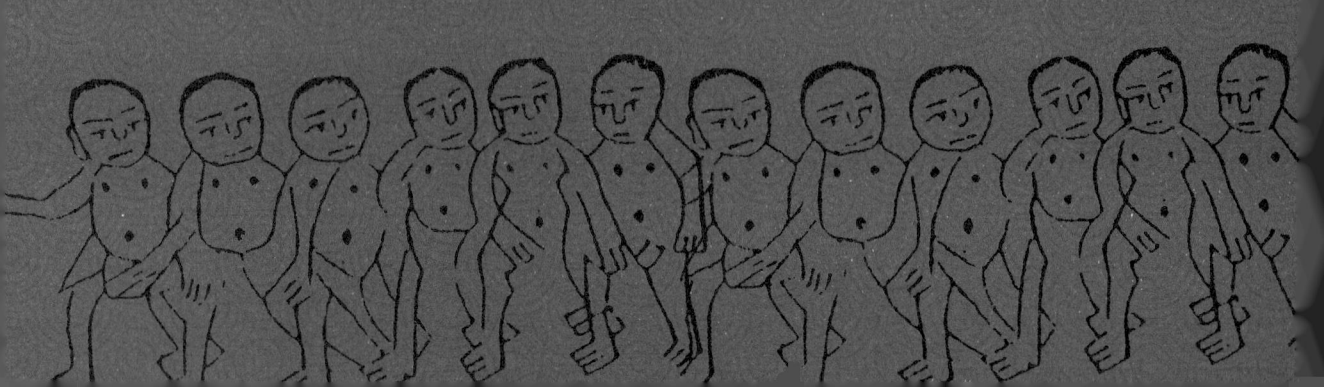

异人

Monster

刑天 • 340
xíng tiān

临洮巨人 • 342
lín táo jù rén

龙伯国巨人 • 344
lóng bó guó jù rén

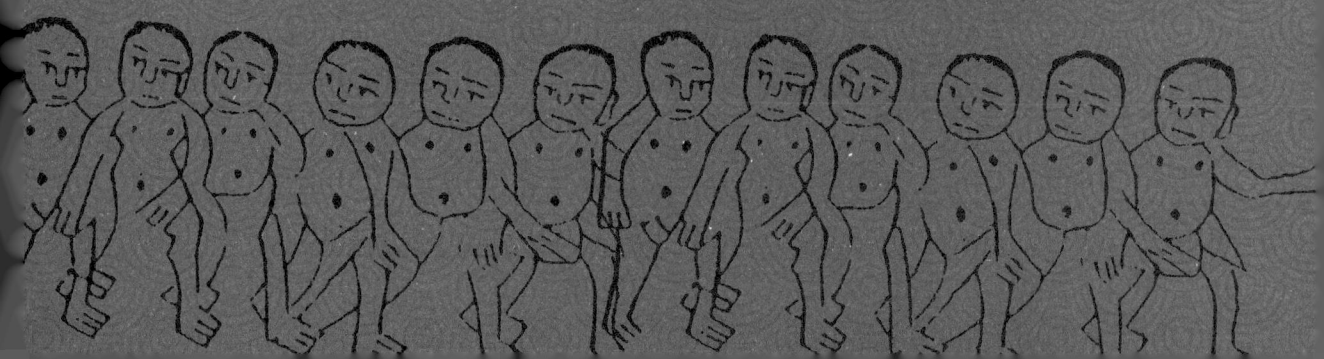

刑天

刑天
xíng tiān

刑天本是蚩尤的部将，蚩尤在涿鹿与黄帝大战，刑天被黄帝斩首。刑天死后被葬在常羊山，从那以后，常羊山便阴云密布，碧天不开，还时常能听到闷雷在山谷中回响。据说那是失败的英雄刑天，一直心有不甘，不停地在挥动武器，与敌人作战。因此刑天被后人称颂为不屈的英雄。东晋诗人陶渊明有诗云："刑天舞干戚，猛志固常在。"即咏此事，借寓抱负。

神话故事

刑天舞干戚

在阪泉之战中，炎帝败给了黄帝，于是蚩尤起兵复仇，却被黄帝铲平。刑天是蚩尤的部将，他一怒之下手拿利斧，杀到天庭中央的南天门外，要与黄帝单挑独斗。

刑天左手握着青铜方盾，右手拿着大斧，直杀到黄帝的宫前。黄帝见刑天杀来，顿时大怒，拿起宝剑就和刑天搏杀起来。两人从宫内杀到宫外，从天庭杀到凡间，直杀到常羊山旁。黄帝趁刑天不备，挥剑向他的脖子砍去。刑天招架不及，头颅瞬间被斩落下来，向常羊山脚下滚去。刑天蹲下身想找回自己的头颅，但由于失去了眼睛，看不到头颅在哪。黄帝担心刑天找到头颅后，会恢复原身再次与自己交战，就拿起宝剑向常羊山劈

去。随着一声巨响，常羊山被劈成了两半，刑天那颗硕大的头颅滚进了山谷。随后，被劈开的山又合二为一，刑天的头颅被埋在了里面。暴怒的刑天意识到自己的头颅被黄帝埋进了山腹，但是他并没有气馁，依旧继续站起来，左手持盾，右手拿斧，向着天空胡乱挥舞，继续与黄帝搏斗。

出处

《山海经·海外西经》："刑天与帝至此争神，帝断其首，葬之常羊之山。乃以乳为目，以脐为口，操干戚以舞。"

临洮巨人

lín táo jù rén

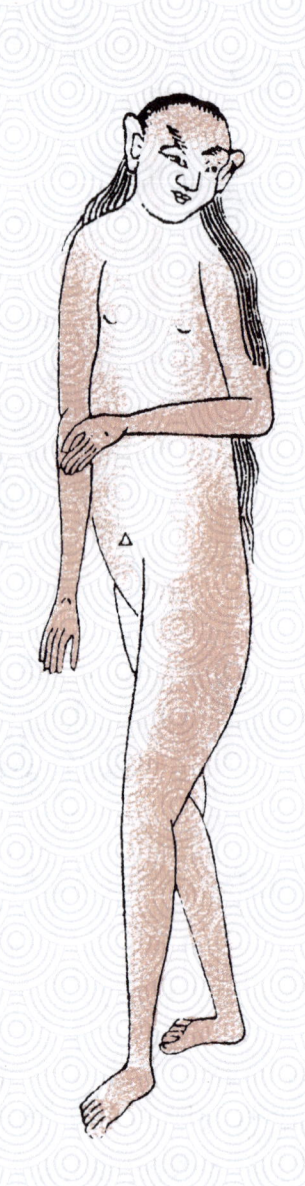

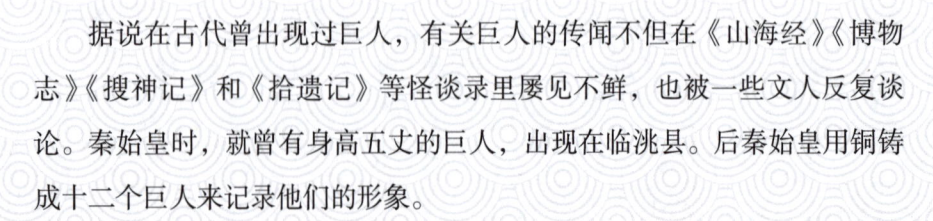

中国妖怪大全 The Collection of Chinese Monsters

据说在古代曾出现过巨人，有关巨人的传闻不但在《山海经》《博物志》《搜神记》和《拾遗记》等怪谈录里屡见不鲜，也被一些文人反复谈论。秦始皇时，就曾有身高五丈的巨人，出现在临洮县。后秦始皇用铜铸成十二个巨人来记录他们的形象。

民间故事

秦始皇铸铜人

据《史记》《汉书》记载，秦始皇二十六年（公元前221年），有十二个身长五丈，足长六尺，穿着外族人衣服的巨人，出现在临洮（长城的修建起点）。对于这些突然降临体形怪异的人，是祥瑞还是灾异，在当时还引发过一场大争论。很多人认为，这不是什么好现象，可能预兆秦王朝很快就会走向灭亡。

第二年，秦国一统天下，秦始皇命人销毁天下兵器，浇筑成了十二个铜人。为纪念扫平六国，举行了盛大的阅兵式，展览十二个铜人，来表明天下太平无事。

出处

《搜神记》："秦始皇二十六年，有大人长五丈，足履六尺，皆夷狄服，凡十二人，见于临洮。乃作金人十二以象之。"

龙伯国巨人
lóng bó guó jù rén

相传龙伯国的国民都是巨人。龙伯国的一个巨人曾几步就跨过大海，到达东海五座仙山所在的地方，钓走了驮山的六只巨鳌，并烧灼龟甲来占卜吉凶，两座仙山因此沉没。天帝震怒，于是逐渐削减龙伯国的国土，使其地域变得狭小；还逐渐缩小龙伯国国民的身高，使他们变得矮小。但是到了伏羲时代，龙伯国的人还有几十丈高，由此可见龙伯国巨人的高大。

神话故事

龙伯国巨人钓鳌

渤海的东边有一片茫茫大海,名叫归墟。归墟中有五座仙岛,岛上住着的都是神仙,这些神仙常在海岛间飞来飞去。但海岛常随着波浪沉浮漂流,天帝担心海岛会漂流到西方极远之地,众仙就没有住的地方了。于是,天帝便让海神禺彊想办法,禺彊于是派了十五只巨鳌,托举着海岛不让它们漂流。

因为大鳌背负着仙岛,不能随便活动,也不能出去找吃的。一开始,仙山上的神仙还能按时给它们食物,时间久了神仙们也就犯懒了,经常忘了给大鳌食物。

这一天,来了一个龙伯国的巨人,在东海垂钓,一下就钓走了六只鳌,于是岱舆和员峤两座仙山便流到了大海上。天帝一怒之下,惩罚龙伯国的子孙一代一代慢慢变得矮小,并且把他们流放到了终年不见阳光的北冥之地。不过很多年以后,龙伯国的后代个子还是很高。

出处

《列子·汤问》:"龙伯之国有大人,举足不盈数步而暨五山之所,一钓而连六鳌。"

鬼 第三卷

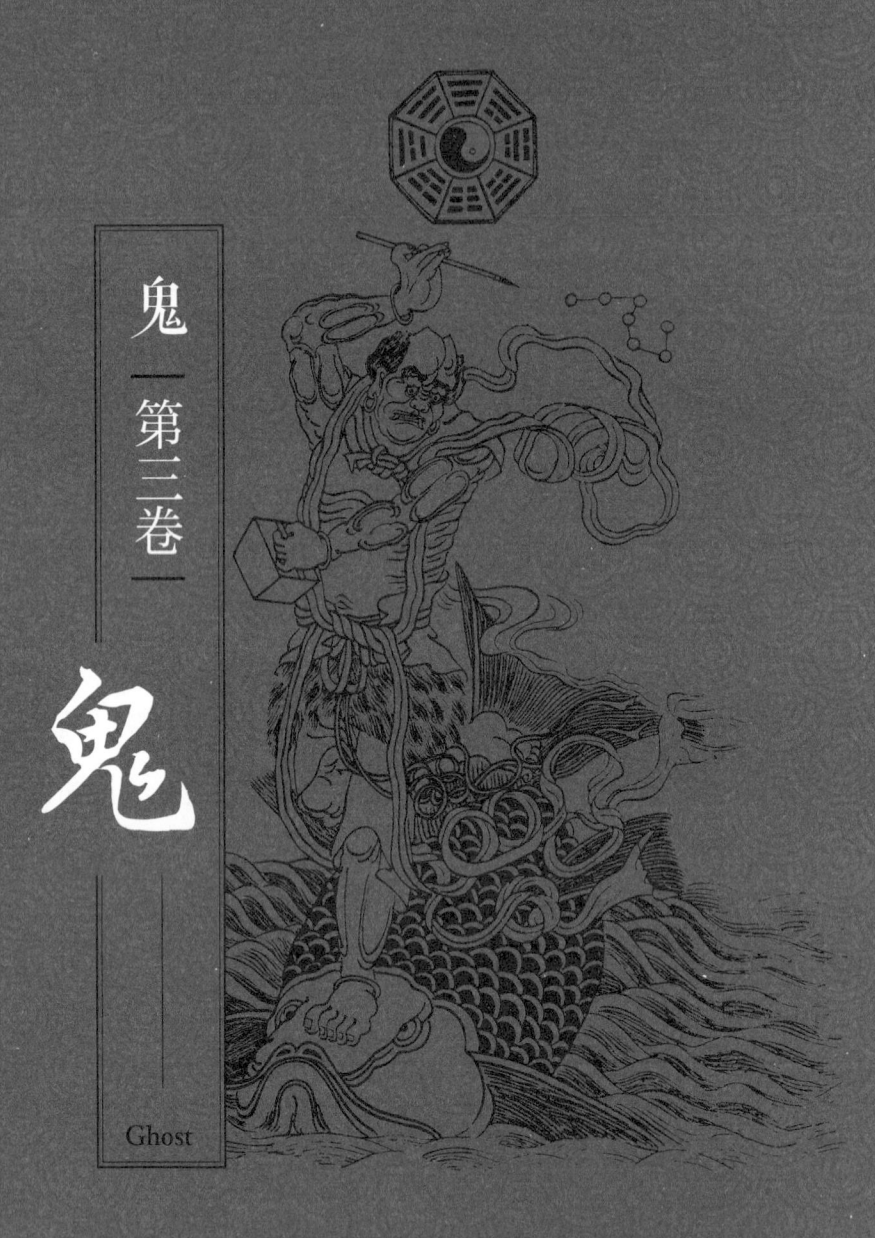

鬼

Ghost

水鬼 shuǐ guǐ	·	350
缢鬼 yì guǐ	·	353
煞鬼 shà guǐ	·	355
雷鬼 léi guǐ	·	359
伥鬼 chāng guǐ	·	362
产鬼 chǎn guǐ	·	365
宅鬼 zhái guǐ	·	367
庙鬼 miào guǐ	·	369
疫鬼 yì guǐ	·	371
疟疾鬼 nüè jí guǐ	·	374
小儿鬼 xiǎo ér guǐ	·	377
痴鬼 chī guǐ	·	378

祟鬼 suì guǐ	·	381
债鬼 zhài guǐ	·	383
泥鬼 ní guǐ	·	386
伶鬼 líng guǐ	·	388
厉鬼 lì guǐ	·	390
腹鬼 fu guǐ	·	393
媪鬼 ǎo guǐ	·	395
毛鬼 máo guǐ	·	396
虿鬼 chài guǐ	·	399
山鬼 shān guǐ	·	400
大鬼 dà guǐ	·	402
黄父鬼 huáng fù guǐ	·	405

蛇鬼 shé guǐ	• 406
狐鬼 hú guǐ	• 408
落头鬼 luò tóu guǐ	• 411
厕鬼 cè guǐ	• 414
五通鬼 wǔ tōng guǐ	• 417
科场鬼 kē chǎng guǐ	• 420
夜叉 yè chā	• 423
画皮鬼 huà pí guǐ	• 428
抽肠鬼 chōu cháng guǐ	• 432
清水鬼 qīng shuǐ guǐ	• 434
水莽鬼 shuǐ mǎng guǐ	• 436
拘魂鬼 jū hún guǐ	• 438
蓬头鬼 péng tóu guǐ	• 440
方相鬼 fāng xiāng guǐ	• 443
无头鬼 wú tóu guǐ	• 444
狰狞鬼 zhēng níng guǐ	• 447
虚耗鬼 xū hào guǐ	• 449
刀劳鬼 dāo láo guǐ	• 450
负尸鬼 fù shī guǐ	• 452
舟幽灵 zhōu yōu líng	• 454
浮游 fú yóu	• 457
旱魃 hàn bá	• 458
衢州三怪 qú zhōu sān guài	• 461
安阳亭三怪 ān yáng tíng sān guài	• 463
羽衣人 yǔ yī rén	• 465

五奇鬼 • 466
wǔ qí guǐ

促织 • 469
cù zhī

判官 • 470
pàn guān

牛头马面 • 473
niú tóu mǎ miàn

黑白无常 • 477
hēi bái wú cháng

黑衣白袷鬼 • 481
hēi yī bái jiá guǐ

鬼吏 • 483
guǐ lì

山魈 • 485
shān xiāo

鬼魅 • 487
guǐ mèi

鬼津 • 489
guǐ jīn

丁姑 • 491
dīng gū

紫玉 • 493
zǐ yù

婴宁 • 495
yīng níng

博兴女 • 497
bó xīng nǚ

鬼母 • 498
guǐ mǔ

青蛙神 • 500
qīng wā shén

白头公 • 502
bái tóu gōng

老青狗 • 504
lǎo qīng gǒu

虎姑婆 • 506
hǔ gū pó

大青小青 • 510
dà qīng xiǎo qīng

鬼弹 • 511
guǐ dàn

馎饦媪 • 512
bó tuō ǎo

蒙双氏 • 513
méng shuāng shì

水鬼
shuǐ guǐ

在中国民间，人们认为在水里溺死的人，会变成水鬼。所以在中国的很多地方，都流传着关于水鬼的故事。有些地方称之为"落水鬼"，有些地方则称之为"水浸鬼"，是一种栖息在水底的妖怪。

水鬼如果寻不到替身，就不能投身转世。关于水鬼的故事，自宋代以来在笔记小说中屡屡能见到。而水鬼讨替身的手段既有强拉硬拽，更多的则是用诱骗之术，而骗术多为财色。明代的《松窗梦语》中，就记载着一则故事，两个溺死的青年书生，为了能够托生，化为青衣来引诱年轻的书生。

水鬼在水里的时候，力气会变得非常大，有十个成年男子加在一起的力量那么大，所以想在水中抓住水鬼是不可能的。它们能在水底掘地穿梭于不同的池塘和江河，总是想把人拉到水中淹死，作为自己转生的替身，最怕火和热的东西。

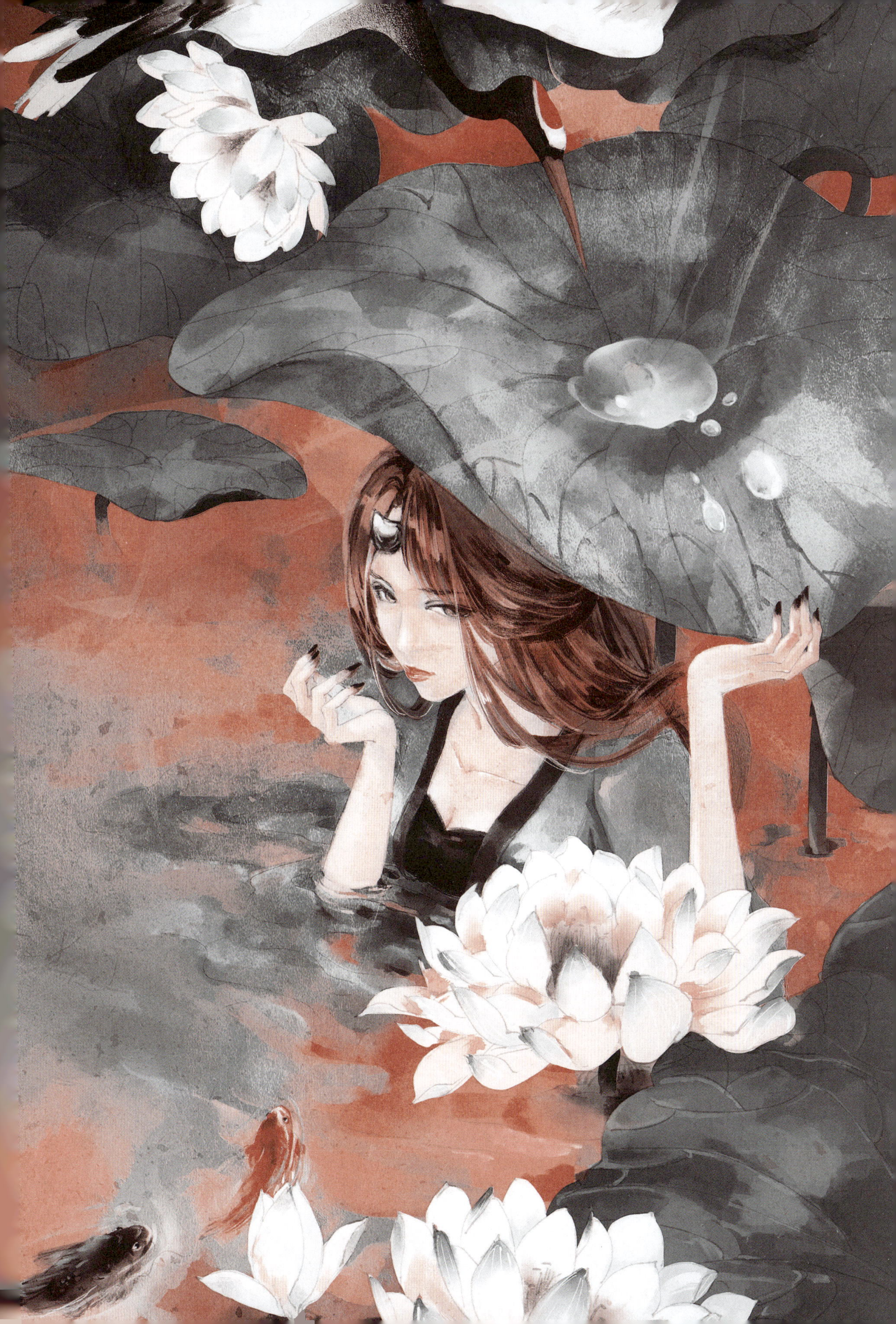

民间故事

灵芝寺水鬼

绍兴十二年,一位名叫唐信道的官员进京面圣后,当晚住在灵芝寺。当时正值农历五月,天气已经有些热了,他的两位仆人在湖边纳凉。唐信道在屋内刚躺下,就听见外面有呼救声。出门一看,只见两个仆人正拼命拽着一个和尚。仆人说,这和尚自说自话地就要往湖里走,我们俩差点没拖住他。再看那和尚,一只脚已经踩进水里了。

三人一起制住和尚,唐信道问起庙里的其他和尚。有和尚说,几年前金兵攻打杭州时,有两个和尚投湖自尽,此后便一直闹鬼。那个要自杀的和尚醒来后,对唐氏主仆极为不满,说:刚才有两位高僧邀我坐船去孤山听法,本来我已经上船了,却被你们拖住,错过了一场盛会,气死我了。他一边骂骂咧咧,一边取出新衣和鞋袜换上,还要"上船"。

众人再次制住他,索性将其锁在房中。唐信道想这和尚定是被水鬼附体了,于是就在屋外跟他说:"你生前是出家人,四大皆空,既然你已经死了,就该尽早转世投胎而去,为何还要在此害人?"那水鬼说:"我没有害人,这和尚与我有因缘,我这是为了度他。你一俗世之人,管什么闲事?"一人一鬼,就这么隔着屋子喋喋不休地说到半夜。水鬼的火气越来越大,说:"你又没有死过,能像我们鬼一样体悟到生死吗?"唐信道笑笑说:"我虽然没死过,但是该死就死,绝不会像你这么不爽快,加非理于生人。"这话似乎触动了水鬼,之后是长时间的沉默。天快亮时,那一心求死的和尚终于沉沉睡去,显然附体的水鬼已悄然离开。

出处

《夷坚志》:"绍兴十二年,唐信道廷对毕,馆于西湖灵芝寺。时已五月,二仆纳凉湖边,呼声甚急,唐往视之,二仆共挽一僧,云:'僧走欲赴水,一足已溺,呼之不肯回,力挽其衣,犹不能制。'遂与归室中,寺之人云:'顷尝犯临安,两僧死于湖,今其鬼耳。'问溺者所见,曰:'两僧来告,孤山设浴甚盛,邀同舟以行,一足已登,而为人掣其后,故不得去,心殊恨恨也……'"

缢鬼

yì guǐ

缢鬼又名"吊死鬼",指上吊而死的鬼。缢鬼喜欢缠着有求死之心的人,看着他自杀死去。作为厉鬼的一种,缢鬼的形象很恐怖,这与缢死后的形象有关,瞠目、吐舌、披发。在很多鬼故事中,又做了夸张的描写,最夸张的就是它们的舌头。

从古至今,选择以上吊的方式自杀的人,不在少数。上自春秋时期的楚灵王、吴王夫差,下至吊死于万岁山的崇祯皇帝,再到自挂东南枝的庐江小吏焦仲卿,无数人在走投无路之际,都选择了这种方式。

外貌形态

披头散发,脸色苍白,双眼突出,口里会吐出血红色的长舌头。

民间故事

缢鬼找替身

古时,在江西的临川,有一个叫作刘秋崖的教书先生,此人好读书,经常废寝忘食。一天夜里,他正在读书,突然看见月光下有个女子,偷偷摸摸地往草垛里藏了件东西。刘秋崖用蜡烛一照,发现是一条麻绳,闻起来还有一股腥臭味。刘秋崖一看便知,这是缢鬼用来害人的东西,于是便藏了起来。

约莫过了两个时辰,刘秋崖听到邻居家里经常纺织到深夜的女子在哭泣。而此时那个缢鬼又出现了,它对那名女子百般引诱,劝其自缢,然后似乎又在找某件东西。刘秋崖知道缢鬼找不到绳子,就没办法害人,便默不作声。

缢鬼寻到刘秋崖的家门口道:"我丢了一件东西,望先生能还给我。"刘秋崖道:"你的东西就在我的书底下,你有本事就来拿走。"缢鬼先变化成散发吐舌的鬼怪样,又变化成美丽的妇人状,均无法得到绳子。眼见天快亮了,缢鬼只好跪地恳求,答应刘秋崖不再害邻居纺织女子,刘秋崖才把绳子还给了它。缢鬼拿到绳子后急忙跑了,那名女子也断了自杀的念头。

出处

《耳食录》:"临川刘秋崖先生,旷达士也。冬夜读书甚勤,常忘寝。邻有少妇,亦夜纺不辍,声相闻也。一夕漏二下,闻窗外窸窣有声响。于时淡月微明,破窗窥之,见一妇人傍徨四顾,手持一物,似欲藏置、恐人窃见者,屡置而屡易其处,卒置橘稻中而去……"

煞鬼
shà guǐ

又名"尸魂",也可以说是归家之魂。在中国人古老的鬼神观念里,认为人死后的二七之日为"回煞之日"。到那天,魂魄会归家,这时候魂魄就会化为煞鬼,重新钻进原来的身体内做祟。在《子不语》《夜谭随录》《宣室志》等志异笔记中,就有关于煞鬼的故事。据说曾有人用网捉住过煞鬼,但煞鬼一触网就死了,或是变成浓烟消失了。

古时候在回煞这一天,老百姓有避煞的习俗,就是躲避凶煞的意思。如今避煞之俗早已绝迹,但在此前的一两千年,却曾在南北诸地普及。《浮生六记》中的《坎坷记愁》一篇中,就有对苏州、扬州一带避煞习俗的记录。避煞之俗大致为:先请阴阳生推算回煞日期,张贴殃榜;到期限那日举家外避,设祭品等迎煞;次日天明回家,又有送煞的仪式。

煞神

人死二七之日为回煞之日,这一天煞神会来接引亡魂。

民间故事

煞神接亡魂

淮安有位姓李的人家，夫妻二人结婚多年，感情十分好。可惜天有不测风云，丈夫才三十岁就突发重病不治，去世了。妻子伤心欲绝，不让盖棺入土，整天望着棺材里的丈夫哭个不停。

传说人死后的第七天，有煞神来接引亡魂。这时即便最亲近的人，也要回避，以免冲撞煞神。到了第七日入夜，妻子仍旧不肯离开，家人百般劝解，最后无奈只能留妻子一人在这里。

夜里二更，忽然吹来一阵凉飕飕的阴风，突然间烛火变成了绿色的火苗。只见一个红发巨煞神，穿墙进到了屋里。它左手拿着黑铁插，右手牵着条铁链，铁链另一头绑着的就是丈夫。

煞神一眼看见屋里的酒肉贡品，连忙将铁叉、铁链往地上一放，坐下吃了起来。吃的时候都不用嚼，大口咽下，肚子里还喷喷地响。丈夫摸着屋里的桌椅很是感慨，夫妻二人哭着抱在一起。丈夫仿佛刚从冰窟里出来似的浑身冰凉，妻子拿被子给丈夫裹着取暖。煞神看见，上前要牵住铁链，妻子吓得大声尖叫。家人听见了都跑了过来，红发煞神才踉踉跄跄走了。然后，一家人把魂魄放回到棺材里，尸体渐渐有了生气。他们又把丈夫抱到床上，喂了些小米汤。天一亮，丈夫就死而复生了。煞神遗留的铁叉也现了原形，原来是平时烧给死人的纸叉。

妻子六十多岁那年，偶然去城隍庙祈祷，恍惚中看到两个弓丁押着一个犯人，犯人居然是红发煞神，骂她说："如果不是我贪馋，怎么会被你捉弄，以致被枷二十年。今天碰上，怎么肯放过你呢？"妻子回到家就死了。

回煞之鬼

唐人牛肃的《纪闻》中也记载过回煞的故事，但这则故事中的煞鬼是一个好鬼。

唐玄宗时，有一朝官丧妻，于是请了仪光去做法事，为亡人祈福。到了回煞那天，主人全家偷偷溜出去避煞了，独留下老禅师一人在堂前明灯诵经。

及至夜半，忽闻堂中有着衣、开门的声音。只见一妇人走出堂门，往厨房去了，不一会儿给禅师端来了一碗热腾腾的粥。这位妇人便是刚死去的朝官之妻，归来的亡灵附在灵床上的尸体上而"活"了过来。这个煞鬼没有做任何出格的事。

出处

《子不语·煞神受枷》："淮安李姓者与妻某氏琴瑟调甚。李三十余病亡，已殓矣。妻不忍钉棺，朝夕哭，启而视之。故事：民间人死七日，则有迎煞之举，虽至戚，皆回避。妻独不肯，置子女于别室，已坐亡者帐中待之……"

雷鬼

léi guǐ

雷鬼常伴着雷声出没于空中，引导雷电来伤害人。它们有时会拿着斧头，有时会拿着棍子。雷鬼的弱点在他的翅膀和屁股，如果被击中，就会摔落到地上，失去害人的能力。

在《搜神记》《夷坚志》《聊斋志异》等古籍中，都有关于雷鬼的记载。有种说法，雷鬼就是雷公，但这种说法是不对的，因为雷鬼没有雷公出没于云中的能力，它们只能悬浮在空中几米的高度。雷鬼常常是单独行动出来害人，而且力量与人相似。因此有人认为，雷鬼是被雷电击打死的人的鬼魂。

雷鬼

百鬼夜行

民间故事

扬州雷鬼

上官彦衡侍郎,家住在扬州,其夫人是杨氏。白天在家中,杨氏与儿女们围坐在一起。忽然天空雷雨大作,一只奇鬼从空中坠落于地。身长仅三尺左右,脸和身体都是青色的,冠下加帻,如同世间幞头,与额头相连。看见人便遮住脸笑,不久观看的人越来越多,它的笑也没停止。过了片刻,闪电击在屋顶上,云阴沉昏暗,分不清人与物,它突然乘空而去。

第三卷 — 鬼 —

出处

《夷坚志·扬州雷鬼》:"上官彦衡侍郎,家居扬州,夫人杨氏。白昼在堂中,与儿女聚坐。忽雷雨大作,奇鬼从空陨于地。长仅三尺许,面及肉色皆青,首上加帻,如世间幞头,乃肉为之,与额相连。顾见人掩面如笑,既而观者渐众,笑亦不止。顷之,大霆激于屋表,云霾晦冥,不辨人物,倏尔乘空而去。"

伥鬼

chāng guǐ

传说被老虎吃掉的人，他的灵魂会依附在老虎身上，变成老虎仆役的鬼魂，常引诱人使其被老虎吃掉，也就是伥鬼。伥鬼一般出没于深山老林中，它们的眼睛会在半夜时放出光。虎去捕食，伥鬼一定与虎同行，给虎带路。遇到有埋伏的陷阱机关，就带着虎绕道走。伥鬼称呼虎为将军，如果虎死了，它会为之痛哭。

外貌形态

伥鬼的样子与人无异，要想分辨出其实也很容易，男子左手没有小指头，而女子右手没有小指头。

長鬼

百鬼荒愁

民间故事

伥鬼

《趼廛笔记》里记载着一则关于伥鬼的故事。从前有一位老汉，他的长子、媳妇和妻子，都先后被虎吃了。一天，他的小儿子梦见自己的母亲托梦给他，说在某座山的某棵树下藏有金子，若取来可吃用不尽。其实那是他的母亲死后变成的伥鬼，想引诱自己的儿子给老虎吃。好在有神灵的护佑，老翁的儿子才没有被老虎吃掉，那只老虎也最终被擒。据说伥鬼后来有所醒悟，自首后便到鬼门关为阎罗王服役去了。

为虎作伥

《广异记》中也有一则伥鬼的故事。荆州有一个人在山上，忽遇伥鬼拿了一张虎皮蒙到他的身上，此人便变成了老虎。自此以后他食人畜野兽无数好多年。他虽身为虎，却很不情愿做这样的事。后来这虎趁机溜到了一座庙里，躲了很久，虎皮才慢慢褪掉。可是一日偶出庙门，那些伥鬼又拿着虎皮等着套他。他被吓得从此不敢再踏出庙门半步。

出处

《正字通·子部中》："世传虎啮人，人死，魂不敢他适，辄隶属虎，名伥鬼。虎行求食，伥必与俱，为虎前导。遇涂有暗机伏阱，则迂道往。呼虎曰将军，死则哭之。"

产鬼

产鬼
chǎn guǐ

在中国民间，传说因难产而死的女人会变成产鬼。产鬼会缠上活着的孕妇阻碍其生产。当产鬼出现的时候，它们与人间的女子是很难分辨的，唯一的区别是，产鬼的喉部有一道叫作血饵的红线。产鬼就是靠这条红线进入孕妇腹内，然后再将血饵接在胎胞上，这样孕妇就无法生产了。此外，产鬼还会用力拉扯血饵，使孕妇腹中产生剧烈的疼痛感，即便是再强壮的妇女，一旦被用力拉扯三四次后，也必死无疑。

民间故事

产鬼畏伞

古时，有位叫毕酉的人在外做工，他的妻子即将临盆。某天夜里，毕酉赶路回家途中，偶遇一名女子。因当时已是深夜，而这名女子却单独在外，毕酉感到有些奇怪，便与她搭讪。不料，这名女子竟回答说，要前去毕家。毕酉见女子的喉咙上有一道红线，立刻意识到该女子便是产鬼。因听说毕酉的妻子将临产，产鬼便欲找其当替身。

毕酉不敢泄露真实身份，而是机智地向女子打听产鬼杀死孕妇的方法。末了，又问了一句："那么，该如何制伏产鬼呢？"女子回答道：产鬼最害怕的东西，就是雨伞。若将一把雨伞放在门后，产鬼就无法进入屋内。因此，产鬼就会爬上屋顶，顺着血饵进入孕妇口中。不过，只要在屋里撑开雨伞，产鬼就无法垂下血饵，便会就此罢休。"

毕酉听完，立马飞奔回家。赶到家时，妻子正处于难产的状态。于是他赶紧撑开雨伞，使鬼无处下手。不一会儿，妻子平安产下一个儿子。产鬼见状大怒，方知自己的伎俩被泄露，于是愤怒离去。

出处

《里乘·产鬼畏伞》："乡民毕酉，素有胆识。尝以妻有娠将产，月夜趁墟回家。道逢一女子，蹒跚独行，同路数里，略不闻其鼻息，心窃异之。试叩其氏族，当此午夜，独行何之？女子答曰：'妾非人，乃产鬼也。前村毕家妇分娩在即，特往讨替去。'酉大惊，默筹所以制之……"

宅鬼

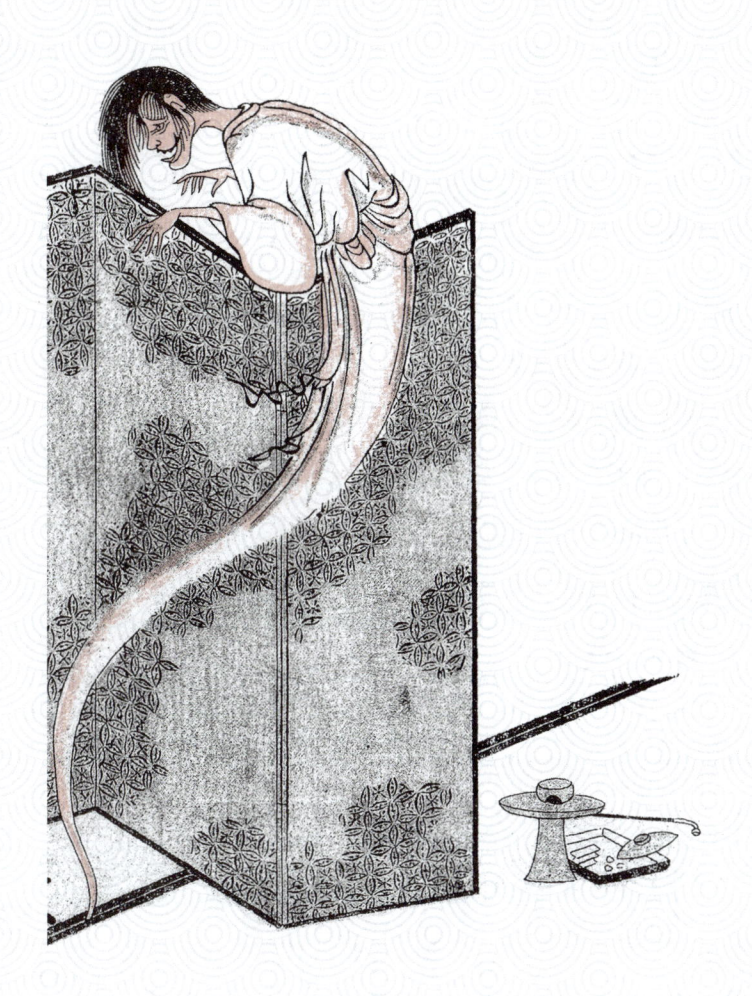

宅鬼
zhái guǐ

第三卷 — 鬼 —

  一种令人烦恼的鬼类。宅鬼最大的本事就是让人的住宅不得安宁，它们会使出各种恶作剧，比如飞碟子，让东西移位或消失，或将污秽的东西弄到墙上，或让人走路时跌跟头，甚至有时候还会将人的头发剃光（俗称鬼剃头）；或是趁人睡着时，压在人身上（俗称鬼压床）；要不就是跑来跑去，发出声响……宅鬼的目的是想通过闹鬼的方式，使房子没有人居住，成为自己的场所。

  宅鬼的本身一般埋藏在房屋之下或是院子里，所以它们会把这里当作自己的家。如果把宅鬼的遗骸迁往别处，它们也会随之消失。

民间故事

宅妖作怪

长山的李公,是大司寇的侄儿。在他所住的宅子里,发生过许多诡异的事情。

一次,他看见房子里有一条春凳,颜色是肉红色,非常细腻润泽。因家里原来没有这条凳子,他就走近去看,并按了下凳子。那凳子随着他手的动作而弯曲,像肉一样软,他害怕得转身跑了。等他又回过头来看时,只见凳子的四只脚移动着,慢慢地走入墙壁中。

还有一次,他看见墙壁上倚靠着一根白色的木棒,光洁润泽,还很长。他走近看又按了一下,那木棒就倒下了,弯弯曲曲地进入墙壁,过了好久才消失。

康熙十七年的时候,王生在他家里当教书先生。夜里点上灯后,他穿着鞋子躺在床上,忽然看见有个长约三寸的小人儿,从外面走进来,在屋里转了一圈,又走了。过了一会儿,那小人儿又背着两个小凳子进来,放在厅堂中,就像是小孩子用粱菇草做的东西。又过了一会儿,两个长约四寸的小人儿抬着一口棺材进来,摆放在凳子上。还未安置完毕,一个女子便领着几个又细又小的小厮婢女进来了,就像之前的那样。女子穿着丧衣,麻做的带子,束着腰肢,头用布包着。她们用袖子捂着口,嘤嘤地哭泣,声音就跟苍蝇似的。

王生偷看了很久,汗毛都立起来了,全身像是下了霜一样。于是他大声喊叫着掉下床来,颤抖着身子不能站立。学馆中的人听到动静都来到厅堂中,小人儿却都不见了。

出处

《聊斋志异·宅妖》:"长山李公,大司寇之侄也。宅多妖异。尝见厦有春凳,肉红色,甚修润。李以故无此物,近抚按之,随手而曲,殆如肉软,骇而却走。旋回视则四足移动,渐入壁中。又见壁间倚白梃,洁泽修长。近扶之,腻然而倒,委蛇入壁,移时始没……"

庙鬼

庙鬼
miào guǐ

庙中泥胚所化鬼怪，面目黝黑，相貌奇丑。不为人造福，却去祸害人。

民间故事

城隍庙泥胎

新城秀才王启后是布政使王象坤的曾孙。一日，他在房内休息，突然一个妇人推门而入，直接坐到床上，并开始宽衣解带。这妇人面目黝黑，相貌奇丑。王秀才见状急忙要赶她走，但妇人不走，仍旧笑脸相迎，尽力讨好。

此后这名妇人便日夜跟在王秀才身边，王秀才不为所动。妇人长时间不受待见，最后恼羞成怒，打了王秀才一耳光，撒起泼来，说："既是这般无情，不如死了算了。"说着就把一条素带悬到梁上。妇人揪住王秀才的头发，逼他与自己一起上吊。王秀才身不由己，将头伸进吊扣，悬在半空，脖子伸长，腿脚乱蹬，脸上却没多少痛苦的神色，完全没有要死的迹象。

自此以后，王秀才就患了疯癫病。一天，他忽然惨叫道："她要拉我去跳河了！"转身就向河边狂奔。众人强行把他拉住。如此这般，每天都要折腾好几次。拜佛求医都不管用，旁人都笑他是疯子。

后来有一天，一个武士忽然拿着锁链走进门来，怒叱道："你怎敢扰乱朴实之人？"说完将妇人锁住，拖出窗外。那妇人现出原形，原来是城外城隍庙里的一尊泥胎。

出处

《聊斋志异·庙鬼》："新城诸生王启后者，方伯中宇公象坤曾孙。见一妇人入室，貌肥黑不扬。笑近坐榻，意甚亵。王拒之，不去。由此坐卧辄见之。而意坚定，终不摇。妇怒，批其颊，有声，而亦不甚痛。妇以带悬梁上，捽与并缢……"

疫鬼

疫鬼
yì guǐ

疫鬼有使人得传染病的能力。它们的能力很强，通常能使一个村庄所有的人，甚至是动物都传染瘟疫。除此以外，疫鬼还有穿墙而过的能力，想要阻拦疫鬼作祟很难。民间传说疫鬼的右脚是它的弱点，如果遇到疫鬼，就用棍子打它的右脚，使其摔倒，它就没有办法害人了。

传说古帝王颛顼的儿子，死后就化成了疫鬼，经常出没于江水流域，栖居在有人住的地方。经常惊吓幼儿，同时传染瘟疫，给百姓带来灾难。所以，自汉代以来，在年初之时，宫廷便命方相氏举办驱傩仪式来驱逐疫鬼，希望能保来年平安。

民间故事

战疫鬼

　　古时，东光县南乡有个姓廖的，募捐建造埋葬无主尸骨的义冢，村民相助完成了这件事，已经过了三十多年了。雍正初年，东光发生大的瘟疫，姓廖的梦见一百多个人站立在门外，其中一个上前致辞说："疫鬼将要来了，向您恳求焚烧纸旗十多面，用银箔纸糊的木刀一百多把，我等将同疫鬼战斗，以报答你们全村的恩惠。"廖本来是一个好事之人，就按照嘱托制作了纸旗、木刀焚烧。几天后，夜里听到四周旷野里嘈杂的呼叫和格斗的声音，直到清晨才停止。全村果然没有一个人沾染上瘟疫。

出处

《搜神记》："昔颛顼氏有三子，死而为疫鬼：一居江水，为疟鬼；一居若水，为魍魉鬼；一居人宫室，善惊人小儿，为小儿鬼。"

《阅微草堂笔记·滦阳消夏录卷四·战疫鬼》："外舅马公周箓言，东光南乡有廖氏募建义冢，村民相助成其事。越三十余年矣。雍正初，东光大疫，廖氏梦百余人立门外，一人前致词曰：'疫鬼且至，从君乞焚纸旗十余，银箔糊木刀百余，我等将与疫鬼战，以报一村之惠。'廖故好事，姑制而焚之。数日后，夜闻四野喧呼格斗声，达旦乃止。阖村果无一人染疫者。"

方相氏

古时，宫廷里常命方相氏举办驱傩仪式来驱逐疫鬼。

疟疾鬼
nüè jí guǐ

古帝王颛顼的儿子，死后化身成为疟疾鬼，经常出没于江水流域。

《梦溪笔谈》中有记载："关中人不识螃蟹。有人收得一只干螃蟹，人家病疟，就借去挂在门上。"古人一直都相信，生疟疾是由于疟疾鬼作祟，而门上挂一只螃蟹，由于疟疾鬼不知道这是什么东西，就不敢进门了。沈括说："不但人不识，鬼亦不识也。"

在古代江浙一带，人们一向认为螃蟹是疟疾鬼的化身。其原因是中国食蟹之风最盛的地区与种植水稻最早的地区，都在江浙一带，而螃蟹又是一种食稻伤农的东西，曾经为害相当严重。

直到元朝时，江苏一带还有"蟹厄"的记载："吴中蟹厄如蝗，平田皆满，稻谷荡尽，吴谚有蟹荒蟹乱之说，正谓此也。"螃蟹多时，会像蝗虫一样给稻谷带来破坏，而这一点和疟疾瘟疫带来的大范围的死亡很像，所以人们认为螃蟹就是疟疾鬼的化身。

疾疫鬼

民间故事

小疟鬼

上元县的知县陈齐东，年轻的时候跟一位姓张的人同住在太平府关帝庙中。两人住一个屋，姓张的得了疟疾。有一天睡午觉，陈知县朦胧中看见屋外有一个小孩子，衣服鞋帽都是深青色，正往屋里探头探脑。陈知县以为是庙里的人，也没在意。过了一会儿张某的疟疾犯了。等到这个小孩走了，张某的疟疾又好了。

第二天晚上，陈知县听到张某大声呼叫，痰如泉涌。陈知县一下子从梦中惊醒，突然看到那个小孩站在张某的窗前，手舞足蹈，挺搞笑的样子。陈知县心里认为这个家伙应该不是人，起身上前去抓，结果手刚碰到小孩就觉得冻得受不了。小孩一看有人起来，像风一样跑了，陈知县也跟着追，到了屋外小孩一下子就没有了。

不久后，张某的疟疾倒是好了，但是陈知县的手却发黑，就像烟熏过一样，持续了好多天才恢复正常。

出处

《搜神记》："昔颛顼氏有三子，死而为疫鬼：一居江水，为疟鬼；一居若水，为魍魉鬼；一居人宫室，善惊人小儿，为小儿鬼。"

《子不语·疟鬼》："上元令陈齐东，少时与张某寓太平府关帝庙中。张病疟，陈与同房，因午倦，对卧床上。见户外一童子，面白皙，衣帽鞋袜皆深青色，探头视张。陈初意为庙中人，不之问。俄而张疟作。童子去，张疟亦止。又一日寝，忽闻张狂叫，痰如涌泉。陈惊寤，见童子立张榻前，舞手蹈足，欢笑顾盼，若甚得意者。知为疟鬼，直前扑之，着手冷不可耐。童走出，飒飒有声，追至中庭而没。张疾愈，而陈手有黑气，如烟熏色，数日始除。"

小儿鬼

小儿鬼
xiǎo ér guǐ

第三卷 — 鬼一

又名"夜啼鬼",为夭折的小孩死后所化。小儿鬼经常会在夜里出现,在小孩的床上蹦蹦跳跳,闹得小孩无法安睡。

民间故事

顽皮的小鬼

江苏有一个姓陈的人家,因孩子经常在夜间无缘由地啼哭,后来又发高烧不退。陈家请大夫来,病也不见好转。于是只好请来道士,道士看完孩子后说,是有小儿鬼在作怪。道士在夜里点亮了七盏红灯笼,孩子便停止哭闹了。所以遇到这种鬼怪时,最好点上灯笼。小儿鬼的力量很弱,但是却跑得很快,所以要抓住它们,也不是一件容易的事情。

出处

《搜神记》:"昔颛顼氏有三子,死而为疫鬼:一居江水,为疟鬼;一居若水,为魍魉鬼;一居人宫室,善惊人小儿,为小儿鬼。"

痴鬼
chī guǐ

痴鬼的种类很多，有痴迷于情的痴情鬼，有痴迷于琴棋书画、花鸟鱼虫的高雅鬼，也有痴迷于酒色与钱财的吝啬鬼、滥赌鬼、风流鬼等。之所以把这些鬼统称为痴鬼，是因为它们有共同的特征，就是痴迷于一物，甚至忘记了自己已成鬼的事实。在《聊斋志异》里就有一个棋鬼，因爱下棋而耽误了转生的时间。

民间故事

痴鬼误转生

扬州的督同将军梁公，辞官回乡居住，每天携带棋酒，游玩于青山绿林之间。正逢九月九日重阳节登高，梁公和客人们下棋取乐。忽然有一人走来，在棋局旁边徘徊，过了很久也不离去。看他的样子很清贫，衣服破烂不堪。但是他的仪态却温文尔雅，很有文人的风度。梁公礼让他，他才

癡男

谦逊地坐下。梁公指着棋对他说："先生一定有很好的棋艺，为什么不和客人对阵呢？"他非常有礼貌地推让了一会儿，才开始与客人对局。

第一局下完，他败了，神情懊恼焦急，像是不能控制自己。再下一局，又再败，他更加恼怒。请他喝酒，他也不喝，只是拉着客人继续下棋。从早晨直到太阳偏西，他都没来得及大小便。正当因为一颗棋子争路，双方争执不休的时候，书生忽然离开位子，恐惧地站在那里，神色凄惨。不一会儿，他屈膝向梁公跪下，叩头请求救护。梁公很惊讶，扶他起来说："本是游戏，何至于这样？"书生说："求您嘱咐养马人，不要捆绑我的脖颈。"梁公更觉奇怪，问道："养马人是谁？"他答道："马成。"

原来梁公的养马仆役马成，充当阴间的鬼吏，经常十几天一次入阴曹地府，拿着冥府的文书做勾魂捕役。梁公认为书生的话很奇怪，便派人去看马成，果然他僵卧床上已三日。梁公于是叱责马成不得对书生无礼。一转眼，书生就地倒下不见了。梁公叹息了好久，这才明白书生原来是个鬼。

过了一天，马成醒过来，梁公召他来问这件事。马成说："书生是湖襄人，爱好下棋成癖，家产都败光了。父亲为他的事发愁，把他关在书房里，但他总是越墙出去，偷偷躲到无人的地方，和爱好下棋的人来往。父亲听说后责骂他，终究也没能制止住，父亲为此气愤愁闷而死。阎王因书生无德，减了他的寿命，罚入饿鬼狱，至今已有七年了。后遇东岳风楼落成，下文通知各地府，征召文人撰写碑记。阎王将书生放出牢狱，让他前去应召自我赎罪。不料他途中拖延，延误了期限。东岳大帝派值日的官吏问罪于阎王。阎王大怒，派我们搜捕他。前天按您的吩咐，没敢用绳索捆绑他。"梁公问："今日他的状况如何？"马成说："依旧被交付狱吏，永远没有生还期限了。"梁公叹息道："癖好误人竟到了这样的地步啊！"

出处

《聊斋志异·棋鬼》："扬州督同将军梁公，解组乡居，日携棋酒，游林丘间。会九日登高与客弈，忽有一人来，逡巡局侧，耽玩不去。视之，目面寒俭，悬鹑结焉，然意态温雅，有文士风。公礼之，乃坐。亦殊搞谦。分指棋曰：'先生当必善此，何不与客对垒？'其人逊谢移时，始即局。局终而负，神情懊热，若不自已。又着又负，益愤惭。酌之以酒，亦不饮，惟曳客弈……"

祟鬼

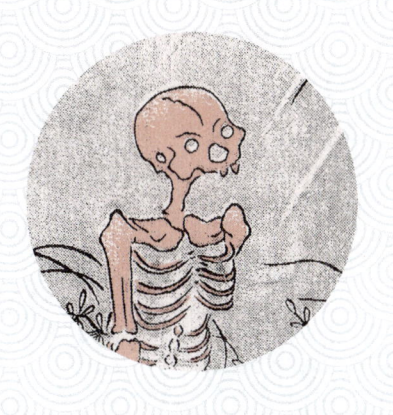

祟鬼
suì guǐ

一种人死后化成的鬼，往往因人亵渎了它们的骸骨而作祟，唯有将其骸骨重新安葬好后才会消失。

这种鬼一直都存在，甚至到了清朝的笔记小说中，也能看到类似的故事。这种鬼为祟的方式也多种多样，整夜在门外啼哭，或是让人生病，或者直接夺人魂魄，至死方休。

民间故事

鬼作祟

信都县县令家中，女人们因轮流生病都担惊受怕的，于是让管辂用蓍草给他算个卦。管辂说："您家北屋的西头死了两个男人，一个拿长矛，一个拿弓箭。他们的头在墙壁里边，脚在墙壁外。拿长矛的男人专刺头，被他刺中的人会头疼得很厉害，重得不能抬起来；拿弓箭的男人专射胸部、腹部，被他射中的人会心口痛得发慌，吃不下饭。白天他们在闲逛，夜里就来害人，所以女人们才会担惊受怕。"

人死后化成鬼，会因人亵渎了它们的骸骨而作祟。

于是县令就让人在那间屋里挖掘，掘到八尺深时，果然发现两口棺材。一口棺材中有长矛，一口棺材中有用兽角装饰的弓箭。箭已经很古老了，箭杆木都烂光了，只有箭头上的铁和弓上的兽角仍然完好无损。于是，县令让人将他们的尸骨迁移，埋到了离城二十里的地方。从此，女人们就不再生病了。

出处

《搜神记》："信都令家，妇女惊恐，更互疾病，使辂筮之。辂曰：'君北堂西头有两死男子：一男持矛，一男持弓箭。头在壁内，脚在壁外。持矛者主刺头，故头重痛不得举也；持弓箭者主射胸腹，故心中悬痛不得饮食也。昼则浮游，夜来病人，故使惊恐也。'于是掘其室中，入地八尺，果得二棺：一棺中有矛；一棺中有角弓及箭，箭久远，木皆消烂，但有铁及角完耳。乃徙骸骨去城二十里埋之，无复疾病。"

债鬼
zhài guǐ

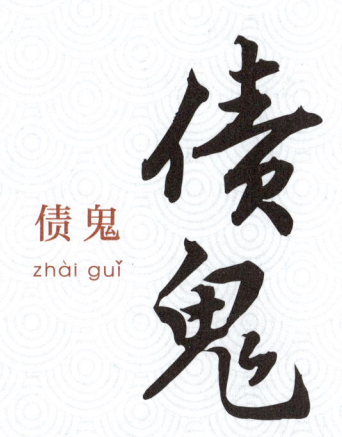

生前欠了别人的恩情或钱财，到死的时候还没有还清的人所变成的鬼。债鬼始终记得"受人滴水之恩，当涌泉相报"的道理，所以死后会因这样的怨念而没有转生，而是想方设法来报恩。债鬼报恩的方式有很多种：一是托梦告诉死期，或告知考试中举的题目，或是金钱所在的位置。还有很多会变成家畜，让债主可以卖了换钱，卖的钱往往与所欠的债丝毫不差。

民间故事

债鬼还债

古时，有位叫李著明的先生，是个慷慨好施之人，经常帮助一些贫困的人，从来不求回报。

他的同乡张某，曾在他家里当佣工。张某从小就好吃懒做，不喜欢干农活，因此家里十分贫困。不过张某经常给李著明家里做些杂活，每次都能得到丰厚的报酬。有时生活拮据吃不上饭，张某就会向李著明哀求乞讨。李著明看他可怜，便会给他一升半斗的粮食，从来不让归还。

一天，张某对李著明说："小人经常得您的救济，一家老小才不至于饿死。现在我想请求您，再借给我一石绿豆，作为经商的资本。以前都是您无偿给我的，这次我是问您借，等我赚了钱便会还给您，我要自力更生来养活家人。"李著明一听张某要痛改前非，便信以为真。于是立即让家人将绿豆准备好，如数给了他。张某欣喜地把绿豆背回了家，没两天便将绿豆卖了出去，赚了九百钱。张某拿着赚来的钱，做了些小生意。可是一向懒惰的他，生意十分差劲，没多久就赔得血本无归。即便生活过得很苦，他却无颜再去找李著明。过了一年多，也没能偿还那笔钱。

后来有一天，李著明偶然碰见了张某，询问才得知，变卖绿豆的钱早已被张某花得精光，现在又是一贫如洗。李著明很愤怒，但又可怜张某，也就没有让他归还那笔钱。

几年后，张某得病无钱医治，没多久便死了。张某死后，魂魄来到了阴曹地府。在地府待了几个月，终于到了投胎转世的时候。张某希望下辈子可以投胎到一个富裕人家，那样就不用干活了。

阎王爷传唤了张某，小鬼把他带上殿内。只见阎王爷坐在大殿的座椅上，面前摆着卷宗，念到张某时，张某急忙跪了下来。"张某，你这辈子要投胎做一头驴。"殿上传来阎王爷的声音，十分威严。"啊？阎王爷，我上辈子就命不好，一辈子吃苦受罪，这辈子居然连人都不能做了，那岂不是更惨啊？"阎王爷翻了一下卷宗，说道："你忘了你的恩人李著明吗？他在你生前多次接济你，他的恩德你要这辈子来偿还。"张某听罢，羞愧地低下了头。阎王爷接着说："每个人前世欠下的冤孽，这辈子都要全部偿还。李著明屡次无偿帮你，上辈子你欠李著明的太多，所以判定你投胎到李家为驴，尽心尽力地干活，来报答李著明。等你的罪孽偿还清了，或许下辈子能够投生到一个好人家。"

后来，李著明到寺庙里静心读书。过了一段时间，忽然有天晚上做梦，梦见了张某，张某说："小人曾经欠您的绿豆钱，今天来偿还给您。"李著明安慰张某说："根本就没有打算要你偿还，假若想要你偿还的话，那么平日所欠借的东西，怎么能算得清呢？"张某惭愧地答道："的确如此，不过若是替别人做了事，即使得到千金也可以不偿还；假如无缘无故地受人资助，就是一升半斗都不容许昧下，何况更多的呢？"说完便走了。李著明还想说什么，却已不见了张某的影子。李著明第二天醒来，感觉这个梦十分奇怪。没多久，家里人便来对李著明报喜说："昨天夜里，家里的母驴生了一头小驴，长得很高大。"李著明此时忽然明白过来，难道这驴驹就是张某投胎转世来报答自己的吗？

过了几天，李著明回到家里，看到驴驹，便开玩笑叫张某的名字。驴驹听到后急忙跑了过来，就像知道是叫它。从此以后，李著明便把这头驴驹叫作张某。

有一年，这头驴和一匹烈马同槽吃食时，被马咬折了胫骨，不能治疗。有个兽医来到李著明家里，看见了那头驴，便对他说："这驴现在您留着也没有什么用，请您把它交给我，我会精心治疗养护，可能会需要一些日子。万一要是把它治好了，卖得的钱我和您平分，您看怎么样？"李著明听罢，想着兽医毕竟可以医治好驴的伤，也就同意了他的请求，让他把驴牵走了。

过了几个月，经过兽医的精心治疗，驴的伤痊愈了。后来兽医将驴卖给了一个农民，得到了一千八百钱，然后按照当初的约定，拿出了一半，九百钱给了李著明。李著明接受了这些钱后才顿时醒悟，原来这笔钱数恰好是张某当初所借的绿豆钱。

出处

《聊斋志异·塞偿债》："李公著明，慷慨好施。乡人某，佣居公室。其人少游惰，不能操农业。家窭贫。然小有技能，常为役务，每赉之厚。时无晨炊，向公哀乞，公辄给以升斗。一日，告公曰：'小人日受厚恤，三四口幸不殍饿。然曷可以久？乞主人贷我菉豆一石作资本。'公忻然，立命授之……"

泥鬼
ní guǐ

一种住在寺庙里的泥坯土鬼，长着一对琉璃眼珠。如果动了贪念的人挖了它的眼珠，它就会附身到别人身上索回。

民间故事

泥鬼索眼珠

从前有个名叫唐济武的太史，在他几岁时，一个表亲带他到寺院里玩耍。太史因年幼胆大，见廊中的泥鬼怒目圆睁，琉璃眼珠闪闪发光，十分喜欢。他便偷偷地挖出琉璃眼珠，藏在怀里带回了家。

回到家后，那位表亲突然得病，不能说话。过了一会儿，他忽然站起来厉声说道："为何要挖去我的眼珠？"然后一直叫嚷不休。众人都不知道是怎么回事。太史这才说出了他挖泥鬼眼珠的事。家中人得知后，急忙祷告说："孩子年幼无知，伤害了您尊贵的眼睛，我们马上就去奉还给您。"话音刚落，那位表亲便大声说："这样，我该走了。"说完就昏倒在地，过了很久，才慢慢苏醒过来。问他刚才说了些什么，他茫然不知。于是家人连忙将琉璃眼珠送回寺院，安在泥鬼的眼眶中。

出处

《聊斋志异·泥鬼》："余乡唐太史济武，数岁时，有表亲某，相携戏寺中。太史童年磊落，胆即最豪。见虎中泥鬼，睛琉璃眼，甚光而巨；爱之，阴以指抉取，怀之而归。既抵家，某暴病，不语移时。忽起，厉声曰：'何故掘我睛！'噪叫不休。众莫之知，太史始言所作。家人乃祝曰：'童子无知，戏伤尊目，行奉还也。'乃大言曰：'如此，我便当去。'言讫，仆地遂绝。良久而苏；问其所言，茫不自觉。乃送睛仍安鬼眶中。"

伶鬼

伶鬼
líng guǐ

《太平广记》中记载,周朝时,一位乐官死后化作伶鬼,伶鬼传授了嵇康一曲《广陵散》。

民间故事

伶鬼弹琴

一次,嵇康正在灯下弹琴,忽然一只鬼出现在眼前,高一丈多,身穿黑衣,腰扎皮带。嵇康盯着鬼看了好一会儿,然后一口气吹灭了灯,说:"和你这样的鬼同在一盏灯下,我感到十分羞耻!"

还有一次，他出远门，来到离洛阳几十里的地方，住在月华亭里。有人告诉他，此处过去经常杀人。嵇康为人旷达，没有一丝惧意。夜里一更时分，他还在亭中弹琴，弹了好几首曲子，琴声悠扬动人。忽听到空中有叫好声，嵇康一边抚琴一边问道："谁在那里？"伶鬼答道："我是一个死在此处的魂灵，以前也十分喜欢弹琴，听到你的琴声，特地来欣赏。我生前没有得到妥善的安葬，形体残毁，不便现形与你相见。但是我十分欣赏你的琴艺，如果我现形了，你无须害怕。请再弹几首曲子吧。"

　　嵇康接着为伶鬼弹琴，伶鬼和着琴声打拍子。嵇康说："夜深了，你为何还不现身见我，你的样子再可怕，我也不会介意的。"伶鬼于是现了形，用手摸着自己的头说："听到你的琴声，我感到心情舒畅，好像又活了过来。"于是伶鬼和嵇康谈论起琴艺方面的理论，它见识非凡，并向嵇康借琴弹了一首《广陵散》。嵇康请伶鬼把这首曲子教给他，伶鬼就教了。嵇康过去曾学过这首曲子，但弹得远远不如鬼魂。伶鬼教完此曲后，命嵇康发誓决不再教给其他人。

　　天亮时伶鬼向嵇康告别，说："虽然我们只相处了一夜，却好像相处了一千年，现在我们要永远地分别了。"两人心里都十分悲伤。

出处

《太平广记》："嵇康灯下弹琴，忽有一人，长丈余，着黑单衣，革带。康熟视之，乃吹火灭之曰：'耻与魑魅争光。'尝行，去路数十里，有亭名月华。投此亭，由来杀人，中散心神萧散，了无惧意。至一更操琴，先作诸弄。雅声逸奏，空中称善。中散抚琴而呼之：'君是何人？'答云：'身是故人，幽没于此。闻君弹琴，音曲清和，昔所好。故来听耳。身不幸非理就终，形体残毁，不宜接见君子。然爱君之琴，要当相见，君勿怪恶之。君可更作数曲。'……"

厉鬼
lì guǐ

厉鬼是一种执念很强的鬼，多为坚持自己的信念而化的复仇之鬼。厉鬼的复仇之心尤为强烈，它们一般通过让人做噩梦，传播疾病，变化模样等，来达到复仇的目的。厉鬼可以变化成其他鬼的模样，如狰狞鬼、缢鬼等。与冤鬼相比，厉鬼不借助他人的力量，而是依靠自己的力量来达到复仇的目的。遇到厉鬼的人，多数是做了坏事的人，善良的人是不会遇到厉鬼的。

早在《左传》中就有伯有死后变成厉鬼的记载。在《夜谭随录》《宣室志》等古籍中，也有关于厉鬼的记载。其中在《夜谭随录》中，有厉鬼化为红衣女子为祟的故事。

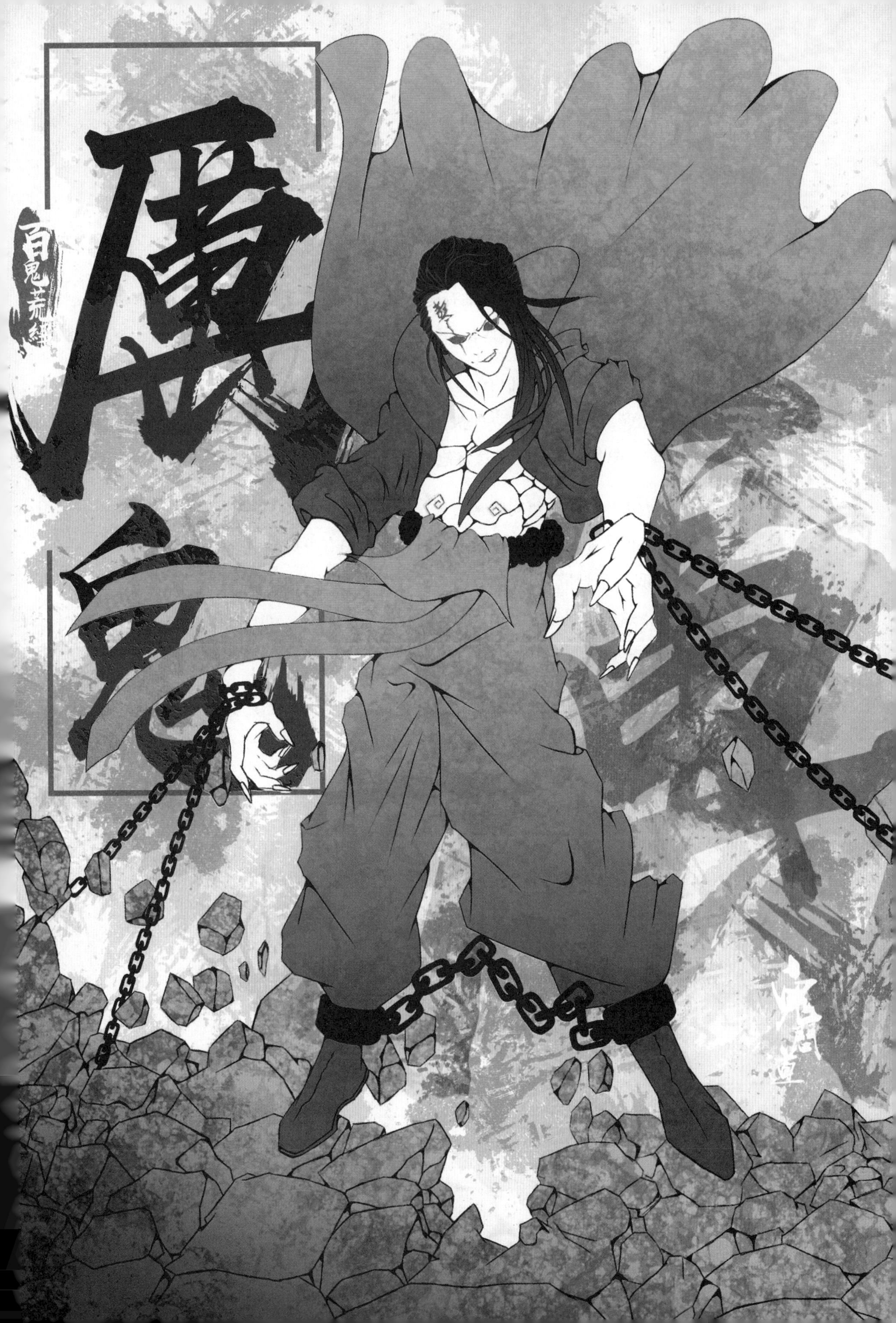

民间故事

伯有之死

春秋战国时，郑国二贵胄争权。一家姓良，一家姓驷。良家的伯有骄奢无道，驷家的子晳也同样骄奢，而且比伯有更强横。子晳还有个弟弟名叫公孙段。子晳和伯有各不相下，子晳就叫他手下的将官驷带把伯有杀了。

当时，郑国的贤相子产安葬了伯有。子晳擅自杀伯有，犯的是死罪。但郑国的国君懦弱无能，子产没能够立即执行国法。在随后的两年里，子晳又犯了两桩死罪。子产本来要按照国法将他处死，但开恩让他自杀了。

伯有死后，化为厉鬼，六七年间经常出现。只要听说伯有来了，郑国人就吓得四处乱逃。伯有死了六年后的某天，有人梦见伯有身披盔甲，扬言道："三月三日，我要杀驷带。明年正月二十八日，我要杀公孙段。"结果两人都如期而死，郑国人就越加害怕了。子产忙为伯有平反，立了伯有的儿子良止做大夫，来安抚伯有的鬼魂，伯有的鬼魂才不再出现了。

后来子产出使晋国，晋国的官员问子产："伯有还能做鬼吗？"子产回答说："能。"他说："老百姓横死，鬼魂还能闹，何况伯有是贵胄的子孙，比老百姓强横。"

出处

《左传·昭公七年》："郑伯有嗜酒，为窟室而夜饮酒，击钟焉。朝至未已。……子晳以驷氏之甲，伐而焚之。伯有奔雍梁，醒而后知之，自墓门之渎入，伐旧北门。驷带率国人伐之，伯有死于羊肆。数岁后，郑人相惊以伯有。曰：'伯有至矣。则皆走，不知所往。'或梦伯有介而行，曰：'壬子，余将杀带也。明年壬寅，余又将杀段也。'及壬子，驷带卒。国人益惧……"

腹鬼

腹鬼

fù guǐ

中国古代最神秘的鬼类之一。在记载腹鬼的志异笔记中，从来没有人看见过腹鬼的长相，同样也从来没有人知道它是如何进入人腹中的。

腹鬼一直保持着神秘，它们藏身于人的腹中，大多为祸，只有少数不为祟的。被腹鬼入腹的人，能够听见腹鬼的说话声，一直到他们死。被腹鬼入腹，只有一种药可救，那就是朱丸。至于这种朱丸的制作和使用方法，不得而知。在《搜神后记》《阅微草堂笔记》《子不语》中都有这种神秘鬼类的故事。

民间故事

鬼入人腹

焦举人的妻子金氏，某天见家门口有一名瞎眼算命先生经过，便召唤他进来帮自己算命。瞎眼算命先生提及金氏的过往甚为灵验，金氏就赠送了他一些钱米，算命先生随后离去。

当天夜里，有人在金氏的肚腹中说道："我师父离去了，我借娘子的肚腹暂住几日。"家人以为它是那位瞎眼算命先生的樟柳神（星相术士运用的占卜工具），便问道："你是不是灵哥（一般称呼入住人家家中，以索取供奉并能够道出人之吉凶的狐妖精怪）？"对方回答道："我不是灵哥，我是灵姐。师父命我居住在你的肚中作祟，以吓取财物。"话一说完，即搓揉金氏的肠肺，令金氏疼痛难忍。

焦某急忙想办法到处找寻那位瞎眼算命先生。数日后，焦某在某地遇到那位瞎眼算命先生，赶忙领他回到家中，并答应等他除掉那只腹中精怪后，即赠之百金酬谢。瞎眼算命先生允诺，即呼喊道："二姑速速出来！"喊了两次。金氏肚腹中的精怪回应道："二姑不出来，二姑生前姓张，是某户人家的小妾，后来被正妻凌虐致死。那位正妻转生为金氏，我之所以投胎做师父的樟柳神，正是为了报此仇恨。如今既然已经进入她腹中，不夺取她的性命，我是绝对不会出来的。"瞎眼算命先生一听，大惊："既然是宿世孽缘，我不应该救。"遂遁逃离去。焦某悬符，礼拜北斗星，却始终都没有效用。

每次焦家请医者来医治时，金氏肚中的二姑便会说道："这位是庸医，药不具效果。"就任凭那药进入喉咙。有时候二姑会说："这位是良医，他的药恐怕能够管制我。"便会用力掐着金氏的喉咙，待她将药吐出之后才罢手。有时二姑又会说："你们若是以柔软的姿态央求我，倒还可以；若是要道士来整治我，我一定会先啃噬她的心肺。"至此以后，每次焦家要请僧人、道士来，金氏便会有如万刃穿心般痛得在地上打滚哀号。二姑说道："你受到我这般折磨，何不自寻一死？何必将性命看得如此重要？"

焦某原是彭芸楣侍郎的门生，彭芸楣得知此事后，想要向皇帝禀告，以诛杀那位瞎眼算命先生。焦某不想张扬，只求他平息此事。然而，受尽煎熬的金氏已奄奄一息，快要死了。这是发生在乾隆四十六年夏天的事情。

出处

《子不语·鬼入人腹》："焦孝廉妻金氏，门有算命瞽者过，召而试之。瞽者为言往事甚验，乃赠以钱米而去。是夜，金氏腹中有人语曰：'我师父去矣，我借娘子腹中且住几日。'金家疑是樟柳神，问：'是灵哥儿否？'曰：'我非灵哥，乃灵姐也。师父命我居汝腹中为祟，吓取财帛。'言毕，即捻其肠肺，痛不可忍……"

媪鬼

ǎo guǐ

常年生活在地里面，由地气凝结而成的鬼。媪鬼的长相特别古怪，既像羊又像猪，以死人脑为食。

民间故事

媪怪

秦穆公时，有个人从地底下挖出了一只像羊又像猪的怪物，抓起来要献给穆公。

路上遇到两个小孩，一个小孩说："这东西名叫媪，专门躲藏在地下吸食死人的脑子。如果你要杀它，就用柏树枝插进它的头。"媪听到后说："那两个小孩叫作陈宝，得到雄的可以称霸天下，得到雌的可以称霸诸侯。"这个人就去抓那两个小孩，两个小孩变成野雉飞走了。

出处

《搜神记》："秦穆公时，陈仓人掘地，得物，若羊非羊，若猪非猪。牵以献穆公。道逢二童子，童子曰：'此名为媪。常在地，食死人脑。若欲杀之，以柏插其首。'媪曰：'彼二童子，名为陈宝。得雄者王，得雌者伯。'陈仓人舍媪逐二童子，童子化为雉，飞入平林。"

毛鬼

毛鬼
máo guǐ

毛鬼最大的特点就是遍体生毛，喜食人心和兽心。毛鬼与狰狞鬼的不同在于，狰狞鬼一般只出现在僻静的路上或是森林里，而毛鬼却常常跑到人的家中去害人。

《夷坚志》《通幽记》《搜神后记》中也有毛鬼的记载。《搜神后记》中的毛鬼常出现在茶林中，还送柑桔给人吃，看来毛鬼中也有善有恶。但是这类毛鬼多被人类擒住，然后烧死，也有逃跑后不再出现的。

外貌形态

全身都是毛，毛色有白色、黑色、红色等多种，长有三只眼睛。

毛人

百鬼夜荒録

民间故事

茶林毛鬼

晋武帝时期,安徽宣城有个人叫秦精,经常深入武昌山中采茶。有一天,他突然遇到一个人,那人身长一丈有余,遍体是毛,从山的北面走来。秦精见到他,感到很害怕,暗自琢磨着估计自己的小命难保了。但那毛人径直向秦精走来,牵着他的手就往山的深处走,等到了一大片茶树林中后,就撒手放开了秦精,自己便离开了。于是,秦精开始采茶。过了一小会儿,那人又回来了,还从怀里掏出二十个甜美的柑桔给秦精。秦精觉得很是讶异,最后就带着柑桔和茶叶回家了。

出处

《搜神后记》:"晋孝武世,宣城人秦精,常入武昌山中采茗,忽遇一人,身长丈余,遍体皆毛,从山北来。精见之,大怖,自谓必死。毛人径牵其臂,将至山曲,入大丛茗处,放之便去。精因采茗。须臾复来,乃探怀中二十枚橘与精,甘美异常。精甚怪,负茗而归。"

虿鬼

虿鬼
chài guǐ

毒虫之鬼，杀人无形，使人化为血水。

民间故事

蝎客

南方有一个贩蝎子的客人，专门捉很多的蝎子出售。

有天，他住在旅店里，突然感觉心跳不止，毛骨悚然。于是他找到店家说："一定是毒虫所化的虿鬼来报仇了。"店家赶紧让他躲进了大瓮里。不一会儿，果然来了个黄色头发，面目丑恶的人，询问店家客人在哪儿。店家说："出去了。"于是，那人嗅了嗅空气就走了。店家松了口气，揭开盖子一看，客人已经化为一瓮血水。

出处

《聊斋志异·蝎客》："南商贩蝎者，岁至临朐，收买甚多。土人持木钳入山，探穴发石搜捉之。一岁，商复来，寓客肆。忽觉心动，毛发森悚，急告主人曰：'伤生既多，今见怒于虿鬼，将杀我矣！急垂拯救！'主人顾室中有巨瓮，乃使蹲伏，以瓮覆之……"

第三卷 鬼

山鬼

shān guǐ

传说中出现在山间的鬼，长着美丽女子的模样，驾驭着文狸和赤豹，给人一种野性的美。在《楚辞》中，山鬼就被描绘成为美丽的女子，在《史记》《夷坚志》《永嘉郡记》等古籍中，也有关于山鬼的记载，但与《楚辞》中的已经不大一样了。

外貌形态

山鬼中的女性一般十分貌美，头发又黑又长，但是胸臆间长有数寸青毛，十分吓人，不过她们一般会遮盖住此处，不让别人看见；而男性山鬼则形体如人，只有一只大脚，身高不过一尺，喜欢吃山涧中的螃蟹和盐。

山鬼

《九歌图书画卷》 旧传张敦礼绘　美国波士顿美术馆藏

"山鬼"在旧注中被认为是山中的鬼怪,后人则认为是巫山神女,今人多以为是女性山神。此图中的山鬼是一位仪态万千的秀美女子。

民间故事

山鬼

宋朝时,四川的山中多有山鬼。有一个小官在路边,看见一位美丽的女子立于溪旁,便拿着酒过去调戏,却发现女子的身上长有数寸长的青色毛发。这位小官被吓得逃走了,远远听到女子的嘲笑声。

出处

《永嘉郡记》:"安固县有山鬼,形体如人而一脚,裁长一尺许,好噉盐,伐木人盐辄偷将去。不甚畏人,人亦不敢犯,犯之即不利也。"

第三卷　鬼

大鬼

大鬼
dà guǐ

一种身形巨大的鬼，手中提着矛戟，可以任意杀人，有随从小鬼数人，是一种十分凶恶的鬼。若人被其刺中心腹的话，很快就会死去。

民间故事

夏侯弘见鬼

夏侯弘说自己能看见鬼，并能和鬼谈话。镇西将军谢尚的马突然死了，他十分恼火，来找夏侯弘说："如果你能让我的马起死回生，就证明你确实能见鬼。"夏侯弘出去半天，回来对谢尚说："是庙里的神喜欢你的马，把马弄去了，你这马还能活。"谢尚坐在死马跟前，不一会儿看见自己的马从外面跑回来，跑到死马跟前就消失了，那死马立刻就能动能走了。

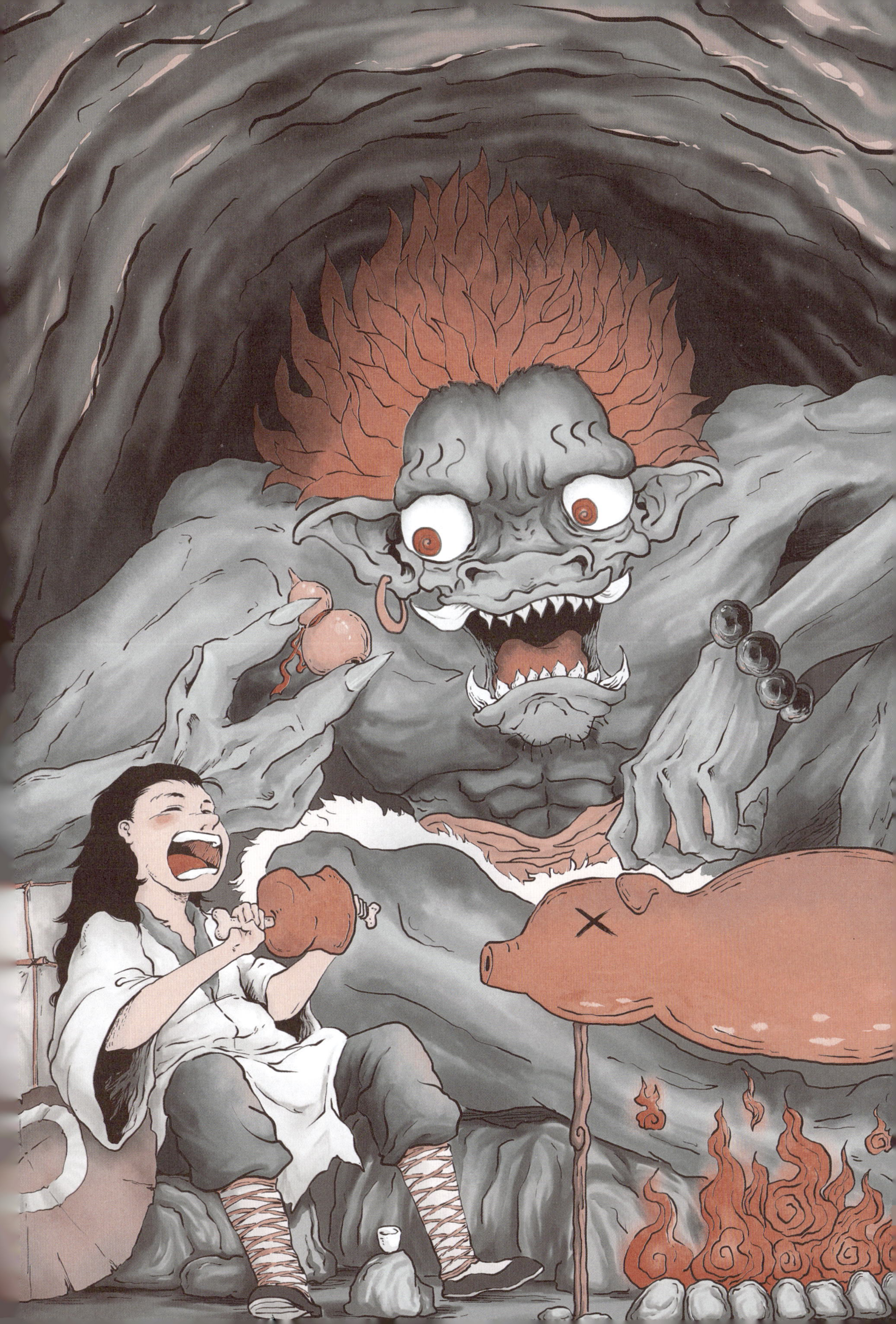

谢尚又对夏侯弘说:"我一直没有儿子,这是神鬼对我的惩罚吗?"夏侯弘说:"我所见过的小鬼我都问过了。他们谁也说不出原因。"后来,夏侯弘忽然遇见一个鬼,穿着青丝布袍,坐着新牛车,带着十多个随从。夏侯弘一把抓住牛鼻子,车里的鬼问:"为什么拦住我?"夏侯弘说:"想打听件事。镇西将军谢尚没有儿子,他很有名望,可别让他断了子孙香火。"这时车里的鬼很难过地说:"你说的谢尚正是我的儿子。他年轻时曾和一个丫鬟私通,并向丫鬟发誓说绝不再结婚,后来却违背了自己的誓约。现在那丫鬟死了,在阴间告他,为惩罚他才不让他有儿子的。"夏侯弘把这些话如实转告,谢尚说:"我年轻时确实有过这件事。"

有一次夏侯弘在江陵看见一个大鬼提着矛戟,后面跟着几个小鬼。夏侯弘害怕,躲在路旁。大鬼过去后,他抓住一个小鬼,问它们拿的是什么,小鬼说:"我们用这矛戟杀人,如果用它刺中人的心腹,人没有不死的。"他又问那小鬼:"治这病有没有药方?"小鬼说:"用黑鸡敷在心腹上就能治好。"又问它们这是要上哪儿去,鬼说:"我们到荆、扬二州去。"

果然,不久荆州、扬州心腹病流行起来,得病的没有不死的。夏侯弘就教人杀黑鸡敷心腹而治。十有八九都好了。现在的人,凡是中邪的都杀黑鸡祛邪驱鬼,用的就是夏侯弘的办法。

出处

《搜神记》:"夏侯弘自云见鬼,与其言语。镇西谢尚所乘马忽死,怅恼甚至,谢曰:'卿若能令此马生者,卿真为见鬼也。'弘去良久,还曰:'庙神乐君马,故取之。当活。'尚对死马坐,须臾,马忽自门外走还,至马尸间,便灭,应时能动起行……"

黄父鬼
huáng fù guǐ

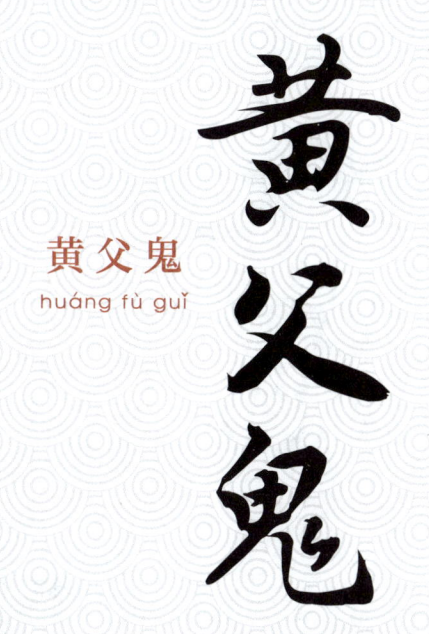

祖冲之《述异记》中记载，黄父鬼曾在黄州出现作祟。它们可以在白天出现，善于变化形态，有时变成小孩，有时变成妇人，有时变成鸟兽。它们好女色，对不喜欢的人会露出黄色的大牙哈哈大笑。被它笑过的人会得病，轻则三个月，重则数年才会好。

民间故事

吞恶鬼

据传黄父鬼中也有不作祟，专吃鬼的。《神异经》里就有一则故事，说东南方有个名叫尺郭的人，身高七丈，腰阔七丈；头顶雄鸡，赤蛇绕额，蛇尾蛇头交于发间。尺郭每天早上要吞三千恶鬼，傍晚吞恶鬼三百，如囫囵吞枣，从不咀嚼。他以鬼为食，以雾为饮，号黄父吞邪神。后尺郭因万鬼挣扎于腹，崩于地下，化为地藏。

出处

《神异经·东南荒经》："南有人焉，周行天下，其长七丈，腹围如其长。朱衣缟带，以赤蛇绕其项。不饮不食，朝吞恶鬼三千，暮吞三百。此人以鬼为饭，以露为浆，名曰尺郭，一名黄父。"

第三卷 — 鬼 —

蛇鬼

蛇鬼
shé guǐ

被人杀死的蛇，死后会变成蛇鬼。蛇鬼是出了名的有仇必报。

民间故事

有仇必报的鬼

吴郡海盐县北乡亭，有一个士人叫陈甲。陈甲本来是下邳人，在晋武帝时期，他在华亭客居。一天，他到华亭东边的荒野去打猎，忽然发现大沼泽中有一条大蛇，安静地卧伏在土冈下面，形状如同一艘能装百斛粮食的大船，蛇身上有黑黄五色花纹。陈甲立即拔箭将蛇射死。由于害怕，陈甲一直不敢对人说。

过了三年，陈甲和同乡一起去打猎，又来到原先发现蛇的地方。陈甲对同伴说："以前，我在这里射死了一条大蛇。"当天晚上，陈甲在梦中见到一个戴着黑头巾、穿着黑衣服的人。这人来到陈甲家，对他说道："我那

蛇鬼身长六七丈长，有着黑黄五色花纹。

天昏醉不醒，你毫无理由就将我杀死。那时我醉了，没看清你的面目，因此，三年来一直不知道是你。今天，你是来找死的。"陈甲一惊，瞬间从梦中惊醒。第二天，陈甲腹痛难忍，很快就死了。

出处

《搜神记》："吴郡海盐县北乡亭里，有士人陈甲，本下邳人，晋元帝时寓居华亭，猎于东野大薮，欻见大蛇，长六七丈，形如百斛船，玄黄五色，卧冈下。陈即射杀之，不敢说。三年，与乡人共猎，至故见蛇处，语同行曰：'昔在此杀大蛇。'其夜梦见一人，乌衣，黑帻，来至其家，问曰：'我昔昏醉，汝无状杀我。我昔醉，不识汝面，故三年不相知；今日来就死。'其人即惊觉。明日，腹痛而卒。"

第三卷 鬼一

407

狐鬼

hú guǐ

狐狸死后化为的鬼，狐鬼的故事与蛇鬼相似。狐狸、狸猫、刺猬等这些动物死后，似乎都会变化成鬼作怪，很多地方把这类动物称为"大仙"。

民间故事

狐狸化人

句容县麇村村民黄审在田里犁耕。一名妇人从他的田边经过，妇人在田埂上行走，刚从东边走过去，一会儿又从原路返回。最初，黄审以为她是人，后来见她天天如此，感到有些奇怪。于是，黄审问她："夫人每次都从哪里来？"妇人停下脚步，只是望着黄审笑了笑，没有说话，然后就走开了。

狐鬼

百鬼夜行

黄审对她更加怀疑，就在身边备了一把长镰刀。等妇人走回来时，他不敢砍妇人，就砍了跟随在妇人身后的婢女。妇人一惊，变成狐狸逃跑了。再看那婢女，原来是一条狐狸尾巴。黄审想去追赶狐狸，但已追不上了。

后来，有人看见这只狐狸在一个坑洞出没，就去挖这个坑洞，挖出的是一只没有尾巴的狐狸。

出处

《搜神记》："句容县麋村民黄审，于田中耕，有一妇人过其田，自膝上度，从东适下而复还。审初谓是人。日日如此，意甚怪之。审因问曰：'妇数从何来也？'妇人少住，但笑而不言，便去……"

落头鬼
luò tóu guǐ

传说中一种头部能与身体分离，在天空中飞翔的长颈妖怪。平时看起来和普通人没什么区别，可是一到夜里，他们的脖子就会开始伸长，头从脖子的地方彻底和身体分离飞走。等到天亮，头才会飞回，与身体重新结合在一起，醒来后就像正常人一样行动。这时候头的主人，往往都不记得自己前一个晚上看到了什么，或做过什么事。长颈妖怪在化身成人形的时候，并不知道自己就是妖怪，所以是在无意识的状态下，受到驱使才会如此。

外貌形态

落头鬼常化为女性的形象，她们的脖子上，可以看见里面的血，像缠绕着一圈红线一样。

飞头蛮

《画图百鬼夜行》 鸟山石燕绘

飞头蛮是传说中的长颈妖怪，最早起源于干宝的《搜神记》，这是中国晋代著名的奇谈异闻录，当中提到的落头氏，就是长颈妖怪。

民间故事

头颅会飞的怪人

相传三国时,吴国的大将朱桓有一名婢女,但这名婢女却不是普通的人。每晚,婢女入睡之后,她的头便会离开身体飞走。从狗洞和天窗中进出,耳朵就是她的翅膀。直到快要天亮时,头才会再次飞回来。

某天夜里,这名婢女的头又飞出去了。睡在她旁边的人朦胧中发觉不对劲,便起身点了灯去看,却见棉被里只剩婢女的身躯,没有头。那人用手一摸,感觉婢女的身体有些冰凉,但是并没有死,于是就替她将棉被盖好。

拂晓时,婢女的头飞回来了。但因为被子遮住了身体,头无法回去。她尝试了几次都没成功,最后只能掉落在床上,奄奄一息。旁边的人赶紧替她把棉被掀开,于是她的头又再次飞起,完好地连接在颈上,不久便睡着了。

后来,朱桓听闻此事,认为不能让这种怪物继续留在家中,于是便打发这名婢女走。日后朱桓才知,这名婢女是落头民。曾经有人趁落头民的头飞走后,用铜盘盖住他的脖子,让头接不回去,于是他就死了。

出处

《搜神记》:"秦时,南方有'落头民',其头能飞。其种人部有祭祀,号曰'虫落',故因取名焉。吴时,将军朱桓,得一婢,每夜卧后,头辄飞去。或从狗窦,或从天窗中出入,以耳为翼,将晓,复还。数数如此,傍人怪之,夜中照视,唯有身无头,其体微冷,气息裁属。乃蒙之以被。至晓,头还,碍被不得安,两三度,堕地……"

厕鬼

厕鬼
cè guǐ

  一种喜欢吃人的鞋子的鬼，还喜欢偷偷摸摸地躲在茅房里。厕鬼除了能说人话，没有任何地方与人相同。这种鬼本性善良，不会伤害人，只会抢人的鞋子，然后狼吞虎咽地吃下肚，最可怕的是鞋还会流出鲜血。但它们有时也会报恩，如果遇到这种怪物，就把鞋子给它就好。

外貌形态

  身形庞大，皮肤黝黑，双眼凹陷，鼻子高而尖，嘴巴跟老虎一般大，还有一双像鸟爪般锐利的手。

頂息

白鬼荒縄

民间故事

喜欢吃鞋的鬼

楚丘有一名主簿叫王无有,娶了一个美丽的妻子。但是这个妻子性情善妒,王无有生病的时候,想让侍女扶他上茅房,他的妻子都不答应,叫他一个人上茅房。正当王无有独自蹲在茅房里时,从墙洞里看见外面有一个体格健壮、皮肤黝黑的男子,正背对着他蹲着。王无有心想可能是一位仆役,便没有太在意。过了一会儿,那壮汉突然转过身来,对王无有说:"把你的鞋子给我!"王无有仔细打量男子,见它双眼凹陷,鼻子高而尖,嘴巴跟老虎一般大,还有一对乌黑的爪子。整个相貌根本不像人。这时,怪物突然将王无有的一只鞋子抢走,塞进嘴里,狼吞虎咽地吃了起来。令人惊讶的是,鞋子竟然流出了鲜血,而那怪物就像是在吃肉一样,不一会儿工夫就把鞋子吃掉了。

王无有急忙奔回房里,将刚才所见告诉妻子,妻子却不相信。于是两人一起前往茅房,一探究竟。王无有刚一进厕所,那怪物又出现了,抢过王无有另一只鞋,又大口地吃起来,血淋淋的。王妻很害怕,扶着生病的王无有逃回房里。

数月之后,王无有的病好了一些。一天,他来到后院,原先的那个怪物又出现了。怪物对他说:"还给你。"便将王无有的鞋子丢到他的脚边,那鞋子完好如初,没有丝毫破损。王无有很害怕,便请了女巫来作法消灾解厄。没想到,这时怪物又出现了,它告诉女巫:"王无有的寿命只剩一百天了,他若不快点回故乡,将会客死异乡。"

于是,王无有即刻返回故乡,果真在百日之后死了。

出处

《太平广记》:"楚丘主簿王无有,新娶。妻美而妒。无有疾,将如厕,而难独行,欲与侍婢俱,妻不可。无有至厕,于垣穴中,见人背坐,色黑且壮。无有以为役夫,不之怪也。顷之,此人回顾,深目巨鼻,虎口乌爪。谓无有曰,盍与子鞋。无有惊,未及应,怪自穴引手,直取其鞋,口咀之。鞋中血见,如食肉状,遂尽之……"

五通鬼

五通鬼
wǔ tòng guǐ

第三卷 鬼

中国民间传说中横行乡野、淫人妻女的妖鬼。五通鬼的来历复杂，一说是指唐朝时柳州之鬼；还有一说为元明时骚扰江南、烧杀奸淫的倭寇。故在元、明、清时期主要是以淫鬼面目出现于世的。后因人们难于治它，为免患得福，反而对它崇奉祭祀，尊其为神，并为它修了庙宇。

《聊斋志异》中记载了许多关于五通鬼淫恶的劣行。五通鬼最喜淫，因而可随人心喜慕而变形或现出本来面目，或现美男，或现蛟龙，或现猿猴，或是虾蟆等，体相不一，皆阳壮伟岸，实为天下第一凶险淫鬼。

民间故事

天下第一淫鬼

北方有狐狸精，而南方有五通神。狐狸作祟，还能想办法驱赶；但江浙一带的五通神，则是随意霸占老百姓家的漂亮女子，人们又没有办法治它们。因此，为害尤其厉害。

从前有个人叫赵弘，是吴中的典当商人。他的妻子姓阎，长得颇有些姿色。某天夜里，一名男子突然从外面走进来，手拿宝剑，四下环顾。丫鬟、婆子们吓得全都逃走了。阎氏刚要出去，男子蛮横地拦住她，说："不用害怕，我是五通神中的四郎。我喜欢你，不会祸害你。"说完拦腰抱起阎氏，就像举婴儿一般放到床上。事毕下床，四郎说："五天后我还会来。"于是就走了。

赵弘在城门外开典当铺，晚上没有回家。丫鬟跑去告诉他。赵弘知道是五通神，连问都不敢问。天将明，赵弘回家见妻子卧在床上起不来，心里感到很羞耻，于是告诫家人不要将此事传出去。

到了第五天，丫鬟、婆子们都不敢睡在阎氏的屋内，全都避到外间。只有阎氏孤身一人在屋里。没过多久，四郎便带着两个年轻人来了。三人与阎氏一块儿喝酒。阎氏又羞又怕，心里惴惴不安。三人互相劝酒，一直喝到半夜，两位客人才一块儿站起来说："今天四郎因喜得美人而款待我们，应该告诉二郎与五郎，大家凑钱买酒庆贺。"于是便告辞走了。四郎拉着阎氏进入床帐，阎氏哀求饶过，四郎不听，直至阎氏昏迷过去不省人事，方才离去。阎氏奄奄一息，想到自尽。但一上吊绳子就断，试了好几次都这样，苦于死不了。就这样熬了两三个月，一家人都无法生活。

会稽有一个名叫万生的人，是赵弘的表弟，为人刚强勇猛，精于箭术。一天，万生来拜访赵家，天已晚，客房都被家人占用，赵弘便让万生到内院去住。夜里万生忽听院内有脚步声，趴在窗子上偷偷往外看，见一陌生男人进入表嫂的屋里，心中大疑，便持刀暗暗尾随。往屋里一瞅，只见那男人和阎氏并肩坐着，桌上摆放着酒肴。万生怒火升腾，持刀奔入室内，男子惊诧地站起，万生已挥刀砍中他的头颅，死在地上。仔细一看，原来是一匹小马。万生询问表嫂，阎氏将事情原委告诉了他，又焦急地说："那些五通神马上就要来了，怎么办？"万生吹灭蜡烛，取出弓箭，埋伏在暗处。不一会儿，约四五个人从空中飞下，刚落地，万生急忙射出一箭，为首的中箭倒地。剩下的三人拔出宝剑，找寻射箭人。万生抽出刀，藏在门后。一会儿，有个人走进来，万生突然跃出，挥刀砍去，正中那人脖颈。万生继续藏在门后，很久没有动静了才出来，敲门告诉赵弘。赵弘大惊，点亮蜡烛察看，见一匹马、两头猪死在室内。全家庆贺。怕剩下的两个人会来报仇，就留万生在家，烤猪肉、烹马肉供奉他。

从此以后，万生名声大振，住了一个多月，五通神绝无踪影，便告辞回去。

出处

《聊斋志异·五通》："南有五通，犹北之有狐也。然北方狐祟，尚百计驱遣之；至于江浙五通，民家有美妇，辄被淫占，父母兄弟，皆莫敢息，为害尤烈。有赵弘者，吴之典商也。妻阎氏，颇风格。一夜，有丈夫岸然自外入，按剑四顾，婢媪尽奔……"

科场鬼

kē chǎng guǐ

古代科举不中，郁郁而终的人，因没有考取功名，生有怨念化而为鬼。科场鬼常常会出现在书生的书房里，弄乱书生的书和笔墨纸砚；或是帮书生修改文章。科场鬼总是爱掉书袋，还总爱穿着书生的衣服，也有的鬼不知道从哪里找来官服，穿在身上过一把官瘾。大多数的科场鬼只是想把自己高中的遗愿，寄托在他人身上。在清代的笔记小说中有很多科场鬼出现，帮助书生使其文采有很大进步，得以高中。

民间故事

江南乡试之科场闹鬼

古时，句容县有个穷考生，好学又乐于助人。江南乡试前，亲朋好友赠送了十两银子让他应考。他来到南京，寄宿在城南的地藏庵中。

一天，他听到邻近有一家人哭声甚哀，打听后得知，这家人的儿子外出经商多年，杳无音讯，婆媳二人生活难以为继，无奈之下婆婆只能将儿媳卖给他人，不想让儿媳跟着自己饿死。离别之际，两人痛哭流涕。

科場鬼

百鬼荒誕

得知实情，考生决定施以援手。于是他冒充老人的儿子，手书家信一封。信中说在外经商获利，但因结账尚需时日，先寄十两银子以作家用。他将信和亲友赠送的十两银子一起，叫人送到邻家。婆媳二人喜出望外，卖媳之事遂作罢。施银于人，考生只得借钱去考试。考试的前一天晚上，他梦见神灵对他说："此科你能高中，但三场考试都必须全交白卷才行。"醒来后，他只觉得这个梦荒唐可笑。

第一场考试，他正要握笔书写时，突然精神恍惚，心乱如麻，一个字也写不出来。不一会儿竟趴在桌上睡着了。醒来时已日薄西山，不得已他只好交了白卷。此后，第二场和第三场考试均是如此。谁知发榜时，他竟高中第二名。正在他错愕不已时，有人骑马送来一个信袋，说是一位县令叫他送来的。考生打开信袋一看，里面装的竟然是写有他姓名的三场答卷的底稿。

原来，这位县令是位进士，颇有些名气。他一心想当回乡试考官，可朝廷却外放他任县令。这次乡试，他被调来当收卷官，因心有不甘，想找机会把三场试卷做好，看看考官们的眼力如何。恰巧收到该考生的白卷，不禁心中一喜，便带回住处，奋笔写好。发榜后，县令得知自己的"代作"竟高中第二名，心中暗喜，但又怕考生见怪，引起事端，遂把代作底稿密封送给考生。

考生去县令处感谢，县令问："你为何三场都交白卷？"考生将做梦之事告之。县令说："你做了什么善事？"考生想起考前施银之事。县令拱手作揖道："你代人写家书，施银救急，所以老天爷派我为你做答卷，亦是报答，你又何必谢我呢？"

出处

《北东园笔录初编·白卷获隽》："句容某生博学能文，好行阴德。值乡试无资，得亲友赆仪十余金抵省，寓东花园地藏庵。闻邻舍有老妪失养，不得已而卖媳者，分离前夕，哭甚哀。讯其子，则多年远出矣。生恻然为辗转作计，诡作其子，家书言久商获利，将归，因结账暂留，先寄银十两以资家用，明发投之。……"

夜叉

夜叉
yè chā

古代传说中一种半鬼半神的小神灵，常为龙王巡海，为阎王巡夜。夜叉最初乃印度神话中的神灵，后来成为中国神话故事中经常出现的角色。据说有些夜叉会在空中飞行，吸吮人的血肉，但它们一般不会与神或人类为敌，而是静静地在自己的地盘生活。

夜叉的种类很多，有空行夜叉、地行夜叉等。空行夜叉身上长着两个翅膀，能在空中飞行，并且颜色千变万化，有时是红色，有时是蓝色，有时又是黄色，每种颜色都带有一种黑暗的光，这光非常厉害。它们的身体，有时会变为人身兽头，可能是马头，又或是牛头。地行夜叉头发冒着绿色的火焰，且高达数丈，像蜡烛一样燃烧。它们的眼睛一只长在脑门上，一只长在下巴上，且形状怪异，有的是三角形，有的是半月形；鼻子一孔朝天，一孔向地，像蜗牛的触角一样，有时伸出，有时缩回；耳朵一只长在前面，一只长在后面。人见了以后，会吓得全身发抖。

夜叉

百鬼荒經

民间故事

夜叉国

古时交州有一个姓徐的人，驾船渡海去远方做买卖，在海上突然遭遇大风，船不知被吹到了什么地方。风停后，徐某睁眼一看，见这地方山峰绵延、树木苍苍。徐某想这里应该有人居住，便将船拴好，背着粮食、肉干下船登岸。

刚进山只见两边的悬崖上，密密麻麻地排列着许多洞口，如同蜂房一样，洞内隐约有人声。徐某来到一个洞外，停下脚步往里张望，只见里面有两个夜叉，龇着两排剑戟般的利齿，双眼瞪得像灯笼一样，正用爪子撕生鹿肉吃。徐某吓得魂飞魄散，急忙返身要逃。这时夜叉已经看见他，爪子一伸就把他抓进洞里。两个夜叉争着撕扯徐某的衣服，似乎想吃了他。徐某惊恐万分，忙取出背在身上的干粮和肉干，送给夜叉。夜叉吃完觉得很美味。于是徐某又将夜叉吃剩下的生鹿肉煮了献给它们，两个夜叉吃得很高兴。

后来夜叉们纷纷拿来死狼、死鹿的肉，放在锅里煮。就这样过了几天，夜叉们渐渐和徐某熟悉起来，徐某也渐渐能根据夜叉发出的声音，揣摩出他们的意思，还常常学着他们的腔调说夜叉的语言。夜叉们又带来一个母夜叉，起初徐某很害怕，后来母夜叉主动与他亲热，徐某才和她成了夫妻。

又过了四年多，母夜叉忽然生产了，一胎生下两个男孩，一个女孩，都是人的样子，不像他们的母亲。夜叉们都很喜欢这三个孩子。三年后，孩子们已能走路了，徐某教他们说人的语言。

一天，母夜叉跟一个儿子和女儿外出，半天没回来。正好北风大作，徐某很哀伤，想起了故乡。便领着另一个儿子来到海边，见原来的船还在。父子二人登上船顺风行驶，只用了一天一夜便到达了交州。到家后，徐某得知妻子已经改嫁。他用夜叉给的明珠中的两颗，卖了几万两银子，家境变得富裕起来。徐某的儿子名叫徐彪，十四五岁时就能举起几百斤重的东西。交州的驻军主帅见了他后很惊讶，便让他做了千总。正赶上边疆叛乱，徐彪在作战中所向披靡，立下战功，十八岁就提升成了副将。

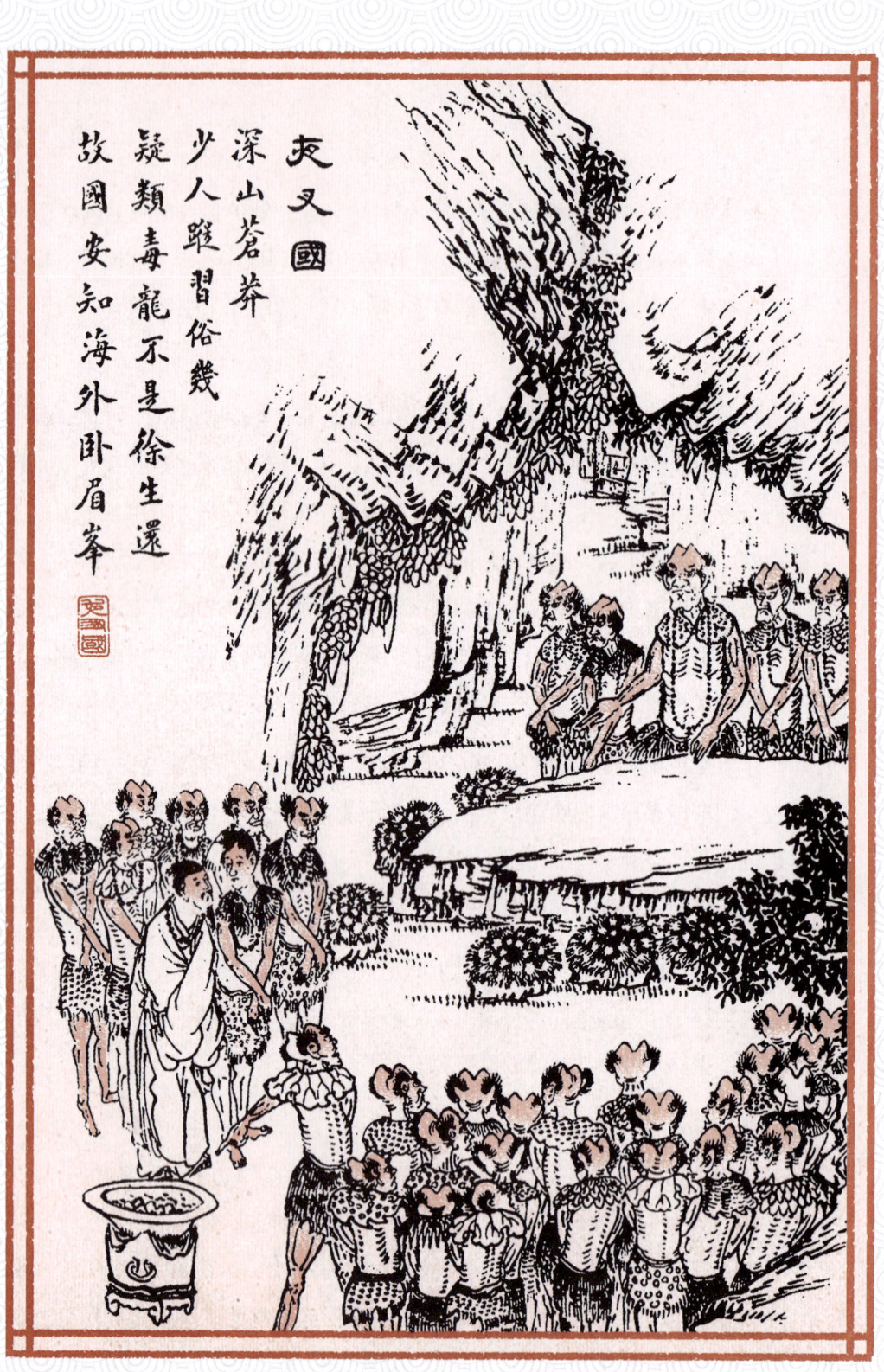

夜叉國
深山莽莽
少人蹤習俗幾
疑類毒龍不是徐生還
故國安知海外臥眉峯

夜叉国

《详注聊斋志异图咏》 光绪十二年刻本

这时，有一个商人乘船渡海，也遭遇了大风，被刮到卧眉山。刚上岸，见走来一个少年。少年见了商人大惊，知道他是中原人，便询问他的家乡，商人说了。少年将商人藏在一个山洞里，拿来鹿肉给他吃，说："我父亲也是交州人。"商人询问姓名后说："你父亲是我的老朋友。现在他儿子已做了副将。"少年对商人说："等起了北风，我送你回去，麻烦你给我父亲和哥哥带个信去。"商人一直在洞里藏了将近半年。

一天，北风忽起，商人在少年的帮助下，终于逃回了交州。一到交州，商人便立即去副将府，跟徐彪讲了自己的见闻。徐彪听了又悲又喜，便要去寻找母亲和弟弟、妹妹。徐彪挑了两名健勇的士兵，乘船下了海。将母亲、弟弟和妹妹接回了胶州。四人一上岸，看见他们的人以为是妖怪，吓得四处逃窜。回到家中，家里的人都来拜见主母，无不吓得浑身颤抖。

徐彪耻于自己不会读书写字，便让弟弟徐豹读书。徐豹很聪慧，经史子集，一过目就明白了。徐彪还让他练习拉硬弓、骑烈马，结果考取了武进士。妹妹夜儿因为相貌奇异，没人敢向她提亲。正好徐彪部下有个姓袁的守备死了妻子，徐彪便将妹妹硬许配给了他。夜儿能开百石弓，百余步之外用箭射小鸟，百发百中。袁守备每次出征，总带着妻子。后来他升到同知将军，立下的功劳多半出自妻子之手。徐豹到三十四岁时，做了省提督。母亲曾跟着他南征，每次跟强敌对阵，母亲总是脱去盔甲，手持利刃为儿子接应。凡跟她交战的人，无不败得落花流水。后来，皇帝要诏封她为"男爵"，徐豹急忙上疏推辞，说明她是自己的母亲，皇帝才改封了她一个"夫人"的称号。

第三卷 — 鬼 —

出处

《聊斋志异·夜叉国》："交州徐姓，泛海为贾。忽被大风吹去。开眼至一处，深山苍莽。冀有居人，遂缆船而登，负粮腊焉。方入，见两崖皆洞口，密如蜂房；内隐有人声。至洞外，伫足一窥，中有夜叉二，牙森列戟，目闪双灯，爪劈生鹿而食。惊散魂魄，急欲奔下，则夜叉已顾见之，辍食执入。二物相语，如鸟兽鸣，争裂徐衣，似欲啖噉。徐大惧，取橐中糗糒，并牛脯进之。分啖甚美。复翻徐橐，徐摇手以示其无……"

画皮鬼

huà pí guǐ

画皮鬼具有一种可怕的能力，它们能藏身于人皮中，在白天活动，然后在夜间吃人后，将皮留下。《聊斋志异》里就记载着画皮鬼的故事，恶鬼披上画皮变成美女，掏走受迷惑者的心，成为中国古代小说对恶鬼的经典性描写。而画皮鬼之所以能够骗人吃人，就在于它懂得画皮术的妙用，本是青面獠牙的狞鬼，却可以化为妖艳动人的美女，使那些心存邪念、丧失警惕的人上当受骗。

民间故事

鬼画皮

太原府有个姓王的书生，有天清早出门，路上遇见一个女子，怀里抱着包袱，独自奔走。王生见她有十五六岁的样子，长得十分漂亮，于是起

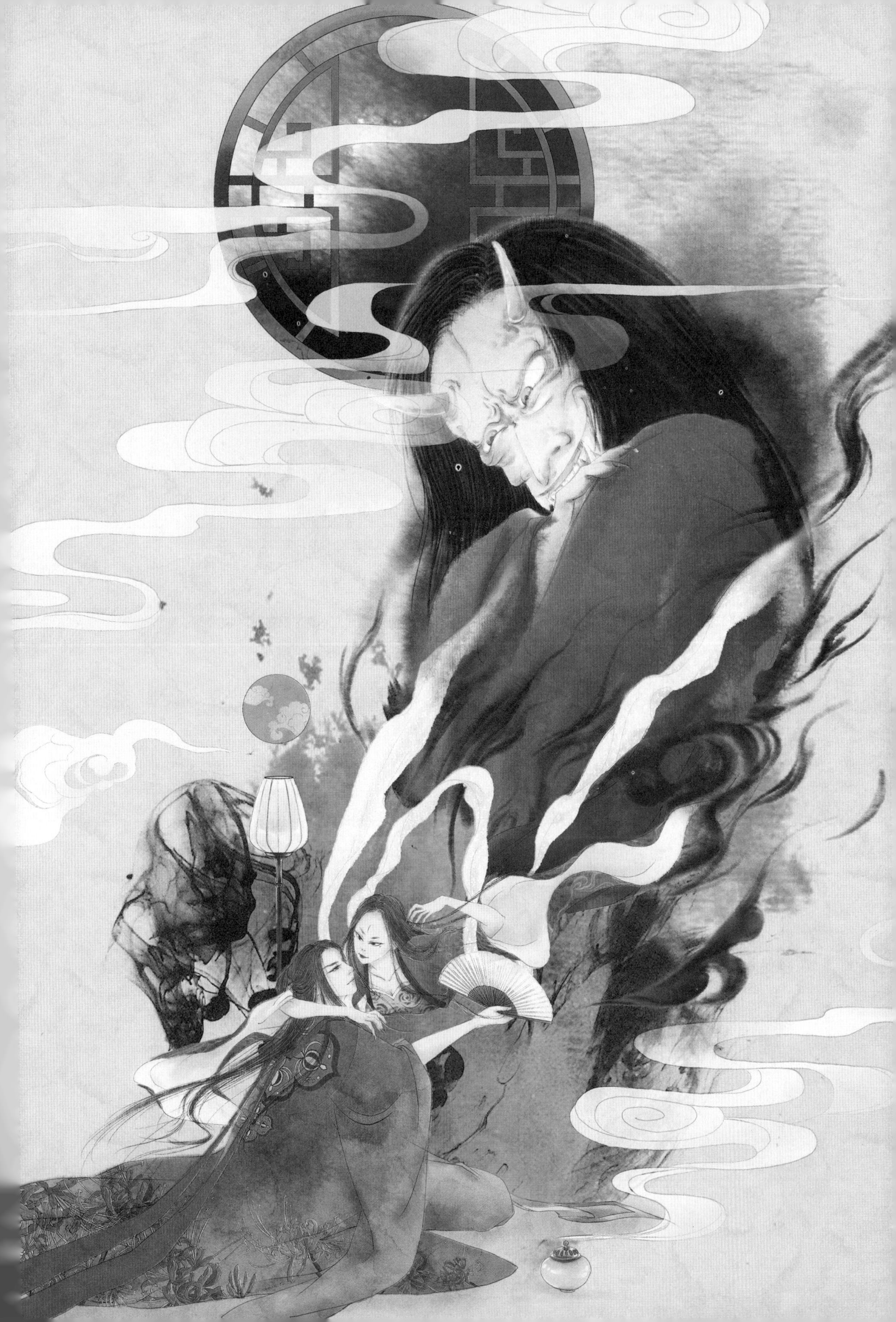

了爱慕之心，就把女子带回了家。女子让王生必须保守秘密，不能跟任何人说起。于是王生将她藏在了密室，过了好多天也没人知道。后来，王生将此事悄悄告诉了妻子陈氏，妻子疑心这女子是大户人家的小妾，劝丈夫将她送走，王生根本不听。

一次，王生在街上碰见一位道士，道士看到王生后，现出惊愕的神色。问他："你遇见过什么？"王生说："没有遇见什么。"道士说："你身上邪气环绕，怎能说没有遇见什么？"王生极力辩解，道士只好离去。

王生回到家，一推门发现门从里边插着进不去，于是起了疑心，就翻墙进去，房门也紧闭着。王生蹑手蹑脚走到窗前，朝里面偷看，只见一只恶鬼，脸色青翠，牙犹如锯齿一般。那鬼把一张人皮铺在床上，正拿着一支彩笔在上面描画着。不一会儿就画好了，然后它把笔扔在一旁，双手将人皮提起来披在身上，顷刻间就变化成一位美丽的女子。这情景把王生吓到不行，他一声也不敢吭，像狗一样伏下身爬了出去，慌慌张张去追赶道士。可那道士早已不知去向。王生到处找，终于在野外碰见道士。王生跪在地上，向道士哀求救命。道士把蝇拂交给王生，让他拿回去，挂在卧室的门上。

夜里王生不敢去书房，就睡在内房，并将道士给的蝇拂挂在门上。半夜那女子来了，望着门上的蝇拂不敢进屋，站了很久才离去。过了片刻好又来了，竟然将蝇拂取下来弄碎，破门而入径直闯到王生床前，剖开王生的肠肚，双手抓起王生的心脏离去。王生的妻子吓得大声呼叫，丫鬟们拿着蜡烛进来一照，见王生已死，胸腔处血迹模糊。

王生的妻子陈氏求道士救活王生，道士说："我法术太浅，实在不能起死回生。我指给你一个人，他也许能救你丈夫。"陈氏问："什么人？"道士说："街上有个疯人，常常睡在粪土里。你去试着向他求救，他若要侮辱你，你千万不要气恼。"陈氏到街上，跪在乞丐面前求救命。乞丐羞辱陈氏说："佳人爱我哉？人人都可以做丈夫，救活他有什么用？"还拿拐杖打陈氏。陈氏强忍住，苦苦哀求。最后乞丐又擤又吐，捧出一大团鼻涕黏痰，命陈氏吃下去。陈氏涨红着脸，想起道士的嘱咐，忍着莫大羞辱把那团鼻涕黏痰吞了下去。

　　陈氏回到家中，越想越窝囊，丈夫救不活，自己还吃了一个脏男人的鼻涕和黏痰，这是多大的耻辱！她一边哭一边给王生整理被恶鬼撕裂的胸腔。直哭得声音嘶哑时，突然想呕吐，而那团鼻涕黏痰却突然涌了出来，掉进王生的胸腔，变成了一颗跳动着的心脏。陈氏赶忙将丈夫的胸腔包扎起来，丈夫居然渐渐有了体温。然后陈氏又给丈夫盖上被子，到半夜时掀开被子一看，竟然有了呼吸。第二天天亮时，丈夫终于活过来了。再看肚皮被撕裂的地方，已经结了铜钱大的痂，不久就完全好了。

出处

《聊斋志异·画皮》："太原王生早行，遇一女郎，抱襆独奔，甚艰于步，急走趁之，乃二八姝丽。心相爱乐，问：'何夙夜踽踽独行？'女曰：'行道之人，不能解愁忧，何劳相问。'生曰：'卿何愁忧？或可效力不辞也。'女黯然曰：'父母贪赂，鬻妾朱门。嫡妒甚，朝詈而夕楚辱之，所弗堪也，将远遁耳。'问：'何之？'曰：'在亡之人，乌有定所。'生言：'敝庐不远，即烦枉顾。'女喜从之。生代携襆物，导与同归……"

第三卷　鬼

431

抽肠鬼

抽肠鬼
chōu cháng guǐ

抽肠是古代十大酷刑之一，即把肠子活生生抽出，残忍至极！《聊斋志异》中就有关于抽肠鬼的故事。这种鬼会将肠子抽出，将人缠住。这个故事应该是蒲松龄先生在影射现实。

民间故事

可怕的抽肠鬼

莱阳有个人，某日白天他正在屋里躺着，见一男子与一名妇女拉着手进来。妇女长得很胖，腰粗得都快仰面倒下去了，露出一副愁苦的神色。男的催促说："来，来！"这人以为是私通的，就假装睡着，看看他们想干什么。

那男子和妇女进屋后,就好像没看见床上有个人。男的又催妇女:"快点儿!"妇女就开始自己解衣,露出胸膛,肚子大得像鼓。那人还以为有好戏看。结果只见男的拿出一把刀,使劲刺进去,剖开妇女的肚子,从心脏下面一直剖到肚脐,还能听见"哧哧"的声音。这一幕可把这人吓坏了,大气也不敢喘。

可妇女皱着眉忍着痛,一声不吭。男人用嘴叼住刀,把手伸进妇女的肚子里,拽出肠子挂在胳膊上,边抽边挂,一会胳膊上就挂满了;又抽,桌子又满了;又抽,椅子又满了。不一会儿,竟然在胳膊上挂了几十盘,像打渔人挂在臂上的网。肠子怎么抽也抽不完,挂得到处都是,最后还扔到了这人身上。这人只闻到一阵热乎乎的腥味,面上、嘴上和脖子上,已被压得连个透气的缝都没了。于是他受不了了,用手推开肠子,大叫着往外跑。结果两条腿被肠子缠住,摔倒了。

家人听见动静,赶过来看,只见他缠了一身肠子。再进屋仔细查看,屋子里什么都没有,家人都说他看花了眼。等这人把亲眼见的一说,家人才觉得奇怪,因为屋里连点血迹也没有,只是血腥味儿好几天都不散。

出处

《聊斋志异·抽肠》:"莱阳民某昼卧,见一男子与妇人握手入。妇黄肿,腰粗欲仰,意象愁苦。男子促之曰:'来,来!'某意其苟合者,因假睡以窥所为。既入,似不见榻上有人。又促曰:'速之!'妇便自坦胸怀,露其腹,腹大如鼓。男子出屠刀一把,用力刺入,从心下直剖至脐,萤萤有声……"

清水鬼

qīng shuǐ guǐ

一具肿胀的老妇人的尸体，常于夜半出行，口中喷出清水。

民间故事

喷水女鬼

莱阳有个叫宋玉叔的先生，当部曹官的时候，租了一套宅院，很是荒凉。一天夜里，两个丫鬟侍奉宋先生的母亲睡在正屋，忽然听到院内有"扑扑"的声音，像是裁缝往衣服上喷水一样。宋母忙催促丫鬟起来，把窗纸捅破一个小孔，偷偷往外瞧。

只见院子里有个老婆子，正围着院子走，就像鹤走路的样子。一边走还一边喷着水，总也喷不完。丫鬟们感到很惊愕，急忙回去告诉宋母。宋母起床，两个丫鬟搀扶着宋母走到窗边。忽然，那老婆子逼近窗前，水直冲着窗子喷来，水柱冲破窗纸溅了进来。三人一齐倒在地上，而家里的其他人都不知道。

清晨日出时，家人来到正屋，敲门却无人答应。于是急忙撬开门进到屋里，只见宋母和两个丫鬟死在地上。摸一摸发现其中一个丫鬟还有体温，随即扶她起来用水灌。不多时丫鬟醒了过来，说出了昨晚见到的情形。

宋先生闻讯赶来，悲愤得要死。细问了丫鬟那老婆子隐没的地方，便命家人在那地方往下挖。挖到三尺多深时，渐渐露出了白发。继续往下挖，随即露出了一个囫囵尸首，和丫鬟看见的一模一样，脸面丰满如同活人。宋先生命家人砸它，砸烂骨肉后，发现皮肉内全都是清水。

出处

《聊斋志异·喷水》："莱阳宋玉叔先生为部曹时，所僦第，甚荒落。一夜，二婢奉太夫人宿厅上，闻院内扑扑有声，如缝工之喷水者。太夫人促婢起，穴窗窥视，见一老妪，短身驼背，白发如带，冠一髻，长二尺许，周院环走，疏急作鹤步，行且喷，水出不穷……"

水莽鬼

shuǐ mǎng guǐ

因吃了有毒的水莽草而死，死去后化作的鬼。水莽鬼因不能转生，所以要寻找替身，其行为与水鬼类似。不同的是，水莽鬼死于毒，水鬼死于溺水。如果被水莽鬼陷害吃下了水莽草，只要弄清楚下毒的是谁，用他生前穿过的裤子煎水喝，就会没事。

民间故事

水莽鬼的替身

古时有位姓祝的书生要去朋友家拜访，途经楚中桃花江一带时，忽然感觉口渴难耐。恰巧路旁有一个凉棚，一个老婆婆正在施舍茶水，祝生过去求水解渴。于是被死去的寇三娘哄骗服下了水莽草，后发现中毒。

听说穿死者生前的衣服可以化解，于是祝生去求寇家。寇家认为祝生

人若吃了有毒的水莽草而死，死后便会化作水莽鬼。

是替自己的女儿做鬼，坚决不给，祝生含恨而死。祝生死后，妻子改嫁，剩下孤苦的母亲独自一人带着孩子。祝生心中愤恨，抓回了已经要轮回的寇三娘。寇三娘过意不去，嫁给了祝生做妻子。祝生痛恨水莽鬼，常常阻止水莽鬼害人，后来被天帝封为四渎牧龙君。

出处

《聊斋志异·水莽草》："水莽，毒草也。蔓生似葛，花紫类扁豆，误食之立死，即为水莽鬼。俗传此鬼不得轮回，必再有毒死者始代之。以故楚中桃花江一带，此鬼尤多云……"

拘魂鬼

jū hún guǐ

拘魂鬼的身上藏有将死者的名字和死亡时间的名册。它们会按照时间，到达将死者的身边，并呼唤将死者的名字。听到这种呼唤后，人的灵魂就会出窍，之后拘魂鬼会拿绳索捆住魂魄，将其带往冥界。

民间故事

有钱能使鬼推磨

元和初年，有一恶少名叫李和子，此人生性残忍，爱吃猫肉和狗肉，偷食猫狗足足四百六十只。一天李和子在街上，遇到两个穿紫色衣服的人，告诉他："四百六十只猫和狗在冥界将他告了，他将要死去。"李和子十分害怕，不想去地府，便请两个鬼差喝酒。鬼差受酒之恩，竟许李和子准备四十万钱，就可以增加三年寿命。李和子应允，将钱烧与二人，眼见二鬼携钱而去，心想果然有钱能使鬼推磨啊！可是三天后，李和子还是死了。原来阴间的三年，就是人间的三天。

出处

《酉阳杂俎》："元和初，上都东市恶少李和子，父名努眼。和子性忍，常偷狗及猫食之，为坊市之患。常臂鹞立于衢，见二人紫衣，呼曰：'尔非李努眼子名和子乎？'……"

抱魂鬼

百鬼芒荒怨

蓬头鬼
péng tóu guǐ

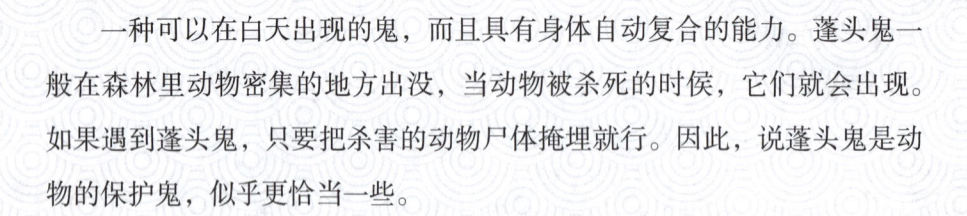

一种可以在白天出现的鬼，而且具有身体自动复合的能力。蓬头鬼一般在森林里动物密集的地方出没，当动物被杀死的时侯，它们就会出现。如果遇到蓬头鬼，只要把杀害的动物尸体掩埋就行。因此，说蓬头鬼是动物的保护鬼，似乎更恰当一些。

外貌形态

长相奇特，头发像针一般直立着，头发乱蓬蓬盖在脑袋上，显得头很大。喜欢穿颜色鲜艳的衣服。

蓬頭鬼

百鬼荒繪

民间故事

蓬头鬼报仇

泾县于道士能够在白天见到鬼。有一次，他到城里赵某家饮酒，悄悄地对赵某说："你家西楼夹墙里，有个蓬头鬼走出来，东看西看，像个盗贼一样，一定是个蒙冤的鬼要捉人。只是不知道它想要捉的是府上哪个人。"赵某说："那怎么样才能知道呢？"于道士说："我明天一早来，看鬼躲在什么地方，就告诉你。你可把家里人叫来，挨个儿从那里走过，看鬼做什么样子就知道了。"赵某觉得他说得不错。

第二天，于道士来了，说："鬼在西厅案桌脚下。"赵某于是把家人召集在一起，从案桌前走来走去，鬼都不理。赵某的女儿六姑娘走过，鬼对着她大笑。于道士说："就是她了。但是暂时不要告诉你女儿，怕她会害怕。"赵某问："是否可以禳解？"道士说："这是前世冤孽，没有办法解除。"此后，就听见抛砖掷瓦的声音，一个多月没有停。后来六姑娘难产死了，家里果然就安静了。

出处

《子不语·蓬头鬼》："泾县于道士能白日视鬼。常往城中赵氏家饮酒，密语主人曰：'君家西楼夹墙内有鬼蓬头走出，东窥西探，状如窃贼，必是冤谴有所擒捉，但未知应在府中何人？'主人曰：'何以验之？'道士曰：'我明日早来，看鬼藏何处，即便告君。君可唤家人一一走过，看鬼作何形状，便见分晓。'主人以为然……"

方相鬼

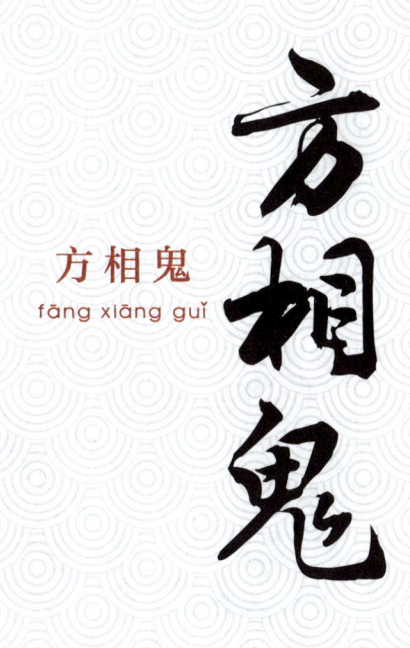

fāng xiāng guǐ

一种在神手下当差的鬼，会依照神的命令对人大打出手。

民间故事

打人的鬼

鄢陵县有个叫庾亮的人，他镇守荆州的时候，有一次上茅房，忽然看见茅房中有一个怪物。那怪物从泥土中慢慢钻出来，还捋起袖子，伸出胳膊，用拳头打庾亮。随着手起拳落，庾亮叫了一声，那怪物便退进泥土中去了，庾亮因此而卧病不起。术士戴洋对庾亮说，"过去苏峻起兵作乱的时候，您在白石祠中求福，答应用那牛来酬神。但您从来没有去还愿，所以被这鬼打了，您已经无法挽救了。第二年，庾亮果然死了。

出处

《搜神记》："庾亮，字文康，鄢陵人，镇荆州，登厕，忽见厕中一物，如'方相'，两眼尽赤，身有光耀，渐渐从土中出。乃攘臂，以拳击之。应手有声，缩入地。因而寝疾。术士戴洋曰：'昔苏峻事公，于白石祠中祈福，许赛其牛。从来未解。故为此鬼所考，不可救也。'明年，亮果亡。"

第三卷 鬼

无头鬼

wú tóu guǐ

在中国，讲究人死后身体要完整，俗称"全尸"。在古代的刑罚中，砍头是一种很常见的刑罚。一旦犯了欺君或是忤逆之罪，就会被砍头。在刑场由判官决定行刑，刽子手将犯人的头颅砍下。执行完死刑后，如果有家属来认领，尸体和头颅就能安放在一起，被一同埋葬。可是也有很多犯人死时，家人并不知道或是不想认领。这样的人的尸体，就会被运送到乱葬岗草草埋葬。长年累月，乱葬岗的阴气越积越重。尤其是在阴气最重的农历七月，无头鬼就会爬出地面，跌跌撞撞，四处找寻着什么。无头鬼没有了脑袋，整个身体就失去了控制。它们不会吃人，只是想找回残缺的部分。因为它们没有脑袋，即使捉到人也无从下口。

三国时曹操得到关羽的头后，用木头雕身体埋藏，就是古人要留全尸的思想。若实在找不到尸身，也要做一个衣冠墓。没有头的鬼，会到处寻找自己的头，找不到就拿石头、瓜果当脑袋。

無頭鬼

百鬼荒怨

民间故事

鬼魅技穷

曹竹虚司农曾经讲过一件事：他的同族兄弟从安徽歙县赶往扬州办事，途经友人家，决定前去拜访。时值盛夏，燥热难当，二人对坐于书屋畅谈，甚为凉爽。不觉间天色已晚，他请求在书房中住宿。谁知友人面露难色道：时值盛夏，燥热难当，一到晚上似有鬼出没。前几位在此借宿的好友，住后都大病了一场。"而他非要住，友人只好收拾妥当，任他留宿书屋。

夜半，果真听到响动，他睁眼看去，有一物自门缝处扭挤而入，薄如纸片，入室后突化作一白衣女子。那女子披发吐舌，作出一副可怖之像。不一会儿，那女鬼已飘至书案前，忽然摘下自己的头，放于案上。他高声喝道："有头我姑且都不怕，何况是无头的呢！"鬼技穷，化烟而去。

数月后，此人从扬州返，仍宿友人家书房，入夜那鬼又至，见此人便淬了一口道："又是这个败兴的家伙"。便直接去了。

出处

《阅微草堂笔记·鬼魅技穷》："曹司农竹虚言：其族兄自歙往扬州，途经友人家。时盛夏，延坐书屋，甚轩爽。暮欲下榻其中，友人曰：'是有魅，夜不可居。'曹强居之。夜半，有物自门隙蠕蠕入，薄如夹纸。入室后，渐开展作人形，乃女子也。曹殊不畏。忽披发吐舌，作缢鬼状。曹笑曰：'犹是发，但稍乱；犹是舌，但稍长。亦何足畏！'忽自摘其首置案上。曹又笑曰：'有首尚不足畏，况无首耶！'鬼技穷，倏然灭。及归途再宿，夜半，门隙又蠕动，甫露其首，辄唾曰：'又此败兴物耶？'竟不入。"

狰狞鬼

zhēng níng guǐ

又叫作恶鬼，这类鬼可以在白天出现。它们跑的速度很快，力量极大，常常拿着镶满钉子的大棒，喜欢吃人和兽的血肉。狰狞鬼的种类很多，有赤面鬼、青面鬼等。在《异苑》《灵鬼志》等书中，有狰狞鬼中赤鬼的介绍。

遇到狰狞鬼时，举起手中的武器向它宣战，或许还有活命的机会。因为狰狞鬼很爱惜自己的身体，一旦受伤流血，就会飞快地逃跑。在古代的志异笔记中，很多人都是靠自己的勇敢，从狰狞鬼的面前生还的；也有的人将黑灰、鸡血涂在脸上，装成狰狞鬼的同类而得以活命。

民间故事

狰狞鬼

义熙年间，平原人陈皋坐船从广陵的樊梁后出来，突然有个红色的鬼要求搭船。那鬼有一丈来高，头戴一顶像鹿角的绛色帽子。只见鬼一下子就上了船。陈皋一向会运气，于是放声唱起了南方家乡的民谣。那鬼又吐舌头又瞪眼睛。陈皋就用棍子打鬼，鬼立刻散成一团团火，把周围都照亮了。没过多久陈皋便死了。

出处

《灵鬼志》："平原陈皋，于义熙中，从广陵樊梁后乘船出。忽有一赤鬼，长可丈许，首戴绛冠，形如鹿角，就皋求载，倏尔上船。皋素能禁气，因歌俗家南地之曲，鬼乃吐舌张服。以杖竿掷之，即四散成火，照于野。皋无几而死。"

虚耗鬼
xū hào guǐ

民间传说中给人招来祸害的恶鬼。这种鬼喜欢偷盗他人的财物，还能偷去他人的欢乐，使人变得忧郁。

民间故事

虚耗鬼

民间传说，唐玄宗就曾梦见过一个小鬼，偷了自己的玉笛和杨贵妃的香囊。玄宗叫住小鬼，小鬼自称"虚耗"。玄宗立即唤人，于是钟馗出现，将虚耗撕成两半吃掉了。事见《岁时广记》卷四十。

出处

《异苑》："虚耗鬼所至之处，令人损失财物，库藏空竭，名为耗鬼。其形不一，怪物也。"

刀劳鬼

dāo láo guǐ

临川郡内的山上有一种怪物，出没的时候常常伴有狂风暴雨。这种怪物会从口中喷出含有剧毒的气体，这种气体会像箭一样射人。被毒气射中的地方，一会儿就会肿起来，毒性非常强。这种怪物有雌有雄，雄的毒性来得快，雌的毒性来得慢。毒性快的不超过半天就死了，毒性慢的可以过一天。如果抢救得稍微晚了一些，受伤的人就会死掉。而死掉的人不经过火烧的处理，也会变成鬼。民间把这种鬼怪称作"刀劳鬼"。

刀劳鬼喜欢在山中潮湿阴冷的地方待着，没有风雨的日子不会出来活动。它发出的声音好像人在咆哮，俗称"鬼叫"或"鬼嚎"。

出处

《搜神记》："临川间诸山有妖物，来常因大风雨，有声如啸，能射人。其所着者，有顷，便肿，大毒。有雌雄：雄急，而雌缓；急者不过半日间，缓者经宿。其旁人常有以救之，救之少迟，则死。俗名曰'刀劳鬼'。"

刀笭鬼

百鬼荒繪

鬼麕邉

负尸鬼
fù shī guǐ

附在人背后的尸体，使人略觉沉重，回头看时必然被吓到。这种鬼的头和身体是分离的。

民间故事

负尸

从前，有个樵夫去集市上卖完柴，扛着扁担回家。走在半路上，忽然觉得扁担后面如有重物。回头一看，却见一个没有头的人，悬挂在上面。樵夫吓了一跳，抽出扁担就乱打，死尸便不见了。樵夫吓得抱头飞奔，跑到一个村庄。这时已是黄昏，樵夫见几个人正举着火把照着地面，好像在找什么东西。樵夫上前一打听，才知原来他们刚才正围坐在一起，忽然从空中掉下来一个人头，须发蓬乱，一转眼又没有了。樵夫也讲了自己看见的鬼，合起来正好是一个人，但谁也推究不出它是从哪里来的。

曹娥负尸

曹娥是东汉有名的孝女,她在五月初五投江寻找父亲尸体。

后来,有个人挎着篮子走过,其他人忽然看见篮子里有个人头。惊讶地询问他,他这才大惊失色,把人头倒在地上,然而一转眼又不见了。

出处

《聊斋志异·负尸》:"有樵夫赴市,荷杖而归,忽觉杖头如有重负。回顾,见一无头人悬系其上。大惊,脱杖乱击之,遂不复见。骇奔,至一村,时已昏暮,有数人火照地,似有所寻。近问讯,盖众适聚坐,忽空中堕一人头,须发蓬然,倏忽已渺。樵人亦言所见,合之适成一人,究不解其何来。后有人荷篮而行,忽见其中有人头,人讶诘之,始大惊,倾诸地上,宛转而没。"

第三卷 — 鬼 —

舟幽灵

zhōu yōu líng

民间传说，死在海上的人的灵魂会变作舟幽灵，它们拥有超自然的力量，可以随心所欲地召唤出幽灵船。这些舟幽灵会利用船作为诱饵，使附近船只的船长驾船偏离航线，驶向死亡。

海南岛附近有一个叫作"鬼哭滩"的奇怪地方。行舟于海上时，浪顶会有无发的百余具死尸竞相追来。据说它们不会加害于人，但船夫一旦遇上这种舟幽灵，还是会不断投掷米饭给它们。

外貌形态

它们可以是一种经常出没在海面的怪物，也可以是出现在海洋上空的灵魂。生活在海里的舟幽灵长得像鳗鱼，身长数米，异常庞大。

舟幽灵

《画图百鬼夜行》 鸟山石燕绘

在风急浪高的大海上，突然出现一个人影，他向船上的人借勺子。而借给他后，他竟然不断往船里舀海水，直到把船弄沉为止。这就是舟幽灵。

第三卷 — 鬼 —

民间故事

溺水亡灵

浙江省四明地区，有一位贸易商郑某。一天晚上正在行船，突然远方传来一阵阵的鼓声。声音越来越接近，待靠近仔细一看，只见一艘很长的大船上，两舷有几十个人正高声呐喊摇着橹，船快速行驶着。当这艘船快接近郑某的船时，仿佛惧怕人类似的，立刻潜入海中。然后又在郑某行驶的船的前方再次露出海面，不久便扬长而去。据船夫说，那些摇橹的人都是溺水的亡灵，见到它们即是凶兆。于是，郑某即刻掉转船头返航回家。

出处

此故事来源于日本作家水木茂所著《中国妖怪事典》。

浮游
fú yóu

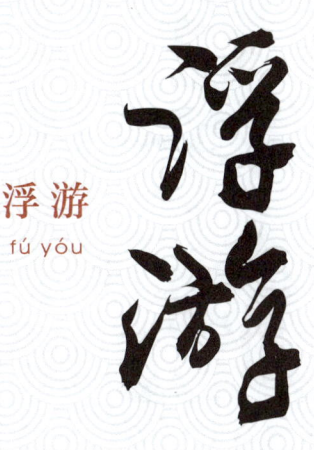

原是共工的臣子，后被颛顼打败，自杀后成为怨灵。

民间故事

浮游化熊

春秋时，晋平公在屏风前梦见一头红色的熊，从此便一病不起。

平公向郑国的子产询问原因，子产回答："以前共工的大臣浮游，被颛顼打败后，自溺于淮河。后来浮游化身为红色的熊，危害人间。如果在宫殿里看到浮游，政权就会崩乱；如果在门口看到浮游，臣子就会作乱；如果在屏风前看到浮游，不会有大事发生，您的病也不会致死。你只要祭祀颛顼和共工就可消除。"

平公按子产说的做了，没多久病就痊愈了。

出处

《少室山房笔丛·九流绪论下》："晋平公梦朱熊窥其屏，恶之而疾，问于子产，对曰：'昔共工之卿曰浮游，败于颛顼，自沉于淮。其色赤，其言善笑，其行善顾，其状如熊。'"

旱魃
hàn bá

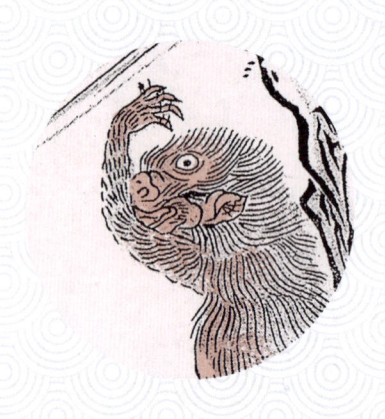

旱魃，乃传说中造成旱灾的鬼怪。将旱魃投入茅厕中，旱灾才能消除。俗话说："旱魃一出，赤地千里。"旱魃行走如风，凡是它所经过的地方都会大旱，寸草不生，所以旱魃成了世人嫌弃的妖怪。

民间故事

旱魃之鬼

贞观初年，洛阳一带夏季干旱严重，登封县向西四十里有人说是有旱魃肆虐。老人说："旱魃到，必定有火光跟随它。"命令少年天黑后凭高眺望，果然看见火光进入一个农民家。随后击打它，火焰散乱，声音很响亮。古人说旱魃长三尺，它们行走的速度就像风。

魖

《画图百鬼夜行》 鸟山石燕绘

魖面似人，身似兽，眼睛长在头顶，有一手一脚。

第三卷 鬼

旱魃

清·《吴友如画宝》

赤水女子献就是在黄帝大战蚩尤于冀州时立下赫赫战功的女魃,她是旱精,所到之处滴雨不至,灾旱连连。清代《吴友如画宝》中记述了民间传说的旱魃是女尸模样的怪物。

出处

《神异经》:"南方有人,长二三尺,袒身,而目在顶上,走行如风,名曰魃,所见之国大旱,赤地千里。"

《续夷坚志·告成旱魃》:"贞初,洛阳界夏旱甚,登封西四十里告成人说有旱魃为虐。父老云:'旱魃至,必有火光随之。'命少年辈合昏后凭高望之,果见火光入一农民家,随以大击之,火焰散乱,有声如驰。古人说旱魃长三尺,其行如风,至于有驰声,则不载也。"

衢州三怪
qú zhōu sān guài

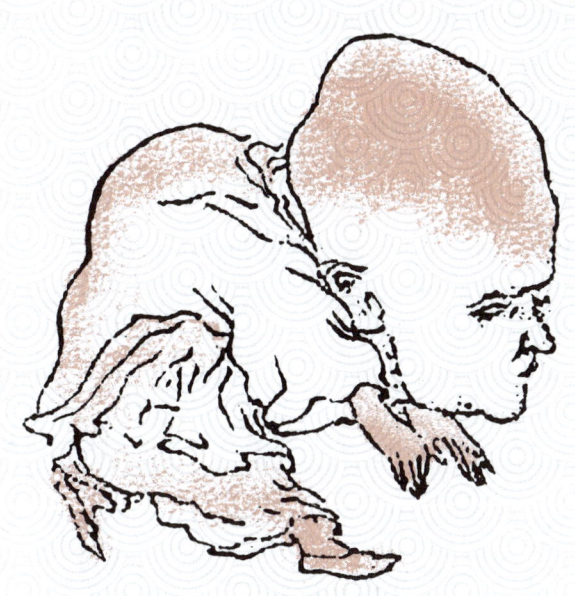

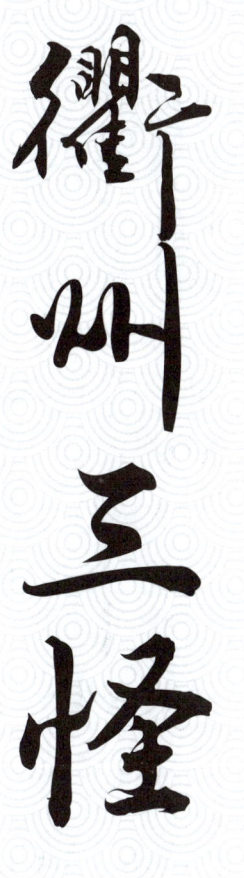

第三卷 一 鬼 一

衢州三怪的故事记载于《聊斋志异》一书中。

第一怪是钟楼上的大头鬼，青面獠牙，血盆大口。大头鬼本是天上魁星的一支朱砂笔，头大且尖，远看似头上长角。神仙用笔时，不慎将其跌落凡间。毛笔怪住惯了笔筒，喜欢笼居，来到凡间后便藏身于衢州的钟楼里。又因怕光，白天怕现了原形，所以常常在晚上出没。夜里只要见行人单独行走便会追，直追得那人气绝身亡。如果有人看到行人被鬼追就会得病，不久就会病死。

第二怪是县学池塘的白布怪，据说是由观音菩萨的白丝腰带所变。也许是因为风太大被吹到了衢州，落入了县学池塘。白天的时候，白布怪躲在塘底，到了晚上就浮出水面，吸收月亮的光华。一旦有人经过，白布怪就会化作一匹白帛，横在路中间或浮于水面。路过的人看到漂亮的白布缎，出于贪婪的心理会弯腰去拾或伸手去捞，或用棒子去拨弄。白布怪就会腾空而起，把人卷入塘中，活活淹死。

第三怪是蛟池塘的鸭怪，据说是王母娘娘瑶池里的老鸭精下凡。蛟池塘本是衢州人放养家禽的地方，自从鸭怪来了以后，衢州人家里的鸭子便逐日减少。很多人到塘边来找鸭子都找不到，即使听到鸭叫也找不到，很多人还得了怪病。后来只要夜深人静的时候，蛟池塘一带便会发出可怕的叫声，附近居民听到声音都会被吓得生病。多数人久病不起，过后便会死去。

蒲松龄的神怪故事，虽说荒诞奇特，倒也耐人寻味，为衢州这座古城平添了一种神秘和离奇的色彩。

民间故事

大头鬼

传说，古时衢州的钟楼上有个大头鬼，每到深夜便会发出叫声。这声音如果被人听到，便会一病不起。有一年，一个胆子很大的学徒，听到叫声后毫不惧怕，提着一盏灯去上茅厕。大头鬼怕光，见学徒迟迟不把灯拿走，便说："大人好大胆也！"学徒应道："小鬼头不小哉！"说完用揩屁股的手纸往大头鬼嘴上一抹，拎上灯盏顾自走了。从此大头鬼便销声匿迹了。

出处

《聊斋志异·衢州三怪》："张握仲从戎衢州，言：'衢州夜静时，人莫敢独行。钟楼上有鬼，头上一角，象貌狰恶，闻人行声即下。人骇而奔，鬼亦遂去。然见之辄病，且多死者。又城中一塘，夜出白布一匹，如匹练横地。过者拾之，即卷入水。又有鸭鬼，夜既静，塘边并寂无一物，若闻鸭声，人即病'。"

安阳亭三怪

ān yáng tíng sān guài

第三卷 —鬼—

安阳亭三怪指由蝎子、母猪、公鸡变化成的妖怪。

民间故事

书生除三怪

安阳县城南边有一个亭子,晚上不能住宿,因为在亭子里住宿就会被杀。

有位书生精通法术,一次他路过亭子,要求在此住宿。村民对他说:"这里不能住,以前在此住宿的人没有一个活下来的。"书生回答说:"没关系，我自会应付。"于是，书生便住在亭中的客房里，晚上一直端坐读书，读到很晚才休息。

半夜，一个身穿黑色单衣的人在门外呼喊："亭主！亭主！"亭主应声回答。黑衣人问："看见亭中有人吗？"亭主回答说："先前有一个书生在这里读书，刚刚才休息，可能还没有睡着。"门外的人轻声叹息着离开了。一会儿，又有一个戴红头巾的人来呼喊亭主，问话与先前那人相同。随后，也是轻声叹息后便离开了。

之后，亭中一片寂静。书生知道，不会来人了，就立即起身来到刚才有人呼喊的地方，模仿着呼喊："亭主。"亭主也应声回答。书生问："亭中有人吗？"亭主的回答与先前一样。书生又问："刚才那个穿黑衣服的是谁？"亭主回答说："是北屋的老母猪。"书生又问："那个戴红头巾的又是谁？"亭主回答："是西屋的老公鸡。"书生问："你又是什么呢？"亭主说："我是老蝎子。"于是，书生不敢睡觉，暗中背书一直到天明。

天亮后，村民们到亭子来观看，看见书生后非常吃惊，说："你是怎么活下来的？"书生说："赶快去找把剑来，我同你们一起去捉鬼怪。"书生手里提着剑，来到昨晚问话的地方寻找。果然，一只与琵琶差不多大的老蝎子被书生找到。然后，又在西屋找到了老公鸡，在北屋找到了老母猪。书生把三个鬼怪全部杀死。从此，亭中的毒害被根绝，再也没有灾祸发生了。

出处

《搜神记》："安阳城南有一亭，夜不可宿；宿，辄杀人。书生明术数，乃过宿之。亭民曰：'此不可宿。前后宿此，未有活者。'书生曰：'无苦也。吾自能谐。'遂住廨舍。乃端坐，诵书。良久乃休。夜半后，有一人，着皂单衣，来，往户外，呼亭主。亭主应诺……"

羽衣人

yǔ yī rén

穿着羽衣的妖怪，有男有女，男子能使男人怀孕。

民间故事

羽衣人

晋元帝永昌年间，暨阳县一农夫任谷，有天干活累了，在树下休息。忽然一个穿着羽衣的人，走过来奸污了他，过后就消失了。此后任谷便怀孕了。妊期足够将要分娩之时，那羽衣人又来了。他用刀从任谷的下阴穿入，生出一条小蛇。

后来任谷成了太监，在皇宫中陈述了这件事情，于是被留在了宫里。

出处

《搜神记》："元帝永昌中，暨阳人任谷，因耕息于树下，忽有一人，着羽衣，就淫之，既而不知所在。谷遂有妊。积月将产，羽衣人复来，以刀穿其阴下，出一蛇子，便去。谷遂成宦者，诣阙身陈，留于宫中。"

五奇鬼

wǔ qí guǐ

　　五鬼中有四只没有眼睛，只有一只有一个眼睛，因此其他四鬼全仰赖这只眼睛，才能看见东西。五奇鬼总是形影不离，除了有眼睛的那只鬼外，其余四鬼都无法任意行动，一切都要听从一目鬼的命令。

　　五奇鬼会来到人睡觉的地方，用鼻子去嗅人身上的味道。五只鬼不是一起去闻，而是一只接着一只，按顺序去闻。被第一只鬼闻过的人，就会生病；随着第二、第三只鬼去闻，那个人的病情会越来越严重；等第五只鬼闻过之后，那个人就会死去。

　　据说五奇鬼不伤害善人，也不伤害恶人，只伤害不善不恶之人，这一点很奇怪。五奇鬼只伤害熟睡的人，如果遇到五奇鬼，站起来跑掉就可以了。

五狗鬼

百鬼荒绘

民间故事

五奇鬼

在浙江的某家旅店里，一天夜里，客人们都入睡了，只有一个姓钱的男子还醒着。当屋内的灯光突然变得昏暗时，五奇鬼出现了。

其中一只鬼正要闻某位客人时，一目鬼开口道："那个人是个好人，不许闻他。"于是，另一只鬼又接近另一位客人。这时一目鬼又说了："那个人是个有福分的男人，不许闻他。"后来，当第三只鬼接近另一位客人时，一目鬼又说道："那个男人是个坏蛋，不许闻他。"这时，四只鬼便问该闻谁，一目鬼指着另外两个人说："就他俩，这两个人既不为善，也不作恶，无福无禄，好像正等着我们吃。"说完，四只鬼按照顺序闻了闻。最后，一目鬼也闻了。姓钱的男子凝视着，发现那两位客人的鼻息渐弱，同时五只鬼的肚子都胀了起来。

据说，五奇鬼一般会在疫病流行的那年出现。

出处

《子不语》："浙中有五奇鬼，四鬼尽瞽，唯一鬼有一眼，群鬼恃以看物，号'一目五先生（一目鬼）'。遇瘟疫之年，五鬼联袂而行，伺人熟睡，以鼻嗅之。一鬼嗅则其人病，五鬼共嗅则其人死。四鬼侎侎然斜行踽踽，不敢作主，唯听一目先生之号令……"

促织

cù zhī

儿童变化成的蟋蟀，斗无不胜。

民间故事

征收蟋蟀

明朝宣德年间，皇室里盛行斗蟋蟀。陕西华阴官吏为了巴结上司，每年都征收蟋蟀，失期则要受到重罚。乡民成名因此受到责罚，被打成重伤，几欲自杀。后受巫婆指点，找到了一只不错的蟋蟀。等候征收时，却被小儿子失手弄死。小儿子因此投井，却未死亡，神魂化作一只瘦小的蟋蟀，结果斗无不胜，拯救了成名一家，并因此而富贵。

出处

《聊斋志异·促织》："宣德间，宫中尚促织之戏，岁征民间。此物故非西产，有华阴令欲媚上官，以一头进，试使斗而才，因责常供。令以责之里正。市中游侠儿得佳者笼养之，昂其直，居为奇货。里胥猾黠，假此科敛丁口，每责一头，辄倾数家之产……"

第三卷 — 鬼 —

判官

pàn guān

　　古代民间传说中阴间的官名，职责是判处人的轮回生死，对坏人进行惩罚，对好人进行奖励。其中四大判官分别为赏善司、罚恶司、察查司和阴律司。凡来阴间报到的鬼魂，先经孽镜台前映照，显明善恶，区分好坏。若是生前行善的鬼，全由赏善司安排，根据生前行善程度予以奖赏。在六道轮回中，登天成神或是投胎做人，都只需在孟婆处喝一碗迷魂茶，忘却前世恩怨。若是生前作恶多端的坏人，全由罚恶司处置，根据阎罗王的"四不四无"原则量刑，轻罪轻罚，重罪重罚。再交由阴差送到罚恶刑台或送往十八层地狱直至刑满，再交轮回殿去变牛变马，才能重返阳世。察查司的职责是让善者得到善报，好事得到弘扬，让恶者受到惩处，并为冤者平反昭雪。阴律司则专门执行为善者添寿、让恶者归阴的任务。

白鬼荒怨

民间故事

崔珏断虎

贞观元年，唐太宗任崔珏为潞州长子县县令，他为民勤政，治理有方，使长子县路不拾遗，夜不闭户，深受百姓爱戴。相传他能昼理阳间事，夜断阴府冤，发摘人鬼，胜似神明。在民间有许多关于崔珏断案的传说，尤以"明断恶虎伤人案"的故事流传最广。

故事是说长子县有一座名为雕黄岭的大山，常有猛兽出没。某日，一位樵夫上山砍柴，被猛虎吃掉。其母痛不欲生，上堂喊冤。崔珏即刻差衙役孟宪持符牒上山拘虎。在山神庙前，孟宪将符牒诵读后供在神案，随即就有一虎从庙后窜出，衔符至孟宪前，任其用铁链捆绑。恶虎被拘至县衙，崔珏升堂审讯，堂上历数恶虎伤人之罪行，恶虎连连点头。最后崔珏判决：啖食人命，罪当不赦。虎便触阶而死。

出处

《潞安府志》："县境有虎，祷于神，遣一吏追捕，至，伏阶下，杀之。"

牛头马面

niú tóu mǎ miàn

牛头马面取材于中国传统文化中勾魂使者的形象。据《铁城泥犁经》记载：阿傍为人时因不孝敬父母，死后在阴间变为牛头人身，担任巡逻和搜捕逃跑罪人的衙役。据记载，佛教最初只有牛头，传入中国后，由于民间讲究对称，才又配上了马面。

民间故事

牛头鬼混人间

照民间迷信说法，牛头鬼还有混迹人间的。《夷坚丙志》中记载了一则牛头鬼的趣事。

牛頭司傍
日見荒縄

馬面羅剎

白鬼荒怨

牛头狱卒奉命带催命符来人间捉人，不慎弄丢了命符，无法交差，不敢返回冥界，于是便在人间鬼混。它虽变化为人形，但终究是鬼，所以还具有些鬼的模样，被人们喊作"张鬼子"。它在人间一混就是二十年。当地有个州学正张某，天性刻薄，年老之后更加刻薄。即便是学生请假，他也很吝啬，不肯准假。学官给学生五天假，张某却改为三天；学官给三天假，他便改为两天。在其他事情上，张某也都大致如此。因此学生们都对张某不满。

众人让张鬼子装作阴府鬼吏去吓唬张某，张鬼子欣然同意，并说："我愿意从命。但是，装假必须逼真。因此需要一个冥司文牒才行。"众人问："冥司文牒长什么样呢？"张鬼子说："我曾见到过别人做的冥司文牒。"于是张鬼子便要来纸张，用白矾写成冥司文牒，而且在文牒后面画了押。

这天夜里，张鬼子来到州学，但学校的门已上了锁，张鬼子便从门缝中钻进学校，众人一见都感到很惊愕。张某看见张鬼子后，怒斥道："畜生怎敢如此？一定是众人让你装鬼来吓唬我的。"张鬼子笑笑说："我奉阎罗王之命前来拿你。"张某向张鬼子索要冥司文牒。张某还没看完文牒，张鬼子取下头巾，露出头上的两只角来，张某被吓得惊叫一声，当即倒地而死。张鬼子出来站在庭院中说道："我真的是冥府的牛头狱卒，奉命来拿张某，但因渡水时丢失了冥司文牒，至今已二十年了，我怕阎罗王惩罚我所以不敢回阴府。全靠各位秀才之力，我现在可以回阴府去复命了。今天这事儿可以说是弄假成真了。"张鬼子拜谢众学生后便消失了。

出处

《夷坚志·张鬼子》："洪州州学正张某，天性刻薄，老而益甚，虽生徒告假，亦靳固不与。学官给五日则改为三日，给三日则改为二日，它皆称是，众憾之。有张鬼子者，以形容似鬼得名，众使为作阴府追吏，以怖张老。鬼子欣然曰：'愿奉命，然弄假须似真，要得一冥司牒乃可。'众曰：'牒式当如何？'曰：'曾见人为之。'乃索纸以白矾细书，而自押字于后……"

黑白无常

hēi bái wú cháng

中国传统文化中的一对神祇，也是最有名的鬼差。白无常面白如粉，身穿白衣，头戴白色的高帽，高帽上有"一见生财"四字，手持白色哭丧棒，只有间或吐出来的长舌头是鲜红色的，相当诡异；而黑无常则全身都是黑色，高帽上有"天下太平"四字。黑白无常的责任是负责拘魂，也就是夺取活人的生命，使之变成死人，再把人的灵魂带到阴间听候处理。

但黑白无常要拘魂的时候，也不是乱来的，它们自己没有决定权，只能接受阎王的命令。阎王有一本"生死簿"，上面记载着世间所有人的姓名和寿元，某某人，某年某月寿终。到了此人寿终的一刻，阎王就会派黑白无常将此人的魂拘走。

白無常

百鬼荒愁

黑無情

民间故事

无常鬼

在清代的小说集《醉茶志怪》里有则故事讲的就是黑白无常。其中一则说的是一个大夫,晚上雇了轿子回家。半路遇见两个大鬼,高俱盈丈,一个身穿白衣,一个身穿青衣,昂然阔步至寺前。这两个鬼,就是勾魂的黑白无常鬼,当晚见到它们的人,后来都死了,只有躲在轿子后没看见的人幸免了。

出处

《醉茶志怪·无常二则》:"邑某医,夜乘肩舆,路过城隍庙,轿夫忽停步不前。怪而隔帘视之,见二大鬼高俱盈丈,一衣白,一衣青,昂然阔步至寺前。门忽豁然自辟,揖让而入,门复自合。时月色光明,纤毫毕见。归后不数日,医与轿夫四人亡其三焉,独在轿后未见鬼者幸免。"

黑衣白袷鬼
hēi yī bái jiá guǐ

第三卷 鬼

一种专门来索命的鬼。《搜神记》中有记载黑衣白袷鬼的故事。

民间故事

黑衣白袷鬼

吴兴人施续是寻阳郡的督军，擅长言谈议论。他有一名学生，也懂得名理之学，主张无鬼论。

一天，一个黑衣白领的客人突然来与这名学生交谈，很自然地就谈到了鬼神之事。第二天，客人说不过这名学生，便说："虽然你能言善辩，但是理由并不充分。我就是鬼，你怎么能说没有呢？"施续的学生问道："那你为什么来这里？"鬼答道："我受指派来索取你的性命，死期就在明天吃饭的时候。"施续的学生赶忙向鬼乞求活命。鬼问他："这里有没有长得像你的人？"学生说："施续的帐下都督，同我比较相像。"

于是鬼和这名学生一起来到都督那里。鬼和都督相对而坐，然后拿出一把一尺多长的铁锥，放在都督的头上，举起铁锤敲下去。都督说："头感觉有一点痛。"后来头痛得越来越厉害。一顿饭的工夫，就死了。

出处

《搜神记》："吴兴施续为寻阳督，能言论，有门生亦有理意，常秉无鬼论。忽有一黑衣白袷客来，与共语，遂及鬼神。移日，客辞屈。乃曰：'君辞巧，理不足。仆即是鬼，何以云无？'……"

鬼吏
guǐ lì

按照阴司文书索命的鬼怪。《搜神记》中有记载鬼吏的故事。

民间故事

索命鬼

汉代时，下邳县有个叫周式的人。他在去东海郡的路上，碰到一个小吏，拿着一卷文书，请求搭船。船行十多里后，那小吏对周式说："我要去拜访一个人，我把文书暂时寄存在你的船上，你千万不要打开看。"

小吏走后，周式偷偷地翻开文书，发现文书里记载着死人的名录。在下面的条目中，赫然看见了自己的名字。一会儿小吏回来了，周式却还在看文书。小吏生气地说："刚才我已经告诫过你别看文书，你却把我的话视同儿戏。"周式连忙向他磕头求饶，磕得血都流出来了。过了许久，小吏说："虽然我很感激你让我搭船，但文书上你的名字却不可以除去。你离开我后赶快回家，三年之内别出门，这样就可以渡过难关了，还有千万别跟其他人说。"

周式回家后一直闭门不出，在家中待了两年多，家里的人都感到奇怪。一次有位邻居去世，他父亲因他一直不出门，很生气，硬要让他到邻居家去吊唁。周式拗不过父亲，不得不去。哪知刚一出家门，就看到那个小吏。小吏说："我嘱咐过你三年别出门，你今天却出门了。我也没办法了，三天后就会有人来捉你。"

周式回到家后，痛哭流涕地告诉了家人。他的父亲坚决不相信，母亲则日日夜夜守着他。到了第三天中午，果然看见有人来捉周式，周式就这么死了。

出处

《搜神记》："汉下邳周式，尝至东海，道逢一吏，持一卷书，求寄载，行十余里，谓式曰：'吾暂有所过，留书寄君船中，慎勿发之！'去后，式盗发视，书皆诸死人录，下条有式名……"

山魈
shān xiāo

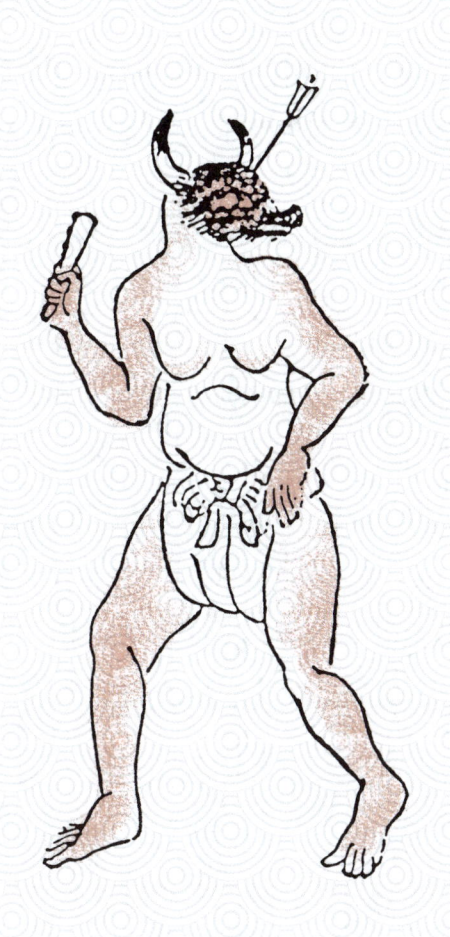

第三卷 —— 鬼 ——

一种生活在山中的鬼怪。传说山魈跑得比豹子还快，可徒手撕裂虎豹，乃是山中霸王，且寿命很长。

民间故事

怪物山魈

孙太白的曾祖父，曾在南山的柳沟寺读书。秋天时，会回故乡待个十天左右再回来。孙公不在寺庙的日子，书斋里的桌上布满了灰尘，窗户上也结满了蜘蛛网。他回到寺庙后，便立刻命下人将书斋打扫干净，然后便关门就寝。

夜深时，突然传来呼呼的风声，然后是"砰砰砰"的声响。孙公心想，大概是寺僧忘记关门了。紧接着，风声越来越近，玄关的门也打开了。然后，风声突然又变成了脚步声，朝寝室而来。不一会儿，寝室的门突然大开，只见一个高大的鬼怪弯腰而入。它目光锐利，环顾着房内，然后张开血盆大口，吼叫起来。孙公吓坏了，急忙抽出藏在枕头下的刀，一刀砍下去。可刀一碰到鬼的肚子，竟传来似水龟的声音。恼怒的鬼怪伸出巨大的手，眼看就要抓住孙公，孙公猛地将身体缩了回去，鬼向前扑了个空，只抓住棉被就离去了。

孙公大声叫醒仆人，仆人急忙提着灯跑来，将孙公扶到床上。听完孙公的叙述，众人四处盘查，发现棉被夹在寝室的门缝里。打开房门仔细查看，发现上面竟留下了一些爪印，还有一个个的洞。孙公再度回乡省亲，从此再也没有发生什么怪事了。

出处

《聊斋志异·山魈》："孙太白尝言：其曾祖肄业于南山柳沟寺。麦秋旋里，经旬始返。启斋门，则案上尘生，窗间丝满。命仆粪除，至晚始觉清爽可坐。乃拂榻陈卧具，扃扉就枕，月色已满窗矣。辗转移时，万籁俱寂。忽闻风声隆隆，山门豁然作响……"

鬼魅

guǐ mèi

迷信者以为人死后，离开形体而存在的精灵。可见鬼者，乃人死后之灵魂也。

民间故事

西门亭闹鬼

后汉时，汝南郡汝阳县有个西门亭经常闹鬼。在那里留宿的旅客，常常离奇死亡，其中死得最惨的是头发掉光，骨髓被吸干。询问缘由，人们说这里原先就有怪物。

后来郡府属官，宜禄县人郑奇来到这里，在离亭还有六七里的路上，遇到一个长相端正的妇人要求搭车。一开始郑奇有点为难，后来还是让妇人上了车。到了西门亭，郑奇走到亭阁前，亭卒说："不能上楼去。"郑奇说："我不怕。"这时天快黑了，郑奇上了楼，与搭车的妇人一起睡觉了。

　　第二天天还没亮，郑奇就起来走了。亭卒上楼打扫，看见一个死去的妇人，连忙跑去报告亭长。亭长击鼓召集东亭所属各里吏来察看辨认死妇。后查明她是亭西北八里吴家的妇人，昨晚刚死，正要装进棺材时灯突然熄灭了。等到再点亮灯时，妇人的尸身已经不见了。

　　后来吴家人来西门亭把妇人领了回去。郑奇出发后走了几里路，就感到腹痛。到了南顿县利阳亭时，腹痛加剧便死去了。于是再没有人敢上楼去住了。

出处

《搜神记》："后汉时，汝南汝阳西门亭，有鬼魅，宾客止宿，辄有死亡。其厉，厌者皆亡发、失精。寻问其故，云：'先时颇已有怪物。'其后，郡侍奉掾宜禄郑奇来，去亭六七里，有一端正妇人乞寄载，奇初难之，然后上车，入亭，趋至楼下……"

鬼津

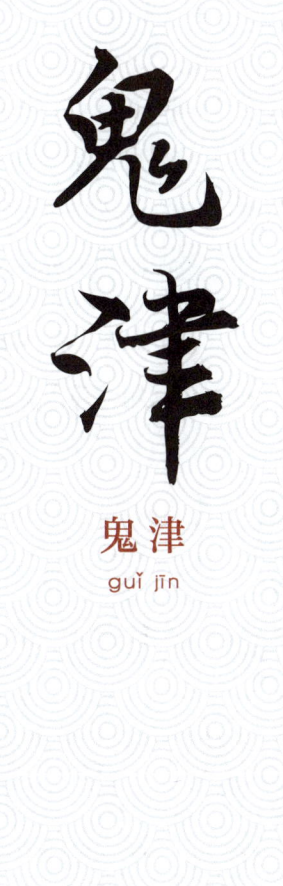

鬼津
guǐ jīn

面黑而壮实的丑妇，穿墙而出，吐出唾沫灌入人口中，使人窒息而死。若有幸未死，则需饮用参芦汤救治。

民间故事

吐口水的鬼

古时有个姓李的人，一天他躺在床上休息，突然看见从墙中走出来一个妇人，头发蓬散凌乱遮挡着脸。那妇人走到李某的床前，用手把头发一分，露出脸来。李某十分害怕，想要逃跑。妇人突然跳到了李某的床上，用力抱住他的头，与他口对口，用舌头把唾液送进李某的口中。那唾液冰冷得如同冰块，渐渐流到喉咙间。李某不想咽下去，但又不能喘气；咽下去又稠又黏，会塞住喉咙。李某才刚喘一口气，紧接着嘴里又被堵得满满的，急得喘不上气时，就咽一口。就这样过了很久，他实在憋得不能忍受了，这时听到门外有人走动的脚步声，妇人才放开手匆忙离去。

至此以后，李某就腹胀得喘不过气来，几十天都吃不下饭。有人告诉他可以饮用参芦汤，饮后吐出一些像鸡蛋清一样的东西，病才会好。

出处

《聊斋志异·鬼津》："李某昼卧，见一妇人自墙中出，蓬首如筐，发垂蔽面，至床前，始以自分，露面出，肥黑绝丑。某大惧，欲奔。妇猝然登床，力抱其首，便与接唇，以舌度津，冷如冰块，浸浸入喉……"

丁姑

丁姑
dīng gū

丹阳县丁家的女儿，十六岁时嫁给了全椒县谢家。她的婆婆严厉凶狠，让她干活都有定额，不按时完成就会任意鞭打。丁姑不能忍受其折磨，在九月九日上吊死了。于是就有神显灵，在百姓当中流传。

丁妇由巫祝来传话："考虑到做人家媳妇，每天劳作得不到休息，让她们免掉九月九日的劳作，这一天不用做事。"于是每年的九月九日，人们不再干活。

民间故事

丁姑渡江

淮南郡全椒县，有一个姓丁的媳妇，她本来是丹阳县丁家的女儿，十六岁时嫁到全椒县谢家。她的婆婆严厉凶狠，役使劳作规定数额，完成不了便用鞭子抽打她。她忍受不了就在九月九日那天上吊自杀了。

有一次，丁氏现出了原形，穿着淡青色的衣服，撑着一把青黑色的伞，身后跟着一名婢女，来到牛渚津找船渡江。有两个男人，在同一条船上捕鱼，她就请求乘他们的船过江。这两个男人嘻笑着一齐调戏丁氏说："如果你能顺从我们，做我们的老婆，我们就把你渡过去。"丁氏说："你们是好人，竟一点道理也不懂。你们是人，会让你们死在泥土里；是鬼，会让你们死在水中。"说完就退进草丛中去了。

一会儿，一个老翁划船载着芦苇来了，丁氏又向他求渡。老翁说："船上没有篷盖，怎么可以露天渡江？载你过河恐不合适。"丁妇说不要紧。老翁便把芦苇卸去了一半，安置她们坐在船中，把她们渡到了南岸。丁妇临别时对老翁说："我是鬼神，不是凡人，自己能够渡江。只不过应该让老百姓稍微听说我的事情。老人家情深谊厚，卸下芦苇渡我过江，我十分感激，我会用东西来感谢您的。如果您很快回去，一定能看到什么，也会得到什么。"

老翁回到西岸，看到两个男人淹死在水里。再向前行了几里，便有近千条鱼在水边跳跃，风把它们都吹到了岸上。老翁扔掉船上的芦苇，装上鱼回家去了。

出处

《搜神记》："淮南全椒县有丁新妇者，本丹阳丁氏女，年十六，适全椒谢家。其姑严酷，使役有程，不如限者，仍便笞捶不可堪。九月九日，乃自经死。遂有灵响，闻于民间。发言于巫祝曰：'念人家妇女，作息不倦，使避九月九日，勿用作事。'……"

紫玉
zǐ yù

第三卷 — 鬼 —

吴王夫差的小女儿，因与公子韩重相爱，遭到父王的反对，气结而死。入地府后，阎王感念二人爱情之真挚，特赦她的鬼魂与韩重同居三日，完成夫妇之礼。

民间故事

吴王小女

吴王夫差的小女儿紫玉，年方十八。喜欢上了公子韩重，两人私下约定要成亲。韩重到齐鲁一带求学，临走时，嘱托父母前去为他求婚。结果，吴王非常恼怒，不同意女儿嫁给韩重。紫玉气急郁闷而死，埋葬在阊门外面。

三年后，韩重回家，问起求婚之事，父母告诉他："吴王发怒，不同意这桩婚事，紫玉气结而死，都已安葬了。"韩重痛哭流涕，带上祭品到紫玉坟前祭奠。紫玉的魂魄从坟中出来，与韩重相见，涕泪交加地说："当年你走后，你父母替你向我父王求婚，原以为父王会成全我们。不料分别之后，竟遭遇如此厄运。

紫玉在坟墓里和韩重一起饮食起居，留他住了三天三夜，与他完成了夫妻之礼。临走时，紫玉取出一颗明珠送给韩重，说："我的名声已败坏，希望也已断绝，还有什么可说的呢？希望你时时保重自己。如果能去我家，代我向我父王表达敬意。"

韩重出了墓穴去拜见吴王，向他讲述了这件事。吴王大怒，说："我女儿早就死了，你却编造谎言来玷污她。这不过是掘墓盗物，却假托于鬼神罢了。"于是当即命人抓捕韩重。韩重逃脱出来，到紫玉坟前诉说了事情的经过。紫玉说："别担心，今天我就回去告诉父王。"

一天吴王正在梳洗，忽见紫玉，又惊又喜，问她："你怎么又活了？"紫玉连忙跪下禀告："之前书生韩重请求娶女儿为妻，父王不许。女儿已是名声损毁，情意断绝，自毁自身招致身亡。如今韩重从远方归来，知道我已死，特意带着祭品到墓前吊唁。我被他始终如一的真情感动，就与他见了面，还送给他明珠。那明珠绝对不是他掘墓偷盗得的。还请父王不要追究问罪。"吴王的夫人听说后，赶紧出来抱女儿，紫玉却如一缕青烟飘走了。

出处

《搜神记》："吴王夫差小女，名曰紫玉，年十八，才貌俱美。童子韩重，年十九，有道术，女悦之，私交信问，许之为妻。重学于齐、鲁之间，临去，嘱其父母，使求婚……"

婴宁
yīng níng

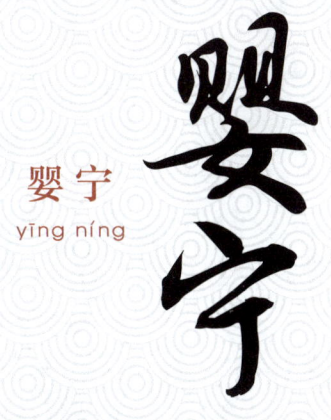

第三卷 — 鬼 —

一只爱笑的小狐狸，人和狐狸结合的后代，被鬼母抚养长大。

民间故事

爱笑的女鬼

正月十五上元节这一天，一位书生与表弟一起游玩时，见到一位美丽的女子，于是一见钟情。女子叫婴宁，她见书生呆呆望着她的傻态，把花扔在地上笑着走了。

回家后，书生相思成病，家人带他出游散心。在郊外，他无意中走到了一户人家。交谈得知，这里住着的老妇人竟是他的姨母，而婴宁则是他的表妹。于是由老妇人主婚，把婴宁嫁给了书生。

书生把婴宁带回家后，母亲说姨母秦氏已过世多年，于是家人对婴宁产生了疑心。但观察她的日常举止没什么异样，只是爱笑，每日笑声不

婴宁是一只小狐狸变成的鬼。

断。即便是隆重的婚礼,也几乎被她笑成了一场闹剧。

婚后的婴宁爱花,常攀在架上摘花赏玩。有位无赖公子看到婴宁的美貌,起了不良之心。婴宁笑着指着花架下的墙,那人以为是约他晚上在墙下相会。晚上,那人来到墙下,伸手就要抱婴宁,婴宁却变作带刺枯木。那人受尽戏弄后,夜里死去。他的父亲告到官府,王母责怪婴宁都是爱笑惹的祸,婴宁从此不笑。

一日,婴宁忽然哭着对书生说出身世,原来她是狐狸所生,由鬼母养大,而鬼母就是书生的姨母秦氏。婚后一年,婴宁生了一个男孩,这个孩子在襁褓中见人就笑,众人见了都很喜爱。

出处

《聊斋志异·婴宁》:"王子服,莒之罗店人。早孤,绝慧,十四入泮。母最爱之,寻常不令游郊野。聘萧氏,未嫁而夭,故求凰未就也。会上元,有舅氏子吴生邀同眺瞩……"

博兴女

bó xīng nǔ

遭遇恶霸反抗不从而被杀死的少女，怨气使神龙助其复仇。

民间故事

博兴女

博兴人王某有个女儿，刚满十五岁。当地一恶霸看中了他女儿的姿色，趁她外出时强抢了去。女子不从，哭喊着抗拒撕打。这恶霸便将其打死，将她的尸体用石头坠着，沉在了家门外一个深水塘中。

王某到处找不到女儿，正无计可施之时，天上忽然下起了暴雨。一声霹雳，一条龙飞腾而下，将恶霸的脑袋拧下来抓走了。不一会儿，雨过天晴，塘中女尸浮了上来，一只手中还抓着一个人头。仔细一看，正是恶霸的首级。官府得知后，将恶霸的家人逮了去讯问，才知道实情。

出处

《聊斋志异·博兴女》："博兴民王某，有女及笄。势豪某窥其姿，伺女出，掠去，无知者。至家逼淫，女号嘶撑拒，某缢杀之……"

第三卷 — 鬼 —

鬼母
guǐ mǔ

南海的小虞山上，有一种鬼叫作鬼母。这类鬼最奇特的本领是生鬼，传说鬼母一胎就能生产十个鬼，通常是早晨生下来，晚上就吃掉。《楚辞·天问》中有"女岐无合，夫焉取九子"之语，袁珂认为女岐就是鬼母。在苏杭一带的防风庙中曾有其供像。

出处

《述异记》："南海小虞山中有鬼母，能产天地鬼。一产十鬼，朝产之，暮食之，今苍梧有鬼姑神是也。虎头龙足，蟒目蛟眉。今吴越间防风庙，土木作其形，龙首牛耳，连眉一目。"

鬼母

壁画　元代　山西青龙寺

壁画中，中央女子即为鬼母。此画为汉地画风，鬼母头戴发冠，身穿天衣，一手放胸前，一手执衣服上的饰带，衣饰飘然。在鬼母右侧绘有两个红色身的夜叉，他们或将孩童托于掌上，或让孩童骑于肩上，陪他们嬉戏玩耍。

青蛙神

qīng wā shén

长江、汉水一带为祸的妖怪，得到当地民众的信崇，常与人结合。

民间故事

薛蛙之家

湖北某地有祀奉青蛙神的习俗，十分灵验。蛙神的女儿十娘，由神指配给少年薛昆生为妻。十娘美丽和善，但就是不会操持家务。婚后薛家财旺丁盛，小夫妻也十分恩爱。

一天，昆生的母亲议论十娘不会做针线活，十娘听到后便跟婆婆起了争执。昆生火了，说："不会孝敬公婆，就不要在我家里。"十娘赌气离开了薛家。当天夜里，蛙神降灾，薛家的房屋无故起火。昆生很气愤，到蛙神庙与蛙神评理："你是神，你女儿不孝敬婆婆，难道你还要我向她认错？你不讲理，我也会烧了你的庙。"

蛙神总归是正直的，第二天他便让十娘回家赔礼道歉，夫妻和好如初。十娘也谦逊识礼了。一年后，十娘生了双胞胎儿子，薛家子孙繁衍，当地人背后都称他家为"薛蛙之家"。

青蛙神

《中国民间信仰研究》 法国教士禄是道撰
南方长江、汉水一带，民间信奉青蛙神最虔诚。

出处

《聊斋志异·青蛙神》："江汉之间，俗事蛙神最虔。祠中蛙不知几百千万，有大如筐者。或犯神怒，家中辄有异兆：蛙游几榻，甚或攀缘滑壁，其状不一，此家当凶。人则大恐，斩牲禳祷之，神喜则已……"

白头公

bái tóu gōng

树妖，长相是一位白发苍苍的小老头，只有四五尺高。当有人想要伐树时，会以命相搏。似乎会分身术，要连杀四五次才死。

民间故事

藏在树中的小人

魏国桂阳太守江夏郡人张辽离开鄢陵县，隐居在家中买了田地。田地中有棵大树有十多围宽，枝叶茂盛，遮住了几亩地，使地上不能长出庄稼。于是张辽就派遣门客去砍掉它。斧子刚砍了几下，就有六七斗红色的浆汁流了出来。门客惊恐万分，报告给张辽。张辽十分生气地说："树老了，树浆就红了，怎么这样大惊小怪！"于是他自己再去砍那棵树，竟然有大量的鲜血流出。张辽就让门客先砍树枝，谁知一个白发的老头，大约只有四五尺高，突然从树枝间跳出来，直奔张辽。张辽用刀抵挡，一共砍掉他的头四五次。旁边的人都吓得趴在地上。待仔细看那死去的白发老人，既不是人，也不是野兽。这就是木石的妖怪——夔之类的东西吧？

这一年，张辽接受司空征辟，拜侍御史、兖州刺史。他以俸禄二千石的高贵地位，去探访家乡，祭祀祖先，白天穿着绣花衣花得过分，竟然也没有别的妖怪了。

出处

《搜神记》："魏，桂阳太守江夏张辽，字叔高，去鄢陵，家居，买田，田中有大树，十余围，枝叶扶疏，盖地数亩，不生谷。遣客伐之，斧数下，有赤汁六七斗出，客惊怖，归白叔高……"

老青狗
lǎo qīng gǒu

年岁过大的青狗成精，可以在人家中任意作祟，比如弄脏食物，偷窃东西，放火等等。

民间故事

老青狗的恶作剧

右扶风的臧仲英，任侍御史。他家里的仆人做了饭菜，放在木托盘中，却有尘土掉进去把饭菜给弄脏了。烧饭马上要烧熟了，却又不知锅到什么地方去了。更神奇的是兵器、弓箭自己会动。火从竹箱里冒出来，箱子里的衣物全都烧光了，而箱子却还像原来的样子完好无损。家里的妇女和丫鬟，有一天都丢了镜子；过了几天，却看见镜子从堂下被扔到厅堂里，还有人声在说："还给你们镜子。"孙女只有三四岁，忽然不见了，找来找去不知道在什么地方，过了两三天，却在厕所中的大粪下面啼哭。像这样的恶作剧数都数不过来。

汝南郡的许季山，一向善于占卜，他为此占了个卜，说："你家一定有一条老青狗，而家中有个仆人名叫益喜，与它一起干了这些事。如果你真想要杜绝这种事的发生，就要杀掉这条狗，遣送益喜回老家去。"臧仲英按他的办法做了，怪事果然不再发生了。后来他被调任太尉长史，又被升迁为鲁国相。

出处

《搜神记》："右扶风臧仲英，为侍御史。家人作食，设案，有不清尘土投污之。炊临熟，不知釜处。兵弩自行。火从簏篚中起，衣物尽烧，而簏篚故完。妇女婢使，一旦尽失其镜；数日，从堂下掷庭中，有人声言：'还汝镜。'……"

虎姑婆
hǔ gū pó

岭南民间传说中的一种猫首人身的妖怪。喜食幼童，常用耳朵盖住额头，装扮成老妇人的样子，拐走幼童供自己食用。

虎姑婆住在山丘顶部的枯树里，乌鸦就是它们的信使。一旦有人经过，乌鸦就会给虎姑婆报信。在福建和台湾等地也有类似的传说，并认为虎姑婆是由老虎精变化而成。不过这种妖怪没有多大的法力，厉害的只有那张嘴。传说它们的头顶长有第三只眼睛，只要把这只眼睛戳瞎，就能杀死它。

虎姑婆

虎姑婆会装扮成老妇人的样子,拐走幼童供自己食用。

第三卷 鬼

民间故事

虎媪传

歙县在群山之中，那里有许多老虎，年老且是雌的，有一些会变成人的样子来害人。

从前有一个山民，让自己的女儿带着一筐枣，去送给她的外祖母。外祖母的家在六里之外的地方，年幼的弟弟也跟着，姐弟俩都是十多岁。傍晚的时候，他们迷了路，遇到一个老妇人问他们："你们到哪里去？"他们回答说："准备去外祖母家。"老妇人说："我就是你们的外祖母。"两个孩子说："我们记得母亲说过，外祖母脸上有七颗黑痣，婆婆你并不像啊。"老妇人说："是的。刚才我筛簸，黑痣被糠秕、灰尘蒙住了，我要洗一洗。"于是老妇人在小涧边拾起七个螺贴在脸上。她走到两个孩子面前说："看见黑痣了吗？"于是孩子们相信了她，跟着她一起，来到了一个像洞穴一样的屋子里。

老妇人简单地准备了晚餐。吃过晚餐后，她命令孩子们睡觉，并说："你们两个谁更胖一点，谁就枕着我，在我怀里睡。"弟弟说："我更胖。"于是弟弟枕着老妇人睡觉，姐姐睡在老妇人脚边。躺下之后，女孩感觉老妇人的身上有毛，便问道："这是什么啊？"老妇人说："这是你们外公的旧羊皮裘，天气太冷，我穿着它睡觉而已。"到了半夜，听到有吃东西的声音，女孩说："怎么啦？"老妇人说："我在吃你们送来的枣子，夜晚又冷又长，我年纪大了，忍受不了饥饿。"女孩说："我也饿了。"于是老妇人给她一个枣，手指是冰冷的。女孩很害怕，坐起来说："我要上厕所。"老妇人说："深山里有很多老虎，你出去恐怕会被老虎吃掉，还是小心一点，不要起来了。"女孩说："婆婆用粗绳子系在我的脚上，有急事就把我拉回来。"老妇人允许了，于是用绳子绑住她的脚，握住绳子的末端。

女孩起身，拖着绳子走，在月光下一看，绳子原来是人的肠子。女孩急忙解开，爬到树上躲避。老妇人等了很久，呼唤女孩却没有回应，又叫道："孩子回来，听我的话，不要让寒风把你吹病了，你回去你的母亲会说我没好好照顾你。"于是拉动肠子，肠子到了跟前，却没有女孩。老妇人爬起来，边跑边叫，看到女孩在树上，叫她下来，女孩却不回答。老妇人恐吓她说："树上有老虎。"女孩说："树上比席子上好，你才是真正的老虎，你怎么忍心吃掉我的弟弟？"老妇人大怒，转身离开了。

不一会儿天亮了，有个挑担的人经过，女孩大叫道："救我，有老虎！"挑担的人把女孩的衣服覆盖在树上，挑着女孩快速离开了。过了一会儿，老妇人带着两只老虎过来，指着树上的衣服说："人在那里。"两只老虎折断了树，一看是一件衣服，认为老妇人欺骗了它们，大怒，大叫着咬死了老妇人，然后离开了。

出处

《虎媪传》："歙居万山中，多虎，其老而牝者，或为人以害人。有山氓，使其女携一筐枣，问遗其外母。外母家去六里所，其稚弟从，年皆十余，双双而往。日暮迷道，遇一媪问曰：'若安往？'曰：'将谒外祖母家也。'媪曰：'吾是矣。'二孺子曰：'儿忆母言，母面有黑子七，婆不类也。'曰：'然。适簸糠蒙于尘，我将沐之。'……"

大青小青

dà qīng xiǎo qīng

大青小青的哭声代表着不祥，像是几十个人在哭丧，凡出现的地方必有尸体。

民间故事

大青小青

庐江郡皖县、枞阳县两县境内，有大青小青隐居在山野之中。人们时常会听见山野中传来哭声，哭声多的时候可达到几十人，有男有女，有大人有小孩，像是刚死了人似的。

附近的村民听到哭声，又惊又怕，跑到那里去看，却常常看不见人。然而在发出哭声的地方，必定有尸体。一般来说，哭声较大的话，就是大户人家死了人；哭声较小的话，就是小户人家死了人。

出处

《搜神记》："庐江皖、枞阳二县境，上有大青小青黑居山野之中，时闻哭声，多者至数十人，男女大小，如始丧者。邻人惊骇，至彼奔赴，常不见人。然于哭地，必有死丧。率声若多，则为大家；声若小，则为小家。"

鬼弹

鬼弹
guǐ dàn

永昌郡禁水中，一种看不见形状的鬼怪。会用东西向人投掷，人一旦被掷中便会死去。

民间故事

禁水鬼弹

汉代永昌郡不韦县有条河叫作禁水。禁水里有毒气，从正月到十月间都无法过河，只有在十一月、十二月的时候才能勉强过河。如果有人在正月到十月间过河，就会生病，甚至死去。因为禁水里的毒气中有一种邪恶之物，看不见它的形状，但它一动就会有声音，好像在投掷什么东西。它一旦打中树木，树木就会被折断；投中人，人就会被击毙。当地人称它为"鬼弹"。所以永昌郡有犯了罪的人，就把他们送到禁水旁边，不超过十天，这些犯人就都死了。

出处

《搜神记》："汉，永昌郡不违县，有禁水，水有毒气，唯十一月、十二月差可渡涉，自正月至十月不可渡；渡辄病杀人，其气中有恶物，不见其形，其似有声。如有所投击，内中木，则折；中人，则害。土俗号为"鬼弹"。故郡有罪人，徙之禁防，不过十日，皆死。"

第三卷 一鬼一

馎饦媪
bó tuō ǎo

为人煮馎饦的老妇人，其实是由土鳖而变。

民间故事

土鳖虫

古时，有一位韩秀才。一天晚上他的妻子正在床上躺着，忽听见人的脚步声。炉子里的炭火烧得很旺，屋里被照得明亮。这时，一位约八九十岁的老太婆，驼着背走过来。她对韩秀才的妻子说："你吃馎饦吗？"妻子吓得不敢应声。老太婆用铁筷子拨了拨炉火，把锅放在上面烧水。不一会儿水开了，老太婆撩起衣襟解开腰上的口袋，拿出数十个馎饦，放进锅里，然后自言自语地说："等我找筷子来。"就出了门。

韩秀才的妻子趁老太婆出去，急忙起身端起锅，把馎饦倒在竹席的后面，然后蒙上被子躺下。过了一会儿，老太婆回到屋里，逼问锅里的馎饦哪里去了。韩秀才的妻子吓得大声呼叫，家里的人全醒了。老太婆这才离去。拿开竹席用火一照，只有数十个土鳖虫在那里。

出处

《聊斋志异·馎饦媪》："韩生居别墅半载，腊尽始返。一夜妻方卧，闻人视之。炉中煤火，炽耀甚明。见一媪，可八九十岁，鸡皮橐背，衰发可数……"

蒙双氏

méng shuāng shì

一对相恋的兄妹,相互拥抱而死,死后化作连体妖怪,人称蒙双氏。

古时高阳氏的时候,有两个一母所生的兄妹,后来成了夫妻。颛顼帝把他们流放到崆峒山里的荒野上,两人便互相拥抱着死了。神鸟用不死草覆盖了他们。七年后,两人连成一体,又活过来了。

外貌形态

连体妖怪,有两个头,四只手,四只脚。

出处

《搜神记》:"昔高阳氏,有同产而为夫妇,帝放之于崆峒之野,相抱而死。神鸟以不死草覆之。七年,男女同体而生,二头,四手足,是为蒙双氏。"

第三卷 — 鬼 —

妖
第四卷

妖

Goblin

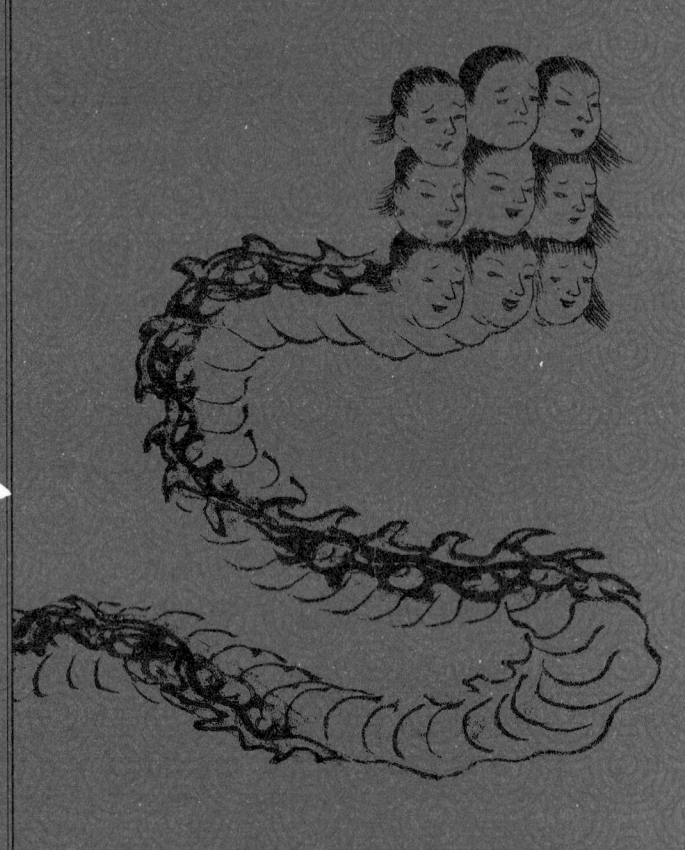

九尾狐 jiǔ wěi hú	• 518
天狐 tiān hú	• 521
金华猫 jīn huá māo	• 523
猫鬼 māo guǐ	• 526
水虎 shuǐ hǔ	• 529
姑获鸟 gū huò niǎo	• 532
罗刹鸟 luó shā niǎo	• 534
魑魅魍魉 chī mèi wǎng liǎng	• 537
鲛人 jiāo rén	• 540
率然 shuài rán	• 543
画马 huà mǎ	• 544
瞳人 tóng rén	• 546
耳中人 ěr zhōng rén	• 549
败扇妖 bài juē yāo	• 551
无支祁 wú zhī qí	• 553
马皮蚕女 mǎ pí cán nǚ	• 557
土蝼 tǔ lóu	• 559
树神黄祖 shù shén huáng zǔ	• 560
柳神 liǔ shén	• 562

黑鱼精 hēi yú jīng	· 564
夜明 yè míng	· 567
腾蛇 téng shé	· 568
九尾蛇 jiǔ wěi shé	· 570
修蛇 xiū shé	· 572
九婴 jiǔ yīng	· 573
鸣蛇 míng shé	· 575
化蛇 huà shé	· 576
担生 dān shēng	· 577
委蛇 wěi yí	· 579

钩蛇 gōu shé	· 581
马绊蛇 mǎ bàn shé	· 582
唤人蛇 huàn rén shé	· 583
梅山七怪 méi shān qī guài	· 584
凿齿 záo chǐ	· 586
猪豚蛇 zhū tún shé	· 587
贲羊 bēn yáng	· 589
犀犬 xī quǎn	· 590
彭侯 péng hòu	· 592
相柳 xiāng liǔ	· 595

傒囊	• 598
xī náng	
肥遗	• 600
féi yí	
猪婆龙	• 601
zhū pó lóng	
蝮虫	• 602
fù chóng	
蜃	• 603
shèn	
稍割牛	• 605
shāo gē niú	
蛊	• 606
gǔ	
野狗	• 607
yě gǒu	
人面牛	• 609
rén miàn niú	
燃犀	• 611
rán xī	

猪妖	• 612
zhū yāo	
患忧	• 614
huàn yōu	
蛇媚	• 616
shé mèi	
危狐	• 618
wēi hú	
嘘猿	• 619
xū yuán	
槎妖	• 620
chá yāo	
庆忌	• 621
qìng jì	
霹雳	• 623
pī lì	
貙人	• 624
chū rén	
猳国	• 626
jiā guó	

九尾狐

九尾狐
jiǔ wěi hú

　　中国古代传说中的奇兽。九尾狐善变化，能蛊惑人心，性喜食人，常利用婴儿的哭泣声引诱人上当。

　　在众多的兽类形象中，九尾狐的形象特征是鲜明的，几乎家喻户晓。先秦时代，狐被视为瑞兽，但是到了北宋初期，九尾狐就被妖化了。此外，经历千年流变后的九尾狐，不仅食人的形象越发突出，更多了魅惑的狐妓形象。传说它们经常会变化成艳丽的女子，去诱惑男子。

　　九尾狐的形象在西周铜器上出现过，后来又和蟾蜍、三足乌一起出现在西王母的身边。从怪兽到祥瑞之兽，也许这只狐狸最后真的修炼成仙，留在了虚无缥缈的昆仑仙山。

九尾狐
青丘國在海東
之北有狐四足
九尾汲郡云栢
柸子出征嘗獲
一狐九尾

九尾狐

清·郝懿行绘

硕大尾巴是九尾狐作为瑞兽的标志，灵性的大眼睛又表明它同时具有灵兽与神兽的神格。

外貌形态

传说中九尾狐的形象乃四脚怪兽,通体上下长着火红的绒毛,有九条尾巴。

神话故事

大禹涂山遇九尾狐

在涂山一直流传着一首歌谣,大意是谁若是有幸看见九尾白狐,他便可以称王;谁若是娶了涂山氏的女儿,他的家族就会变得越来越兴旺,子孙后代昌盛。

传说大禹的父亲鲧因为治理洪水而死去,大禹继承父亲的遗志,专心致志地治水,整天到处奔走操劳,一直未娶妻。直到有一天,大禹经过涂山,遇见一只白色的九尾狐,将涂山氏女娇介绍给了他。后来大禹娶了涂山氏女娇为妻。涂山氏当时在东夷非常强大,在日后大禹争夺帝位的过程中对他帮助很大。

出处

《山海经·南山经》:"又东三百里,曰青丘之山,其阳多玉,其阴多青。有兽焉,其状如狐而九尾,其音如婴儿,能食人,食者不蛊。"

天狐

天狐
tiān hú

古代传说中有通天之术的仙狐。据东晋作家郭璞所著《玄中记》中记载，狐狸活到五十岁时能幻化成妇人，活到一百岁时能幻化成美丽的女子，活到一千岁时能与天沟通，被称为天狐。天狐能知晓千里以外的事情，善于蛊惑人心，迷惑人的心智。

外貌形态

身形似狐，但大多数时候不是以狐狸的真面目出现。

民间故事

道士治天狐

《太平广记》引《纪闻》记载了一则关于天狐的故事。

大唐时有位高道叶法善,道法高深,深得皇帝器重,被封为天师。有一位出身望族的人,被任命为江南某地的刺史。践行时,他让亲戚朋友先去河边等他。等晚上他到河边时,却发现妻子还没到,就回去找她。

回去后,别人告诉他,他的妻子早走了。说有一个印度婆罗门和尚拿着花在前面走,后面跟着几辆马车,他的妻子也在里面。他循着车子的痕迹,找到了北邙虚墓门,看到二十几个妇人跟着那个和尚合掌念佛。他喊她们,可那些妇人都面露怒色。他上去抓住妻子,却被妻子骂道:"我和圣人一起在天堂中,你是什么东西,敢这样阻拦!"他非常生气,就想去捉那和尚,可那和尚已经不见了。

于是他把妻子和那些妇人都绑了回来,妇人们都又哭又闹。等天亮的时候,他去请教天师叶法善。叶法善说:"这是一只天狐,我教训一下它就好,不能杀。吃饭的时候这狐狸一定来,到时你和它一起来我这里。"说罢将书符交给邑宰,邑宰回去后把书符贴在了门上,那些妇人就都醒了。

等吃饭时僧人果真来了。僧人的敲门讨饭声传入宅内,妇人们一听到声音就抢着跑出去,一边跑还一边叫:"佛又来了!"拦也拦不住。邑宰出去把僧人绑了起来,抬到了叶法善的住处圣真观。叶法善见到僧人,解去了他的捆绑,喝道:"速复汝形!"僧人求饶。叶法善说:"不可!"这时僧人变成了一只老狐狸。叶法善打了狐狸一百鞭子,又把袈裟还给狐狸,狐狸又变成了僧人。叶法善命僧人去千里之外。僧人大礼拜谢,出门就不见了。

出处

《玄中记》:"狐五十岁,能变化为妇人。百岁为美女,为神巫,或为丈夫与女人交接,能知千里外事,善蛊魅,使人迷惑失智。千岁即与天通,为天狐。"

金华猫

JīN huá māo

第四卷 — 妖 —

自古以来，猫就给人以神秘的感觉，而且它们来无影，去无踪。据说猫能通灵，民间传说中，金华猫是由人饲养的猫所变成的妖怪，能幻化成人形，迷惑人心。

民间故事

金华妖猫

传说，古代在婺州金华县有一种猫，一旦在人家中饲养了三年以后，每到中宵之夜，就会蹲坐在屋顶，张开嘴巴对着月亮，吸收月亮的精华，久而久之就变成了妖怪。成精之后它们便潜入深山幽谷之中，掘洞而居，白天伏匿，到日落时分出来魅惑人。如果遇到的是女子，就会变成美男子；遇到的是男子，就会变成美女来诱惑人。

这种猫妖有时也会潜入人的家中。它们一进去先是溺在水中，人一旦喝了这水，就会看不见猫妖的身形。凡是被猫妖祸害的人，身体会逐渐衰弱，最后卧病不起。家人发现不对劲，就会在夜里给病人披上青衣。到黎明时再看，如果青衣上有毛，就证明这是猫妖所为，于是暗地里请猎人来。

猎人牵着数只猎犬前来，因为只有猎犬才能捕捉到猫妖。一到病人家中，猎人便将猎犬放开。当猎犬捕捉到猫妖，猎人就会剥它的皮，烤它的肉给病人吃，病人吃完就能痊愈。不过，据说如果生病的是男子，捕捉到的是公猫；生病的是女子，捕捉到的是母猫的话，便无法医治，病人不久后就会死去。

出处

《坚瓠集》："金华猫，畜之三年后，每于中宵，蹲踞屋上，伸口对月，吸其精华，久而成怪，入深山幽谷，朝伏匿，暮出魅人，逢妇则变美男，逢男则变美女。每至人家，先溺于水中，人饮之，则莫见其形。凡遇怪者，来时如人，日久成疾。夜以青衣覆被上，迟明视之，若有毛，必潜约猎徒，牵数犬，至家捕猫，剥皮炙肉，以食病者，方愈；若男病而获雄，女病而获雌，则不治矣。府庠张广文有女，年十八，殊色也，为怪所侵，发尽落，后捕雄猫始瘳。"

猫又

《画图百鬼夜行》 鸟山石燕绘

猫又，俗称猫妖，与金华猫一样，都是由猫变成的妖怪。在日本是非常有灵气的邪妖。

猫鬼

猫鬼
māo guǐ

古时有一种诅咒人死亡的妖术，被称为"蛊毒"，而在蛊毒中最邪恶的莫过于操纵猫鬼的手段。就是在猫死了变成猫鬼以后，术士就会利用猫鬼去杀死他所指定的人，并夺取他的财产。

据说人一旦被猫鬼缠上，身体和心脏就会像针刺一般疼痛，同时还会使人产生一种强烈的恐惧感。这是因为猫鬼正在吞噬人的内脏，不久之后人就会吐血而亡。

民间故事

独孤皇后中猫鬼之蛊

隋开皇十八年（599年）年初，隋朝国母独孤皇后突然病倒在床，且全身刺痛。隋文帝对独孤皇后十分的敬重，见其病倒，忙叫御医视病。

猫又

这名御医也是个有见识之人，一视病情便说："这不是自然之病，而是猫鬼之疾。"隋文帝一听猫鬼之言，便想到了独孤陀。

独孤陀是独孤皇后同父异母的弟弟，与隋文帝算是亲戚，所以隋文帝知道他家中的一些秘事。据传，独孤陀的外婆家世代畜养猫鬼，独孤陀的一个舅舅就曾因畜养猫鬼不慎，反被猫鬼所害。这件事隋文帝早有耳闻，但当时只以为是荒诞之事，也就不置可否。所以此次独孤皇后中猫鬼之疾，隋文帝立马就联想到了他。

隋文帝本身就是一个多疑之人，一旦对谁起了疑心，就会认定是谁。于是便命令左仆射高颎、纳言苏威等大臣共同查案。后来居然查出了一些线索，抓住了此案件中的关键人物——独孤陀家的婢女徐阿尼。徐阿尼被抓后，经不住拷问就招了："我以前是独孤陀外婆家的婢女，在那里就开始畜养猫鬼。后来到了独孤陀家，又继续畜养猫鬼。并受独孤陀之命，放猫鬼去害人，被害人家的财物就会转移到独孤陀家中。有一天，独孤陀在后花园里对我说，放猫鬼到皇后处，使皇后的财物转移到他家中。"

但是单凭除阿尼的一面之词，很难定独孤陀的罪。于是便要徐阿尼唤猫鬼出来，一究真假。子夜时分，徐阿尼置一碗香粥于宫门外，念一番咒语后，再拿一汤匙轻敲碗边，口中喃喃道："猫女出来，毋住宫中；猫女出来，毋住宫中。"不久，徐阿尼便目光呆滞，脸色发青，整个人就像被什么东西拉扯着。看的人忍不住惊呼道："猫鬼附体了，猫鬼附体了。"此案遂定。独孤陀因是皇后的弟弟，免了杀头之罪，但却被贬为庶民，不久之后便抑郁而终。

这便是历史上有名的"独孤陀事件"。

出处

《隋书·外戚传·独孤陀》："陀婢徐阿尼言，本从陀母家来，常事猫鬼。每以子日夜祀之。言子者鼠也。其猫鬼每杀人者，所死家财物潜移于畜猫鬼家。陀尝从家中素酒，其妻曰：'无钱可酤。'陀因谓阿尼曰：'可令猫鬼向越公家，使我足钱也。'阿尼便咒之归……"

水虎

水虎
shuǐ hǔ

传说中的一种水生怪物。水虎是湖北河流中的一种妖怪，它们通常是全身潜入水中，只露出如虎爪一般的膝盖在水面上。它们平时个性温和，但如果有小孩子对它们恶作剧，则会遭到它们的咬啮。

水虎的头顶是秃的，头上有一个凹下去的肉坑，里面装着一洼水，据说这就是这种怪物最致命的地方。古人为了制伏水虎作怪，就会诱骗它弯腰，一旦头顶上的水倒掉，它就会变得虚弱无比，束手就擒。

外貌形态

外表看起来像三四岁的儿童，背上背着像乌龟壳一样的甲壳，全身长着鳞甲一样的硬皮，弓箭都无法刺破。

水虎

《画图百鬼夜行》 鸟山石燕绘

水虎来自中国，流传到日本后便成了与河童外形相似、体格更为壮硕、性格更加凶猛的妖怪。

民间故事

河童

在中国民间，水虎都是以恐怖的面目出现的，它们会突然袭击水中嬉戏的小孩，河边喝水的马儿，将其捉住，然后掏空它们的内脏，吃得只剩下一个空壳。它们的力气特别大，能将人畜直接拖到河底吃掉。

在日本，水虎被称作"河童"。江户时代，就有很多关于河童的传说，也出现过很多相关的故事。到了近现代，日本人还制作了大量关于河童的连环画和动画片，河童在日本可谓家喻户晓。相传那时候，人们在水上修建桥梁或建筑时，通常都要将人的名字写在纸条上，然后塞进木头或草人的身上。这种行为在日本文化里叫作"叫魂"，据说这样做可以使桥梁和水上的建筑稳固。法事做完之后，用过的纸条和人偶就会被扔进水里，而这些受诅咒的灵魂，就会化为河童。日本人认为河童最喜欢吃小黄瓜，所以他们经常用黄瓜作为诱饵，诱捕河童。

出处

《水经注·沔水》："水中有物，如三四岁小儿，鳞甲如鲮鲤，射之不可入。七八月中，好在碛上自曝。膝头似虎，掌爪常没水中，出膝头。小儿不知，欲取弄戏，便杀人。或曰，人有生得者，摘其鼻厌，可小小使之。"

姑获鸟

gū huò niǎo

姑获鸟又名夜行游女或是鬼车,据说这种鸟会吸取人的魂魄。姑获鸟居住在磷火闪耀的地方,它们披上羽毛即变成鸟,脱下羽毛就化作人间美丽的女子。

传说姑获鸟是由死去产妇的执念所化,它们会抱着婴儿在夜里行走,而婴儿的哭声就化成了姑获鸟的叫声。它们还会将人间的女孩当作养女抚养,如果谁家将孩子的衣服晾在屋外过夜,一旦被姑获鸟发现,它们就会在衣服上留下血迹作为记号,然后取走孩子。

民间故事

仙女的羽衣

在豫章郡,有位男子发现田野里有六七个美丽的女子。他并不知道这些女子是鸟,便匍匐在地上偷偷爬了过去。这些女子当时都脱下了羽毛,男子将其中一人的羽衣藏了起来,之后他又向其他女子爬去。

姑获鸟

《画图百鬼夜行》 鸟山石燕绘

姑获鸟是死去产妇的怨念所化，专偷别人的孩子来养，并抱着婴儿在夜里行走。

这群女子见到该男子后大吃一惊，慌忙抓起羽衣各自飞走了。可其中一人的羽衣被男子藏了起来，想走也走不了，不得已只能和男子结为夫妻。

几年后，夫妻二人生了三个女儿，但女子一直念着想要回家。后来她让女儿探问父亲，得知羽衣藏在稻谷堆里。她找到羽衣，穿上就飞走了。过后她又带回三件羽衣来接三个女儿，女儿们也跟她一起飞走了。最后，只留下男子一人在人间。

出处

《玄中记》："姑获鸟夜飞昼藏，盖鬼神类。衣毛为飞鸟，脱毛为女人。一名天帝少女，一名夜行游女，一名钩星，一名隐飞。鸟无子，喜取人子养之，以为子。今时小儿之衣不欲夜露者，为此物爱以血点其衣为志，即取小儿也。故世人名为鬼鸟，荆州为多。"

罗刹鸟
luó shā niǎo

一种生长在墟墓中的妖怪。相传墟墓之间阴气太重，尸气积郁，时间长了就会化作罗刹鸟。这种鸟专爱吃人的眼睛，与夜叉、修罗等厉鬼恶怪同属一类。

民间故事

吃眼球的罗刹鸟

雍正年间，京城一富豪为儿子娶媳妇，女方家住沙河门外，也是名门望族。

成亲那天，新娘上了花轿，车马前后簇拥，热闹非凡。路过一座古墓时，忽然从墓穴里刮出一阵劲风，绕着花轿回旋数次。飞舞的沙尘迷住了

罗刹鸟会变化身形作怪，这种鸟专爱吃人的眼睛。

第四卷

—妖—

人的眼睛，马匹受惊乱作一团。家丁们匆忙稳住花轿和马匹，缓步前行，许久风沙才停息。

到了新郎家，众人步入厅堂，落轿。礼宾的人揭开轿帘，扶新娘出来，不料后面又紧跟着一个新娘，自己掀开轿帘走了出来，与先前的新娘并肩而立。众人吃了一惊，两人衣服的样式和颜色，没有一丝差异，真伪难辨。吉时将至，新郎只能牵着两个一模一样的新娘步入礼堂，拜天祭祖见过父母亲朋，行夫妻之礼。娶一妻却得一双，新郎心中窃喜。

夜深人群散后，三人共入洞房，仆人们各自回房睡觉，公婆叔姑也就枕安寝。突然新房内传来惨叫之声，宅内上下全被惊醒，纷纷披衣而起。推门进去，只见满地鲜血淋漓，新郎倒在地上，床上一个新娘躺在血泊中，而另一个不知去向。仆人点上灯在房内四处照看，才惊见梁上栖着一只大鸟，灰黑色的羽毛，钩子一样的喙，长着巨大的雪白色的爪。

众人吆喝着上前击打，可手中的剑棍太短，打不到梁上的鸟。正商量着去拿弓箭和长矛，大鸟忽然眼冒青光，振翅飞起，夺门而出。众人去扶昏倒的新郎，新郎醒来后道："我们三个坐了很久，正要解衣就寝，左边的新娘忽然一挥袖子，我的两只眼睛就被挖去了。一阵剧痛让我昏死过去，不知她什么时候变成了鸟。"众人转而询问新娘，她答道："听到夫君大叫之时，她已化作怪鸟，而后朝我袭来，啄去了我的双目。"

数月后，夫妻俩经过治疗，总算没什么大碍，感情也很好，但眼睛从此看不见了。

出处

《子不语·罗刹鸟》："雍正间，内城某为子娶媳，女家亦巨族，住沙河门外。新娘登轿，后骑从簇拥。过一古墓，有飘风从冢间出，绕花轿者数次。飞沙眯目，行人皆辟易，移时方定……"

魑魅魍魉

魑魅魍魉
chī mèi wǎng liǎng

第四卷 — 妖 —

　　严格地说是"山精"，为"木石之怪"的总称，是由山林中的异气化生的鬼怪，擅长魅惑人，杀人无形。后用来比喻各种各样的坏人，原作"魑魅罔两"。

　　民间传说，在荒无人烟的深山，或古老的森林，走夜路的人常常会遇到山魈之类的鬼怪，都是木、石、禽、兽变的。魍魉鬼很怕腰鼓声，因此古人常用这种方法驱除魍魉。

　　从前夏朝德盛的时候，人们把九州的山川、奇物画成图画，然后让九州诸侯之长进贡铜器而铸造九鼎，把这些图都铸在鼎上，让百姓知晓天下所有神怪之物。这样百姓进入川泽山林，就不会碰上魑魅魍魉这些山川木石之鬼怪，因而能够使上下和谐，以承受上天的福佑近五百年。

魑魅

《画图百鬼夜行》 鸟山石燕绘

民间传说中，在荒野无人的深山及古老浓密的森林里，走长途尤其是夜路时，常常遇上魑魅魍魉，都是木、石、禽、兽变的。

神话故事

山精

约四千多年前,炎黄二帝争夺天下,炎帝战败。蚩尤来到炎帝的身边,力劝炎帝重起战事。但是炎帝已经年迈力弱,又不忍因发动战争让百姓遭殃,于是没有听从蚩尤的建议。蚩尤只好发动他的兄弟们,又召集南方的苗民,以及山林水泽间的魑魅魍魉等鬼怪,率领大军,打着炎帝的旗号,向黄帝发起了挑战。

蚩尤使用术法,摆出了毒雾阵,把黄帝的军队围困起来。但是,黄帝驾着谋臣风后发明的指南车,指挥军队冲出了毒雾阵。蚩尤又派魑魅魍魉去作战,黄帝则叫兵士们用牛角军号吹出了龙的声音,吓跑了这些鬼怪们。

出处

《左传》:"昔夏之方有德也,远方图物,贡金九牧,铸鼎象物,百物而为之备,使民知神奸。故民入川泽山林,不逢不若。魑魅魍魉,莫能逢之。用能协于上下,以承天休。"

鲛人

鲛人
jiāo rén

中国很早就有鲛人的传说，相传它们是一种鱼尾人身的神秘生物，在中国的南海过着神秘的生活。传说鲛人是古时候，某个国家为避战祸，用魔法改变其体质躲入水中，因而有双腿，但谁也不知道鲛人真正的来历。

鲛人平时不着衣物，在水中静立或行走时，皮翼及飘须能包住身体大部分；游动时上身裸露，下身在飘带中。只有部分贵族能乘坐巨鱼所拉的浮车，不需要自己长途游动。

鲛人擅于纺织，它们生产的龙绡可入水不湿；它们哭泣的时候，眼泪便会化为珍珠，古诗《锦瑟》中就有"沧海月明珠有泪"。它们的油燃点极低，一滴就可以燃烧数日不灭，传说秦始皇陵中的长明灯就是用鲛人的油制作的。

人鱼

《画图百鬼夜行》 鸟山石燕绘

日本的人鱼传说最早源于中国，就是一种半人半鱼的怪物。画中描绘的人鱼形象，在浪花中高扬这鱼尾，上半身不但不像人，还像个丑陋的怪物。

民间故事

鲛人泣珠

相传很久以前,在我国南方的大海中,住着鲛人。它们的外形与人差不多,背上却长着和鱼一样的鳞,身后拖着一条尾巴,能够像鱼一样在水中生活。鲛人有两种奇特的本领,一是善于纺丝织绢,二是可以落泪成珠。

鲛人织的绢十分精细,薄得像蝉的翅膀一样,色彩好,光泽足,谁见了都会爱不释手,是世间罕见的丝织品。后来的"鲛绡"就是由此而来。鲛人的眼泪能够化成珍珠,眼泪是它们的珍宝,但它们不会轻易哭泣。鲛人在水中居住久了,就会上岸到临海的人家借宿。如果借宿的人家有织布机,为了报答这家人,它们会主动替主人织绢。它们织绢的速度很快,只要几天,一匹上好的绢就能织成。主人拿着鲛人织的绢去卖,能赚到比平时多百倍的银两。所以,沿海的居民家家备有织布机,等待鲛人前来投宿。

一天,有一个人在海边受了伤,被路过的船家发现后救起,带回家中养伤。伤好后那人也不离开,在恩人家中织起绢来。等到绢织好后,船家发现与众不同,这时才得知自己救的是鲛人。住了一段时日,鲛人要离开了,临行前忍不住流下了眼泪,泪水落下化成了一颗颗晶莹的珍珠。等到珍珠在盘中快要溢出,鲛人便把珍珠赠送给了船家。回身跃入大海,消失在茫茫大海中。

出处

《博物志》:"南海水有鲛人,水居如鱼,不废织绩,其眼能泣珠。"

率然

shuài rán

西方山中的一种蛇，这种蛇的颜色五彩缤纷，但没有毒。最神奇的是，如果摸它的头，尾巴也会凑过来；如果摸它的尾巴，头也会凑过来；如果摸它身体的中间部位，头和尾会一齐凑过来。据说《孙子兵法》中的"三军，势如率然者"，意思就是用兵要跟率然一样，这句话就是从这种蛇来的灵感。

第四卷 — 妖 —

出处

《孙子兵法·九地篇》："故善用兵者，譬如率然。率然者，常山之蛇也。击其首则尾至，击其尾则首至，击其中则首尾俱至。"

画马

画马

huà mǎ

由画上的马现形而成的妖怪,迅疾如风,不食草料。

外貌形态

黑皮毛,白花纹,尾巴上的毛长短不一,像被火燎过一样。

民间故事

变成千里马的画妖

古时临清有位叫崔生的人,家里很穷。每天早晨,崔生都会看见一匹马躺在草地上。他把这马赶走,夜里马又会再回来,也不知这马是从哪里来的。

崔生有一位好友在山西做官，崔生想去投奔他，苦于没有马，就把这匹马捉来骑着去了。临行前嘱咐家人说："如果有人来找马，就说我骑着去山西了。"马一路奔跑，瞬间就跑了一百多里路。到了夜里，马不怎么吃草料，崔生以为它病了。第二天崔生就不让马快跑，可马却乱踢着不停嘶叫，还是同昨天一样雄健。崔生便任由它奔跑，中午便到达山西。

此后，崔生时常骑着马到集市上，见者无不称赞。晋王听闻，要以高价买这匹马。崔生怕丢马的人来找，所以不敢卖。过了半年，也没人找马，崔生就以八百两银子把马卖给了晋王，自己从集市上买了一匹骡子骑着回家。

后来晋王因有急事，派遣校尉骑着这匹马到临清。刚到临清，马就跑了。校尉追到崔生东邻家，却不见马了，便向主人索要。主人姓曾，说确实没有见过马。等进到主人的房里，看见墙壁上挂着陈子昂的一幅马的画像，其中一匹毛色很像那匹马。这才知道，那匹马原来是画上的马成妖了。

校尉因为难复王命，就告了姓曾的。这时崔生有了卖马的钱，自愿找姓曾的赔偿马钱，交付校尉回去复命。姓曾的很感激崔生的恩德，却不知道崔生就是当年卖马的人。

出处

《聊斋志异·画马》："临清崔生家屡贫，围垣不修，每晨起，辄见一马卧露草间，黑质白章；唯尾毛不整，似火燎断者。逐去，夜又复来，不知所自。崔有好友官于晋，欲往就之，苦无健步，遂捉马施勒乘去……"

瞳人

瞳人
tóng rén

由人的瞳仁所化的妖怪。《聊斋志异》中有一篇《瞳人语》，里面就写到了瞳人。这篇小说写的是长安才子方栋为人轻佻，品行不端，爱偷看女子，惹祸上身，后因念经多日，心无杂念，改过自新，终得圆满的故事。

民间故事

眼里的妖物

长安有一书生名叫方栋，此人颇有点才名，但举止轻佻，率性风流，一见到貌美的姑娘便轻薄尾随其后。

这一年清明节的前一天，他在城郊散步，见到一队华美车仗，几个丫鬟骑马缓缓相随，其中一个小丫鬟尤其漂亮。方栋不由得跟了上去，走近一些，发现车帘是打开的，里面坐着一位红妆女子，年纪约十五六岁，貌若天仙。只一眼，便觉浑身一阵酥颤，一时瞻恋不舍，不知不觉跟着马车跑了好几里路。

女子忽然停车，将一丫鬟唤到窗前道："还是将帘子放下吧。不知哪里来的书生，讨厌死了，快将他赶走。"丫鬟听了，忙将帘子放下，转而对方栋斥道："此乃芙蓉城七公子爱妃归宁车仗，岂容贼眼亵渎！"说完抓起一把尘土向他扬去。方栋一不留神，被沙子迷了眼睛。待到勉强睁开眼时，车马早已消失无踪了。颇感遗憾，但也只好作罢回去。

回到家后，他觉得眼睛疼痛难受，忙让人拨开眼皮检查，发现眼球上已生了一层薄膜。第二天，眼睛越发疼得厉害，眼泪不断地往外流。数日之后，薄膜越长越厚，已经厚如铜钱。而右眼竟长成了螺旋状，任何药物都医治不好。方栋懊悔不已。

他听人说念诵《光明经》能化解苦难，于是寻来一卷，请人日夜教授念诵。一开始极不适应，每一念诵，便觉烦躁不安；但久而久之，心情渐渐平静下来。之后的每天什么也不做，就只坐着念经。如此过了一年，邪念全消了。

一日，方栋忽闻左眼中，一个很小的声音说道："如此漆黑一片，真是烦死人了。"随即右眼中便有小语应道："不如一同出去散散心，除此闷气。"话音刚落，只觉鼻孔里奇痒无比，似乎有两个小东西爬了出来。过了很久才又回来，仍从鼻孔进入，一直回到眼眶里。一个声音说道："许久没到园子里看看，不想满园兰花竟都枯死了。"

方栋素爱兰花，园中多有种植。以前自己每日浇灌，自失明后，就只好听之任之了。此时听到小瞳人的话，不觉一阵感伤，忙将妻子唤来责问。妻子赶紧到花园里去查看，兰花果然枯死了。妻子很诧异，问他何以知之。他遂以小瞳人之事告知。

妻子很想知道所谓小瞳人究竟为何物，于是藏在屋角窥伺。等了许久，忽见两个小人儿从丈夫的鼻孔中飞出。过了一会儿，又一起飞回来，如蜜蜂进巢般飞进了鼻孔。一时惊奇骇叹不已。

　　过了两三天，方栋忽又听见左边的小人儿说："每次都要走那隧道太不方便了，不如将堵上的门重新打开吧。"右边的小人儿说："我这边皮太厚了，打不开。"左边的小人儿说："我这边打开后，你我不妨同住。"话音未落，只觉眼皮内侧隐隐似有抓裂之感，随即豁然一亮，左眼复明。方栋一时喜不自胜，忙将妻子唤来。妻子细看其左眼，发现膜破裂的地方已经被打开一个小洞，瞳仁荧荧泛着幽光。

　　到了第二天，左眼内障完全消尽了，仔细一看，左眼眶里竟有两个瞳仁，而右眼则仍像个田螺。回想昨日听到的对话，才知是两个小瞳人已合居一处。右眼算是彻底瞎了，但有此重瞳之目，眼神却比双目完好之人还要好几倍。自此以后，方栋收束检点，以其才学，渐渐德名远扬。

出处

《聊斋志异·瞳人语》："长安士方栋，颇有才名，而佻脱不持仪节。每陌上见游女，辄轻薄尾缀之。清明前一日，偶步郊郭。见一小车，朱茀绣幰，青衣数辈，款段以从。内一婢乘小驷，容光绝美……"

耳中人
ěr zhōng rén

一种生存在人耳中的妖物，在人耳中窃窃私语，常常使修炼者误以为修成了内丹。

民间故事

耳中小人

淄川邑有一个儒生，名叫谭晋玄。此人一天到晚不务正业，一心期盼修炼成仙。冬夏不停，一连数月，自以为略有成就。

一天晚上，他刚盘腿坐下，双眼闭上，就听到耳朵里面有细微的声音传来："约吗？约吗？"像是苍蝇从耳畔飞过。他睁开双眼，声音就没了，闭上双眼又能听到。

于是谭晋玄暗中以为是九转金丹已在体内炼成,一阵窃喜。之后他每次盘腿坐下便注意听,想等它再次说话时看看是什么东西。有一天又听见说话声,很小声地一句:"约吗?"谭晋玄兴奋不已,回答道:"约!"

不一会儿便感觉耳朵里一阵窸窸窣窣之后,有异物钻出。谭晋玄微微睁开双眼偷看,发现是一个长约三寸,相貌狰狞如夜叉的小人站在地上。谭晋玄感到十分奇怪,于是聚精会神观看。突然有邻居前来借东西,敲门喊叫声骤起。小人受惊,绕着房间四处乱跑,活脱脱一只受惊的过街老鼠。

经此变故,谭晋玄只感觉魂魄皆丢,也不知小人去哪里了。随即变得疯疯癫癫,寻医问药大半年,才慢慢治好。

出处

《聊斋志异·耳中人》:"谭晋玄,本县在籍儒生也。甚信修仙,寒暑不辍。行之数月,似有所得。一日方盘腿打坐,闻耳中小语如蝇,曰:'可以现形矣。'睁眼即不复闻;合眸定息,又闻如故……"

败屦妖
bài jué yāo

即破草鞋妖，天下凋敝时，败屦妖就会出来阻塞道路。

民间故事

草鞋妖

晋惠帝元康、太安年间，长江、淮河流域，许多破烂草鞋聚集在道路上，多的时候，有四五十双之多。人们便把这些破草鞋捡起来，扔在树林草丛中，可第二天去看，这些草鞋又聚集在道路上。有人说，看见是野猫把它们衔来聚集在一起的。

世上流传说："草鞋是低贱的人才穿的，它受劳受辱，是平民百姓的象征；破烂，是疲劳困乏的象征。皇帝的命令通过道路传达。如今破烂草鞋聚集在道路上，象征平民百姓受劳受辱，将要聚集造反，堵塞皇帝传达命令。"

败屦妖

天下凋敝时，败屦妖就会出来阻塞道路。

出处

《搜神记》："元康、太安之间，江、淮之域，有败屦自聚于道，多者至四五十量。人或散去之，投林草中，明日视之，悉复如故。"

无支祁

wú zhī qí

无支祁是我国有史以来最有神通的第一奇妖，无论是搏击跳跃，还是快速奔跑，都非常迅捷，常常是一眨眼就不见了。

关于无支祁的记载最早见于《山海经》中，相传大禹治水时，曾遭到无支祁破坏，神将庚辰降伏了无支祁，大禹将其锁在龟山之下。后世也有很多文献，记载过大禹降伏无支祁的故事。宋元以来，禹伏无支祁的故事，在民间广为流传，家喻户晓。后代学者考证《西游记》中孙悟空的原型，可能就源于无支祁。

外貌形态

形似猿猴，缩鼻高额，青躯白首，金目雪牙。脖子一伸，好像有一百尺长。

民间故事

禹伏无支祁

唐代贞元年间的丁丑年，陇西人李公佐游览湘江和苍梧山，偶遇征南从事中郎弘农人杨衡在古老的河岸边停船休息。他们就结伴在佛寺里尽情地游览。到了晚上，江面宽广，水面映着明月，他们在船上互相讲述着奇闻逸事。

杨衡告诉李公佐：永泰年间，李汤担任楚州刺史。有个渔夫夜间在龟山下钓鱼，他的钩不知被什么东西挂住了，怎么拽都拽不出水面。渔夫擅长游泳，他潜到水下五十丈深的地方，看见一条大锁链，盘绕在山根下，却找不到锁链的端点，于是报告给李汤。李汤便派渔夫和几十个擅长游泳的人，去打捞那根锁链。几十个人都提不动锁链，又加上五十头牛，锁链才有点晃动。快要将锁链提到岸上时，水面却突然翻滚起巨浪，十分吓人。只见锁链的末端拴着一只长得像猿猴的怪物，雪白的头发，长长的鬃毛，身高足有五丈多，蹲坐的样子也和猿猴一样。它的眼睛是闭着的，眼睛和鼻子处像泉眼一样向外流水，口里的涎水腥臭无比，人们都不敢靠近。过了很久，它才伸伸脖子挺直身子，两眼忽然睁开，目光像闪电一般四处张望，好像瞬间就要发怒，人们吓得四处逃窜。那怪物竟慢慢地拖着锁链，拽着牛回到水里，再也不出来了，谁也不知道这个怪物的来历。

元和八年，李公佐在常州为去朱方的给事中孟简饯行，廉访使薛公苹在客栈店里准备礼品。扶风人马植、范阳人卢简能、河东人裴蘧，全都住在同一个客栈里。大家在炉旁围成一圈，交谈整宿。李公佐又说起怪物那件事，同杨衡说的一样。

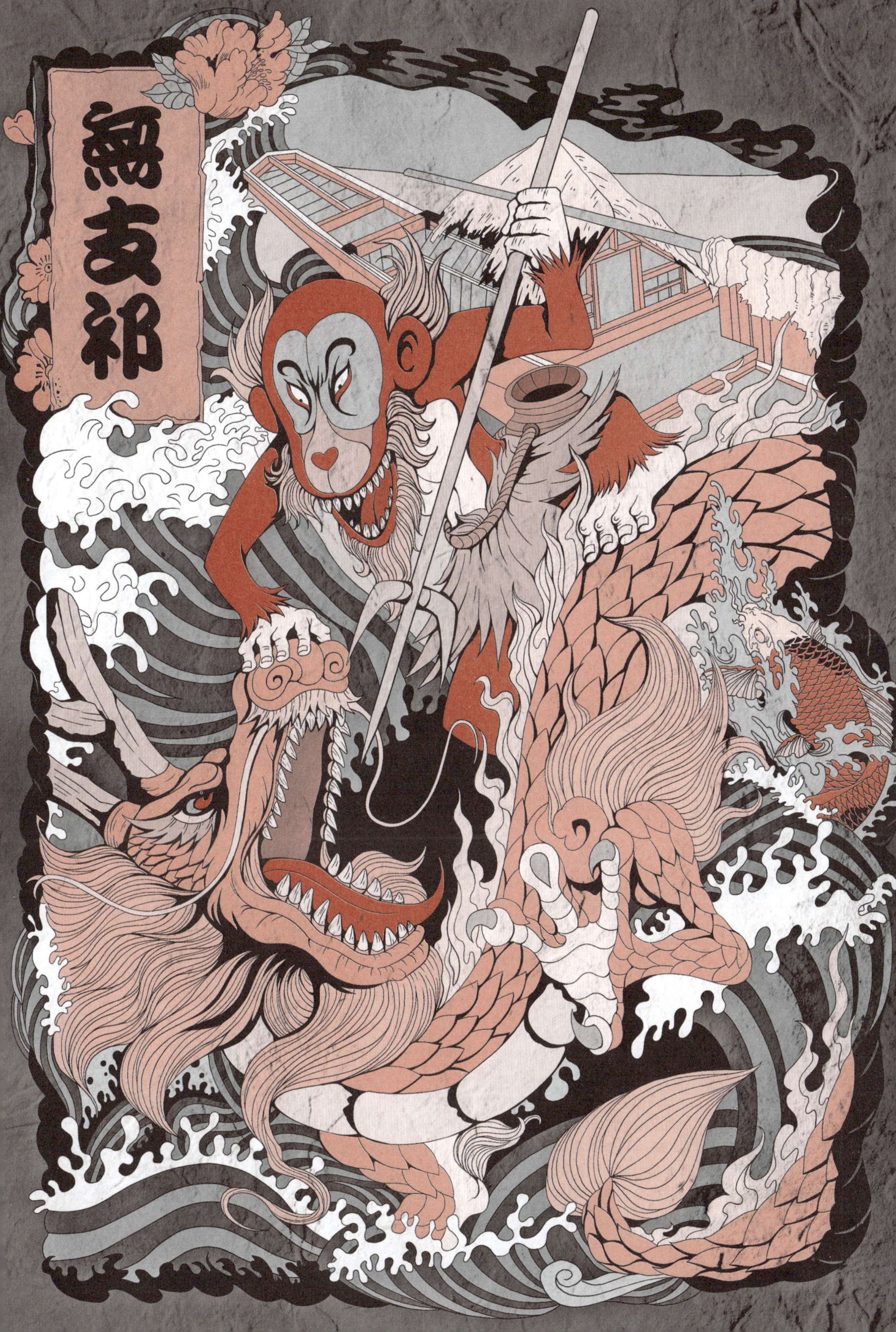
無支祁

到了贞元九年的春天，李公佐游览古时的东吴一带，跟着太守元公锡游览洞庭湖，住在一个道士周焦君修炼的地方。他们进入山洞，在洞内发现了一本《古岳渎经》第八卷。书上的文字古老奇特，有些地方被虫蛀了，不好理解。李公佐和焦君一起仔细地研读这本书。书上说：大禹治水时，三次到桐柏山，山上刮大风，响惊雷，石头呼号，树也鸣叫，神怪五伯兴风作浪，天志起兵作乱。大禹很生气，于是召集百种神灵，找来夔和龙，桐柏山神千君长也来请求任务。最后大禹囚禁了鸿章氏、章商氏、兜卢氏和犁娄氏；又捉住了淮河、涡水中的名为"无支祁"的水神。

无支祁样子像猿猴，小鼻子，高额头，白色的头发，青色的身躯，眼露金光，牙齿雪白，脖子伸出来有一百尺长，力气超过九头大象，善于攻击、搏斗、腾跃，奔跑迅速敏捷，身体轻灵飘忽，只是不能长久地听声音、看东西。大禹奏乐曲给它听，降伏不了它；把它交给鸟木由，也制伏不了它；后来是庚辰将它打败。上千只鸥鸟、树精、水神、山妖、石怪，奔跑号叫聚集环绕着无支祁，庚辰把它们都打跑了。他把无支祁的脖子锁上大铁链，鼻子穿上金铃，送到淮阳县龟山脚下，想让淮河水永远平安地流到海里。自庚辰以后，人们都画着无支祁的图形，想以此免除淮河上风波的灾难。

出处

《山海经》："水兽好为害，禹锁于军山之下，其名曰无支奇（无支祁）。"

《太平广记·李汤》："唐贞元丁丑岁，陇西李公佐泛潇湘、苍梧，偶遇征南从事弘农杨衡泊身古岸，淹留佛寺；江空月浮，征异话奇。杨告公佐云：'永泰中，李汤任楚州刺史时，有渔人，夜钓于龟山之下。其钓因物所制，不复出。渔者健水，疾沉于下五十丈。见大铁锁，盘绕山足，寻不知极。遂告汤，汤命渔人及能水者数十，获其锁，力莫能制'……"

马皮蚕女

mǎ pí cán nǚ

第四卷 妖

民间传说中的司蚕桑之神。蚕女又被称为"马头娘"，因《荀子》中提到蚕的头部类似马头，后世便借此附会了蚕马的传说。

民间故事

少女化蚕

古时有一户人家，家里的大人都远征到前方，家里没有别的人，只剩下一个女儿，还有一匹公马，由女儿饲养。由于一个人住，女子感到很孤独，她十分想念自己的父亲，于是便逗马说："如果你能接回我的父亲，我就嫁给你。"马听了女子的话后，立刻挣断缰绳，跑到了她父亲的驻地。马主人看见马，感到很惊喜便骑上它。马朝着来的方向，不停地悲鸣。马主人想：这马无缘无故地悲鸣，是不是我家有什么变故啊？于是急忙骑着马回到家里。

这匹马虽是畜生却通人性，所以主人对它的待遇很好，给它的草粮特别充足，可是马却不太肯吃。每次见到女儿进出，就喜怒无常，兴奋跳跃，已不止一两次了。父亲觉得有些奇怪，就悄悄问女儿，女儿便把自己与马说玩笑话的事告诉了父亲。父亲对女儿说："这事不要对外人说，不然会有辱自家的名声。你暂时不要再进出了。"于是父亲躲在暗处，用弓箭射死了这匹马，把马皮晒在院里。

父亲外出，女儿与邻居女孩在院子里玩耍时，用脚踢着马皮说："你这个畜生，还想娶人为妻吗？你被这样屠杀剥皮，不是自讨苦吃吗？"还没等话说完，马皮突然飞扬，卷起她就飞起来。邻居女孩很害怕，但不敢相救，急忙跑去告诉女儿的父亲。父亲回来，四处寻找，但马皮早已飞走，不见踪影了。

过了几天，父亲才在一棵大树的枝丫间发现，女儿和马皮都变成了蚕，在树上吐丝作茧。那个蚕茧丝粗个大，不同于普通蚕茧。乡邻农妇取下来饲养，收获的蚕丝，比普通蚕茧多几倍。因此人们把那种树叫作桑。从此人们都开始种植桑树。把这种蚕叫作桑蚕，因为它是古蚕留下来的种类。

出处

《搜神记》："太古之时，有大人远征，家无余人，唯有一女，牡马一匹，女亲养之。穷居幽处，思念其父，乃戏马曰：'尔能为我迎得父还，吾将嫁汝。'马既承此言，乃绝缰而去。径至父所。父见马，惊喜，因取而乘之……"

土蝼

土 蝼
tǔ lóu

第四卷 · 妖

古代传说中一种吃人的怪兽。虽然土蝼的名字里有个"蝼"字，但它可不是蝼蚁一类的昆虫。土蝼的外形虽然像羊，但比羊多长了一对角，并且比羊要凶残得多，喜欢吃人，而且被它撞到的动物，会当场死亡，无一幸免。

外貌形态

外形像山羊，却有四只角。

出处

《山海经》："昆仑之丘，有兽焉，其状如羊而四角，名曰土蝼，是食人。"

树神黄祖
shù shén huáng zǔ

  远古时期，人们信奉万物有灵，神灵则是万物生命的根本。原始人认为神灵依附于树，树就有生命；如果神灵离开，树则告死亡。

  山中花草树木无不有灵，特别是奇花异草、怪藤怪树，长得异乎寻常的，莫不以为神。一些老树，老得树身全空了，树洞一直通至树尖，则被奉为神树，不让砍伐，逢年过节还要祭它。

  树根植于地下，枝叶伸向天空，成了天地之间联系的纽带。在远古神话中，由于化生万物的云雨由树神掌管，因此树神就成了万物生殖力的主宰。它能使五谷丰登、六畜兴旺，被奉为远古的最高神祇。

民间故事

树神

庐江郡龙舒县有个地方叫陆亭。陆亭的河边有一棵大树,这棵大树有数十丈高,几千只黄鸟常在树上筑巢做窝。

当时,庐江已大旱多日,当地长老聚在一起商量说:"这棵树常年都有一种黄色的气氛,也许它有神灵,我们何不向它祈祷求雨。"于是,大家便带着饭菜酒肉去向大树祈祷。

陆亭有一个寡妇名叫李宪,她夜里起床,忽然看见房间里有一个身穿绣花衣的妇人,这个妇人对李宪说:"我是树神黄祖,能够兴云作浪、呼风唤雨。因你品行高洁,所以我特来帮助你。早上,那些长老们来祈祷求雨,我已经请示了天帝,明天中午就会降下大雨。"

果然,第二天中午,大雨倾盆而下。当地人于是为树神黄祖建了一个祠庙。李宪说:"各位父老乡亲都在这儿,我居住在水边,应当送一些鲤鱼来。"话刚说完,就有几十条鲤鱼飞来落在堂屋里,在座的人无不感到惊奇。

一年后,黄祖对李宪说:"这里将要发生一场大的战祸,今天我是来向你告辞的。"黄祖拿出一只玉环送给李宪,说:"拿着这只玉环可以消灾避祸。"后来,刘表、袁术争夺地盘,相互攻杀,龙舒县的百姓全都迁走了,只有李宪所在乡里没有遭受战祸之害。

出处

《搜神记》:"庐江龙舒县陆亭流水边有一大树,高数十丈,常有黄鸟数千枚巢其上。时久旱,长老共相谓曰:'彼树常有黄气,或有神灵,可以祈雨。'因以酒脯往亭中……"

柳 神
liǔ shén

柳神是柳树变化的妖怪,有时会庇佑乡里。

民间故事

柳秀才

明朝时发生蝗灾波及沂州,县令十分忧虑。一天,县令睡在衙门,梦见一个秀才来拜见。秀才戴着高帽,穿着绿衣衫,对县令说:"明天西南方路上,有个骑着大肚子母驴的妇人,是蝗神。向她哀求就可避免灾难。"

县令感到十分奇怪,但第二天还是准备了酒菜去了城南。等了很久,果然看见一个妇人骑着头母驴,慢悠悠地往北走。县令立即烧香,奉上酒,并在道旁迎接,拉住她的驴不让她走。妇人问:"你要干什么?"县令哀求道:"区区小县,求您同情一下百姓,不要让蝗虫吃掉庄稼!"妇人说:"柳秀才多嘴,泄露了秘密;不损庄稼可以,但柳秀才得受罚。"于是她喝了三杯酒,然后就不见了。

后来蝗虫遮天蔽日地飞过,但不落在田地里,都停在柳树上。蝗虫经过的地方,柳叶都被吃光。县令这才知道,原来秀才便是柳神。

出处

《聊斋志异·柳秀才》:"明季,蝗生青兖间,渐集于沂,沂令忧之。退卧暑幕,梦一秀才来谒,峨冠绿衣,状貌修伟,自言御蝗有策……"

黑鱼精

hēi yú jīng

黑鱼精由鱼变化成的精怪，会在水中兴风作浪。《子不语》中记载了黑鱼精的故事。

民间故事

鄱阳湖黑鱼精

清朝时，传说鄱阳湖一带有黑鱼精作祟。一位许姓客商乘船路过，行到湖心时，忽然间黑风骤起，卷起几丈高的水浪，上有一张石臼那么大的鱼嘴，冲着天空吐着浪花，许姓客商因此遇难。

他的儿子许某立誓要诛杀了黑鱼精为父报仇。他经商几年，积累了丰厚的财产，便去龙虎山，带了厚礼金银拜访张天师。张天师听闻许某的心愿后叹息一声道："但凡想要降妖除魔，全凭一股纯阳真气。贫道现已年老

黑鱼精

黑鱼精由鱼变化成的精怪，会在水中兴风作浪。

第四卷 —妖—

气衰，实在无能为力。但念在你一片孝心，虽我将死也会嘱托我儿子替你除去此妖。"不久，天师果然仙逝。

嗣天师即位一年后，许某又去相请。嗣天师对许某道："先父临终前确有遗命，不敢忘记。但此妖乃黑鱼所化，已经盘踞鄱阳湖五百年，法力神通广大，就算我有符咒和法术，也必须要找到一位有仙根的仙官助我，才能降伏它。"随后便从箱子里拿出一面小铜镜，交给许某道："你拿着这铜镜去照人，如果有人能照出三个影子来，速速前来告诉我！"

许某按他的话，拿着铜镜在江西一带都照遍了，所见的都是一人一个影子。一个月后，他又拿着镜子到乡下村中，忽然在杨家的小童子身上照出来三个影子，连忙去回报嗣天师。嗣天师派人送了厚礼给杨家父母，还谎称是听说杨家童子是神童，想请他到府中见识一下他的学问。杨家家境本就清贫，见到厚礼更是惊喜非常，就让他们带走了童子。

嗣天师供养了童子几天后，这才带着他与众人一同到了鄱阳湖边，建起了法坛，诵咒好几天。这一日，小天师给童子穿上一件金色锦袍，在他背上绑了一柄宝剑。趁众人不注意，忽将童子推入湖中。众人惊骇，杨家夫妇哭号着要跟嗣天师拼命，嗣天师却笑道："不必担心！"片刻之后，忽听天际一声霹雳，转而湖心泛起巨浪，童子已手提大黑鱼立在浪头之上。嗣天师赶紧让人将童子抱回船中，童子的衣服竟丝毫没有沾湿。再看湖水，十里之内皆染成了一片血色。

童子回来后，大家争相问他见到了什么。童子道："我就睡了片刻，然后就见一位金甲将军提着大黑鱼头放到我手里，抱我站在水上，其他的我就都不知道了。"从此以后，鄱阳湖再没有黑鱼精为患。

出处

《子不语·鄱阳湖黑鱼精》："鄱阳湖有黑鱼精作祟。有许客舟过，忽黑风一阵，水立数丈，上有鱼口，如白大，向天吐浪，许客死焉。其子某誓杀鱼以报父仇。贸易数年，资颇丰，诣龙虎山，具盛礼请于天师。时天师老矣，谓许曰：'凡除怪斩妖，全仗纯气真煞。我老病且死，不能为汝用，然感汝孝心，我虽死，嘱吾子代治之。'已而，天师果死……"

夜明

夜明
yè míng

第四卷 — 妖 —

南海中的一种水怪，双眼散发强光，能使黑夜变成白天。

民间故事

水怪夜明

古时有一客商，在南海行船。夜里三更时，船舱里突然亮了，就像天明时一样。客商起来一看，见海里有个庞然大物，半个身子露出水面，如同一座大山。眼睛像初升的太阳，光芒四射，把整个大海都照得通明。

客商很震惊，于是询问船上的人，却没有一个人知道这是什么东西。大家一齐趴在船舱中看它。过了一会儿，那个怪物渐渐沉入水中消失了。于是，天又黑了下来。

出处

《聊斋志异·夜明》："有贾客泛于南海。三更时，舟中大亮似晓。起视，见一巨物，半身出水上，俨若山岳；目如两日初升，光四射，大地皆明。骇问舟人，并无知者。共伏瞻之。移时，渐缩入水，乃复晦。后至闽中，俱言某夜明而复昏，相传为异。计其时，则舟中见怪之夜也。"

腾蛇

téng shé

又作螣蛇。据说腾蛇既能乘雾起飞，又能铺地，以便人马在其身上通过，似乎很有神力。传说黄帝出行遇到河流时，没有桥，就用腾蛇覆地来连接通过。到了唐虞时代，就有豢龙氏专门饲养腾蛇。

出处

《山海经·中山经》："柴桑之山，其上多银，其下多碧，多泠石赭，其木多柳、芑、楮、桑，其兽多麋鹿，多白蛇飞蛇。"郭璞注：即螣蛇，乘雾而飞者。

螣蛇

螣蛇龍類也雄鳴於上風雌鳴於下風而風化能與雲霧子曰螣蛇遊霧飛龍乘雲雲罷霧除與蚯蚓同失其所乘故也

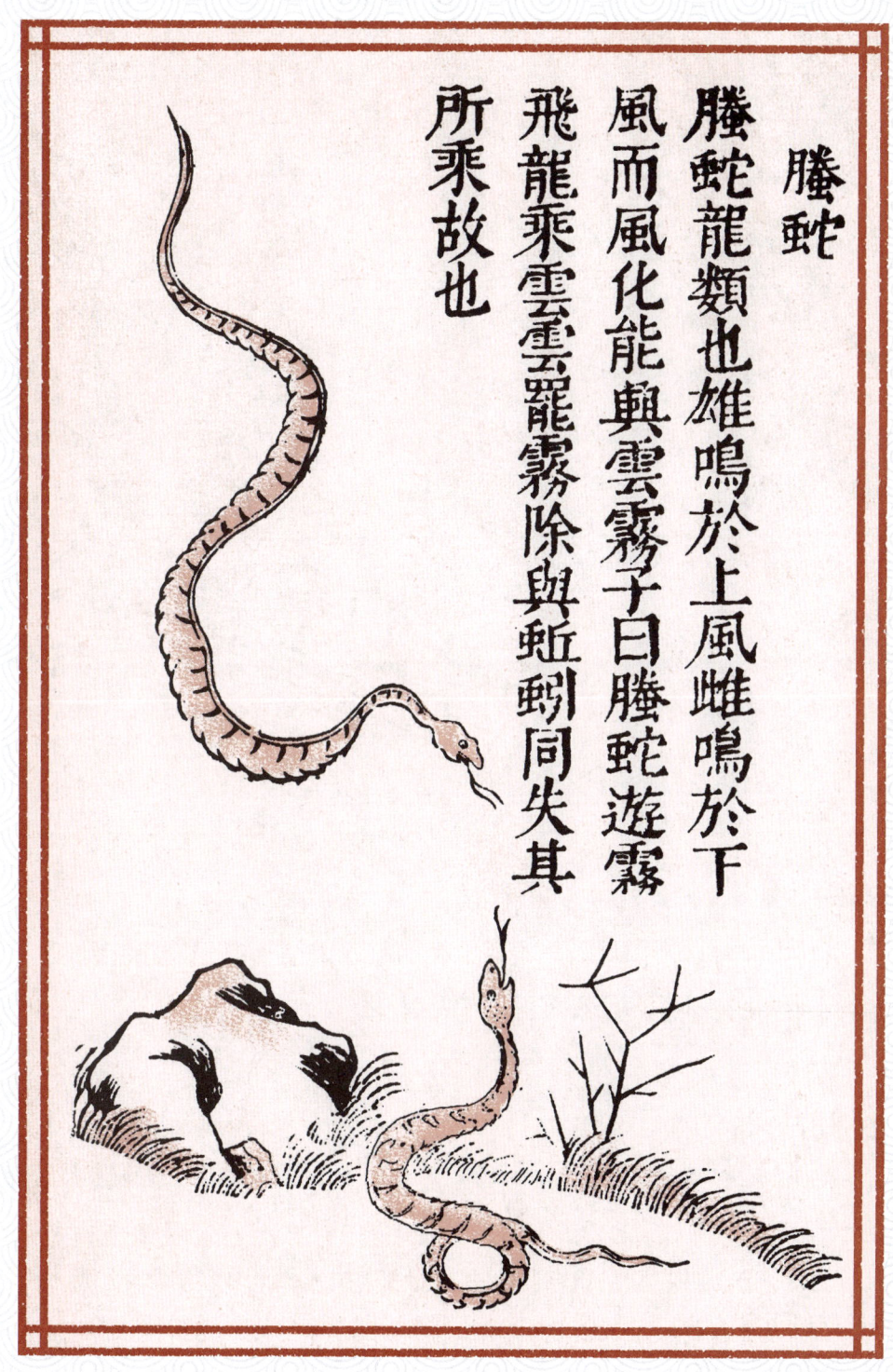

螣蛇

螣蛇是传说中与龙同类的神物，能兴云驾雾，与玄龟一起作为真武大帝手下大将。

九尾蛇

jiǔ wěi shé

传说中的异蛇，形体巨大，腰以下有九尾，尾端有小孔，会喷射，如枪弹，中者非死即残。九尾蛇行时，有铁碰撞之声。

民间故事

九尾蛇

古时，有个叫茅八的人，到江西买卖纸张。当地的深山里有很多造纸厂，那里的人只要一见到太阳快要落山，就立刻把家门关上。当地人还告诫他不要乱出去走动，深山中有很多怪兽，甚至比老虎和狼还要凶恶。

一天晚上，月光皎洁，茅八想到外面欣赏一下月色。于是，他独自一人走进了山里。刚走没几步，就看见一群猴子，狂奔着朝他这个方向过来。随后，这些猴子找了一棵大树，爬了上去。茅八不知发生了什么事，于是也找了个隐蔽的高处躲起来。

没过多久，就见一条巨蛇从树林深处爬了出来，两只眼睛灼灼发光，身围足有柱子粗，表面的鳞片看上去比鱼鳞还要硬，而它竟然有九条尾巴。不一会儿，巨蛇爬到了树下，然后把尾巴竖了起来，旋转蛇身，就像在跳舞。九条蛇尾上都有小孔，从里面弹射出液体，飞溅到树上。那群猴子被液体击中后，立刻悲号着掉在地上，肚子都摔烂了。巨蛇吃了三只猴子，就摇着尾巴离开了。

茅八特别恐惧，回去后，从此黄昏过后再也不敢出门了。

出处

《续子不语·九尾蛇》："茅八者，少曾贩纸入江西。其地深山多纸厂，厂中人日将落即键户，戒勿他出，曰山中多异物，不特虎狼也。一夕月皎甚，茅不能寐，思一启户玩月，瑟缩再四，自恃武勇尚可任，乃启开而出。行不数十步，忽见群猴数十，奔泣而来，择一大树而上，茅亦上远窥……"

修蛇

修 蛇
xiū shé

　　神话故事中的巨蛇，也叫巴蛇。相传修蛇居住在洞庭湖一带，吞食过往的动物。据说有一次它生吞了一头大象，过了三年才把骨架吐出来。由此可见，即使是神话中的巨蛇，吞下一头大象，也是不容易的事情。由于修蛇也会袭击人类，黄帝便派遣大羿前往斩杀。大羿先用箭射中了修蛇，然后将其斩为两段。修蛇的尸体变成了一座山丘，即为巴陵。

出处

《山海经·海内经》："西南有巴国，又有朱卷之国，有黑蛇，青首，食象。"郭璞注：即巴蛇也。

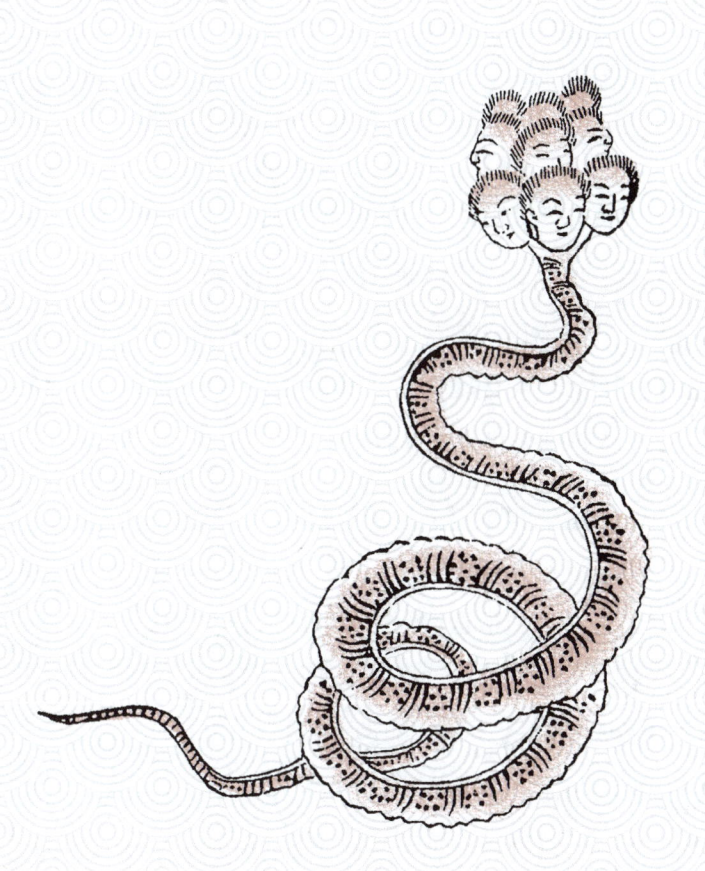

九婴

九婴

jiǔ yīng

第四卷 —妖—

传说中居住在凶水中的一种九头蛇怪，叫声如婴儿般啼哭。九婴的身上有一种非常奇特的能力，能同时喷出水火。九婴是一种非常残暴的怪兽，不仅祸乱人间，还吃了许多的人。它每次吃东西的时候，必须有九样东西同时供它吃。

外貌形态

长着蛇的身子，有九个头。

民间故事

凶水之怪

传说北方有一条大河,水深千丈,波涛汹涌,人称凶水。

凶水中有一只名叫九婴的怪兽,既能喷水也能吐火。这只怪兽于深山大泽之中,阴阳之元气氤氲交错,化生而出,乃是九头蛇身,每一头即为一命,故称九婴。因是天地直接产出,无魂无魄,已是不死之身,又加上有九条命,只要一命尚在,只需于天地间采集灵气就能恢复。

十日并出时,凶水也沸腾了,九婴嫌水中太热,就跳上岸来,见人就吃,为害人间。大羿前来斩杀妖怪。九婴自恃有九个脑袋,九条命,丝毫不畏惧大羿。只见它九口齐张,喷吐出一道道毒焰,一股股浊流,交织成一张巨大的水火网,企图将大羿困住。大羿深知此怪有九条命,射中一个头后,非但不会死,而且会很快痊愈。于是大羿使出连环箭法,九支箭几乎同时射到九婴的九个头上,瞬间九条命一条也没留下。

出处

《淮南子·本经训》:"尧之时,九婴为民害,尧乃使羿杀九婴于凶水之上。"

鸣蛇

míng shé

第四卷 — 妖 —

一种生活在西南鲜山中的怪蛇,一直吸收天地灵气,逐渐有了灵智的巨蟒。据说这种蛇出现在哪里,哪里就会出现旱情。

外貌形态

虽然样子像蛇,却长有四翼,其鸣声有如钟磬般响亮。

出处

《山海经·中山经》:"鲜山,多金玉,无草木。鲜水出焉,而北流注于伊水。其中多鸣蛇,其状如蛇而四翼,其音如磬,见则其邑大旱。"

化蛇

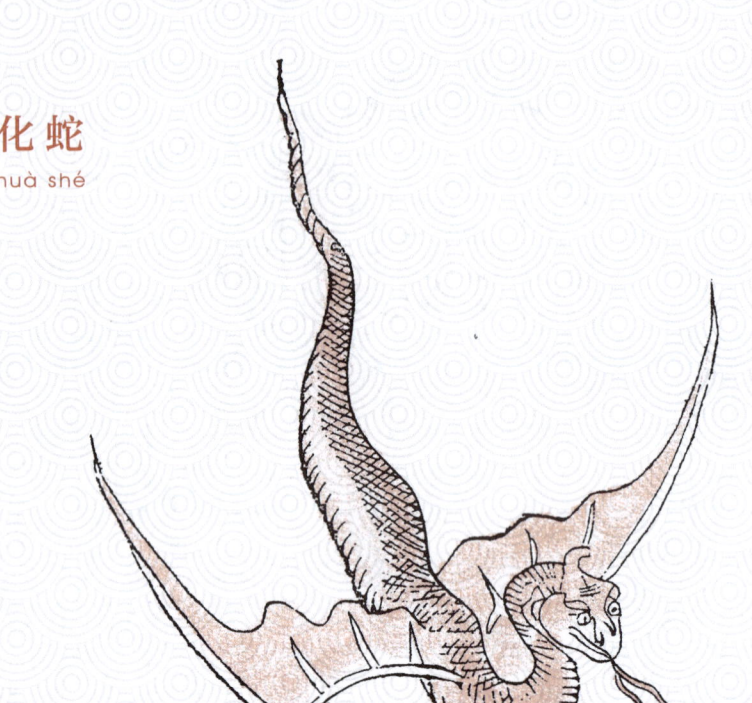

huà shé

古代神话故事中的怪兽，它的声音如同婴儿的啼哭，又像是妇人在叱骂。化蛇很少开口，一旦发声就会招来滔天的洪水。

传说在春秋时代，有一位农夫在魏国大梁城附近听见婴儿啼哭，找到后却发现是一只蛇形妖怪。此后三天，黄河泛滥，淹没了沿途八百五十多个城镇乡村。

出处

《山海经·中山经》："又西三百里，曰阳山，其中多化蛇，其状如人面而豺身，鸟翼而蛇行，其音如叱呼，见则其邑大水。"

担生

dān shēng

传说中引起水害的巨蛇。《水经注》里有记载:"人有行于途者,见一小蛇,疑其有灵,持而养之,名曰担生。长而吞噬人,里中患之,遂捕系狱。担生负而奔,邑沦为湖。"

民间故事

书生与蛇

从前有个书生,在路上捡到一条小蛇,便收养了它。因书生总背着这条小蛇,就给它起了个名字叫担生。这条蛇越长越大,书生背不动了,就把它放养到沼泽里。

四十年后，这条蛇变成了一条巨蟒，路过大泽的人必被吞食。书生老了，一次，他去某地要经过大泽，有人对他说："这里有吃人的大蛇，你别从这里过。"但是书生认为现在是冬天，蛇都在冬眠，就没有理会。刚走不远，果然看到一条大蛇。书生却认了出来，说："你不是担生吗？"蛇低头良久就离开了。

书生回到范县，县令认为书生经过大泽，却没有被蛇吃掉，一定有诡异，就把他投进了监狱。当晚大蛇携狂风暴雨而来，淹没了整座县城，唯独监狱得到幸免，书生得以大难不死。

出处

《广异记》："有书生路逢小蛇，因收养渐大，每担之，号曰担生。后不可负，放之范县东大泽中。四十余年，蛇如覆舟，号神蟒，人往泽中，必被吞食。书生老迈，经此泽畔。人曰：'中有大蛇食人，君宜无往。'时盛冬寒甚，生谓冬月蛇藏，遂过大泽……"

委蛇
wēi yí

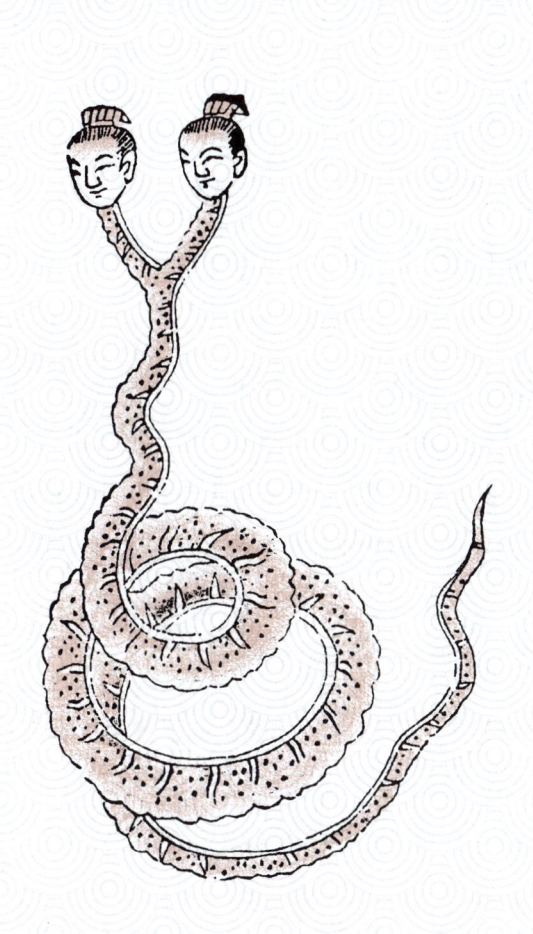

传说中一种人首蛇身的妖怪，形貌怪异，却是有野心者期待看到的鬼怪。因为身为人主，若是看到了委蛇，向它祭祀，就可以称霸天下。据《庄子·达生》中记载，齐桓公游猎时曾因见到委蛇而病倒，后得知这是自己将称霸诸侯的征兆，于是豁然痊愈。

外貌形态

人首蛇身，身子大如车轮，长如车辕。

民间故事

齐桓公见鬼

齐桓公到泽野打猎，由管仲驾车。途中齐桓公突然见到鬼，被吓了一跳，慌忙拉着管仲的手问："你看见鬼了吗？"管仲摇头说没看见。

回来后，齐桓公因惊吓而病倒了。有个叫皇子告敖的人来见齐桓公，说："不是鬼神要吓唬你，是你自己吓唬自己。"齐桓公问："那到底有没有鬼？"皇子告敖说："当然有，污泥里的鬼叫履，灶台里的鬼叫髻，房子的污垢里住的鬼叫雷霆，屋子东北方的墙下名叫倍阿和鲑蠪的鬼在跳跃，西北方的墙下名叫泆阳的鬼住在那里，水里的水鬼叫罔象，丘陵的鬼叫峷，大山里有山鬼叫夔，郊野里有野鬼叫彷徨，川泽里有鬼叫委蛇。"

齐桓公问："委蛇长什么样子？"皇子告敖说："委蛇，身子大如车轮，长如车辕，穿着紫衣戴着红冠。最讨厌听到雷神的车子驶过的声音，一听见就会捂住耳朵。见到它的人会成为霸主。"齐桓公大笑着说："我看到的就是它！"不久，齐桓公的病就痊愈了。

出处

《庄子·达生》："公曰：'请问，委蛇之状何如？'皇子曰：'委蛇，其大如毂，其长如辕，紫衣而朱冠。其为物也，恶闻雷车之声，则捧其首而立。见之者殆乎霸。'"

钩蛇

钩蛇

gōu shé

第四卷 — 妖

传说中的一种蛇类，为两栖生物，一般生活在水中。钩蛇性情凶猛好斗，身上有剧毒。它的尾部是分叉的，如同两个钩子一般，捕食的时候便是用尾钩来钩住猎物，再进行吞食。似乎近几百年来，再也没有听说有人看到过这种蛇类了。

出处

《续博物志》："先提山有钩蛇，长七八丈，尾末有歧。蛇在山涧水中，以尾钩岸上人牛食之。"

马绊蛇
mǎ bàn shé

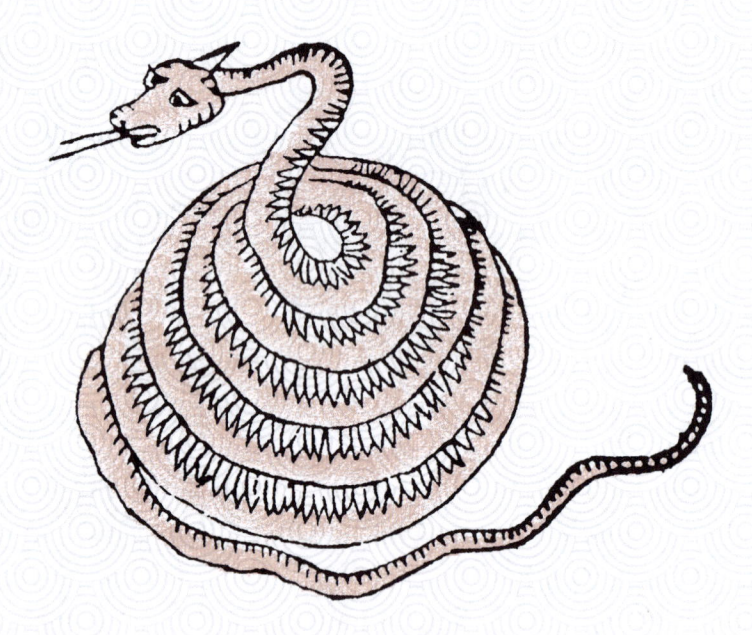

马绊蛇又称马绊，体形巨大如龙，移动之痕迹，宛如将小屋拖过般，十分骇人。这种蛇常出没于四川、云南一带河川中，会攻击人，还会吃人，因而人们对它十分畏惧。它的身体湿滑，还有腥臭味，每当其出没，所经河川会遭污染，空气也会变得恶臭难耐。

出处

《北梦琐言》："汉州古城潭内马绊蛇，往往害人。乡里慕勇者伐之，身涂药，游泳于潭底。蛟乃跃于沙汭，蟠蜿力困，里人灌噪以助，竟毙之。"

唤人蛇
huàn rén shé

广西近郊的趾山有种蛇叫作唤人蛇,这种蛇平时藏在草木间,遇到有人经过,就大喊:"从哪来?到哪去?"不知道的人往往就答应了。只要应声了,即使以后隔着几十里路,唤人蛇也会夺门而入,把应声的人给吃掉。

出处

《茶香室丛钞》:"唤人蛇长丈余,至数仞,广西近郊趾山中有之。伏草莽间,遇行旅过,辄大呼曰:何处来,那里去?只从六字,甚清楚,音同中州,不知而误应之,虽去隔数十里,蛇必至,至则腥风拥树,排闼而入,吞应者去,人莫能止也。"

梅山七怪
méi shān qī guài

中国神魔小说《封神演义》中的妖怪，分别由白猿、猪、牛、狗、羊、蛇和蜈蚣七种动物修炼而成，其中白猿最厉害。

民间故事

梅山七怪

姜子牙率兵来到孟津，七怪先后下山，想要阻止姜子牙率领的大军。白猿化名袁洪任主帅，凭借千里眼和顺风耳两人的能力，屡次识破周营的计划。杨戬到玉泉山询问师父玉鼎真人后，才知袁洪等人的来历。回营后用对策使千里眼和顺风耳失效，并杀死了这两人。

杨戬从云中子那借来照妖镜，途中遇到猪精朱子真，被其一口吞下。朱子真回营后，与袁洪等设宴庆功。忽然朱子真的腹中发出声响，才知杨

戬没死。杨戬命朱子真现出原形，然后将其杀死，自己则从猪颈中出来，又杀死了牛精金大升、羊精杨显等妖怪。

袁洪见七怪已有六人被杀，十分愤怒，便与杨戬决战。他法力颇大，与杨戬难分上下。女娲显圣，赐杨戬山河社稷图悬于树上，才收了袁洪。姜子牙下令将其斩首，头落后现出莲花，莲花又化成头，一而再再而三，始终不能斩死。最后姜子牙请出陆压道人所赐的七宝斩仙飞刀，才将袁洪杀死。

出处

《封神演义》

凿齿

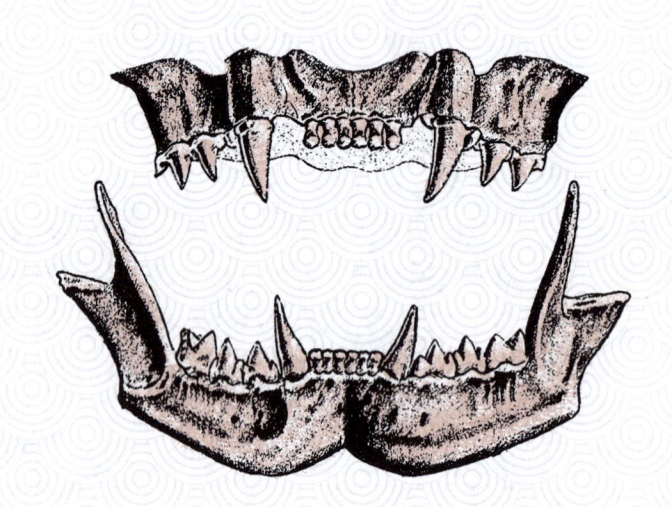

zác chǐ

一种居住在中国南部沼泽地带的怪兽，会用长牙掠食人类，是一种凶残的怪兽。

民间故事

羿杀凿齿

传说凿齿在人间掠食人类，帝尧命令大羿前往讨伐。凿齿见大羿带着弓箭找上门来，一边慌忙拿起盾牌遮挡自己，一边伸出牙齿迎战。大羿挥动宝剑砍去，盾牌顿时被砍成两半。凿齿吓得转身逃跑，大羿赶紧拉弓上弦，一箭正中凿齿心窝。

出处

《山海经·海外南经》："昆仑虚在其东，虚四方。一曰在岐舌东，为虚四方。羿与凿齿战于寿华之野，羿射杀之。在昆仑虚东。羿持弓矢，凿齿持盾，一曰戈。"

猪豚蛇
zhū tún shé

猪豚蛇叫声如猪，会袭击人。它曾出现在训练的士兵面前，把人吃掉，后被会使用法术的军人制伏。

外貌形态

身体像杵一样粗，长约三尺，有四只脚。

民间故事

制伏猪豚蛇

建康的驻屯军中有位叫成俊的将校，此人对禁咒之术颇有心得，尤其擅长制伏灵蛇。

一天傍晚，军队正在南门外进行训练，竹篓里突然出现了一条蛇。它一边发出猪一样的叫声，一边追赶着人跑，好像要把人吃掉一样。众人无计可施，只得惊慌逃窜。这时，有个人看到身旁有个饲养马匹的马槽，便急忙拿来盖住了蛇，并将此事报告给将军。将军立刻派人通知以制伏灵蛇而闻名的成俊。

过了一会儿，成俊赶来了。他一来便说中了马槽底下妖蛇的形状，并说："这是猪豚蛇，是一种妖蛇，人一旦被它缠上就会死去。"接着，成俊便往马槽上方吹气，开始施展法术。没过多久，成俊命人打开马槽，只见妖蛇蜷缩成一团，一动也不动。于是，成俊再将马槽盖上，深深吸了一口气，接着又往马槽上方吹气三次。过后，再打开马槽时，妖蛇已化作一滩凝血。

出处

《夷坚志》："有蛇自竹丛出，其长三尺，面大如杵，生四足，遍身有毛，作声如猪，行趋甚疾，为逐人吞噬之势。众皆惊扰，不知所为，适有马槽在侧，急取覆之。而白统制官，遣呼俊。俊至，已能言其状，且云是名猪豚蛇，啮人立死。"

羵羊
bēn yáng

《搜神记》中记载有"季桓子挖井得羵羊"之事。在今上冶镇鄪城村西南有一口古井遗址，便是春秋时期鲁国正卿季桓子掘井之处。

民间故事

土中之怪

季桓子在封地鄪都掘井挖出一个肚大口小的瓦器，内有一物，人莫能识。于是，季桓子就派人找来孔子问："我挖井时得到一只怪物，长得像狗，是什么呀？"孔子回答说："依我的见识，你得到的应该是羊。古人说：'树木、石头中的精怪称作夔、魍魉，水中的精怪称作龙、罔象，而泥土中的精怪称作羵羊。'今得之土中，必定是羊。"季桓子又问："什么叫羵羊？"孔子说："非雌非雄，徒有其形。"季桓子把鄪地人叫来一问，果然分不出雌雄，于是大惊说："仲尼之学，果不可及！"

出处

《搜神记》："季桓子穿井，获如土缶，其中有羊焉。使问之仲尼曰：'吾穿井而获狗，何也？'对曰：'以丘之所闻，羊也。丘闻之：木石之怪曰夔、魍魉，水之怪曰龙、罔象，土之怪曰羵羊。'"

第四卷 妖

犀犬

犀犬
xī quǎn

传说中的土中怪兽，得到它的人家里会富起来。可是这妖怪很任性，就算把洞口堵得再严实，它还是可以逃走。

民间故事

洞穴之怪

晋惠帝元康年间，吴郡娄县怀瑶的家中，忽然从地下传来隐约的狗叫声。怀瑶便去查看狗叫声传出的地方，发现地面有一个小孔，跟蚯蚓的洞穴一般大。怀瑶用木棍插进小孔，插到地下几尺深时，感觉里面有东西，便挖开来看。原来里面是两只小狗，雌雄各一只，眼睛还没有睁开，形体比平常的小狗要大。怀瑶把两只小狗抱出来，喂东西给它们吃。左邻右舍

犀犬长得像狗，但比一般的狗要大。

都来观看。长老中有人说："这狗叫犀犬，得到它的话，能使家里富裕昌盛，最好把它饲养起来。"由于小狗眼睛还没有睁开，怀瑶只能将它们放回到洞穴中，用石磨盖上。

过了一天，怀瑶再次打开石磨来看时，却发现两只小狗都不见了，不知道它们去了哪里。此后怀瑶家多年也没有什么祸福。

出处

《搜神记》："晋惠帝元康中，吴郡娄县怀瑶家忽闻地中有犬声隐隐。视声发处，上有小窍，大如蟮穴。瑶以杖刺之，入数尺，觉有物。乃掘视之，得犬子，雌雄各一，目犹未开，形大于常犬也……"

第四卷

妖

彭侯

péng hòu

深山中有一棵古树，没有人知道它究竟活了多少年。它只是日复一日，年复一年，悄无声息地生长着，在漫长的日子里形成了自己的精魄。这种以树成精的怪物名叫彭侯，它性情残暴，经常杀害过往的行人。在《搜神记》中有记载，在日本妖怪画师鸟山石燕的《今昔百鬼拾遗》中也有出现过彭侯。

外貌形态

面部像人，身子像黑狗，没有尾巴。

彭侯

《画图百鬼夜行》 鸟山石燕绘

彭侯的样子像黑狗，面部像人，没有尾巴，性情残忍，杀害过往行人。

第四卷 妖

民间故事

树之精怪

吴国先帝当政时,建安太守陆敬叔派人去砍一棵大樟树。刚砍了几斧头,就见血从树里往外涌出。当树被砍断的时候,只见一个人面狗身的怪物,突然从树里蹿了出来。陆敬叔指着怪物说:"这个怪物叫彭侯。"然后就把它烹来吃了,其味道与狗肉差不多。

古书《白泽图》中记载:"以树成精的怪物叫彭侯,它的形状就像一条黑狗,只是没有尾巴,烹煮后可以吃。"

出处

《搜神记》:"吴先主时,陆敬叔为建安太守,使人伐大樟树,下数斧,忽有血出,树断,有物,人面,狗身,从树中出。敬叔曰:'此名彭侯。'乃烹食之。其味如狗。白泽图曰:'木之精名彭侯,狀如黑狗,无尾,可烹食之。'"

相柳

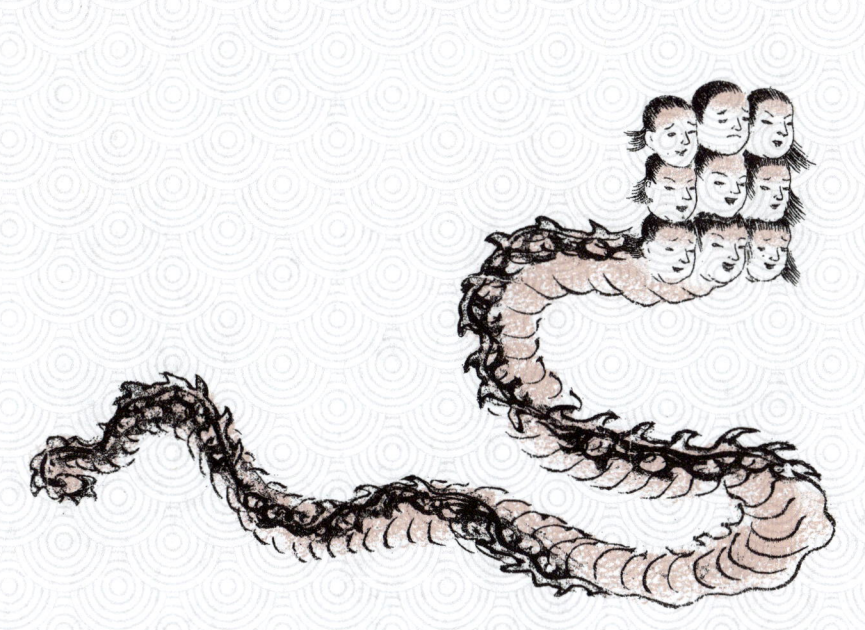

相柳
xiāng liǔ

上古时代神话中的凶神，喜欢吃土，一次就能吃下九座小山。相柳的样貌丑怪，性情也极其凶悍。据说它所经过和盘踞的地方，立刻就会成为腥臭的沼泽，那个地方无论种什么庄稼，都不会生长。从它口中吐出的东西，气味特别恶心，即便是野兽也忍受不了。

外貌形态

人首蛇身，长着九个脑袋。

相柳

清·《天问图》 萧云从绘

相柳的相貌十分凶恶恐怖。巨大的青色蛇身上面长着九个脑袋。传说它罪恶满贯，无恶不作。

神话故事

禹杀相柳

很久以前,相柳随同共工发洪水,使百姓遭殃。遇到了一心治水的禹,共工惨遭流放监禁。而相柳仍继续作怪。禹见相柳如此猖獗,就运用神力杀了相柳,为民除害。相柳的血液腥臭,流淌过的土地五谷不生,流出的口水更是形成了巨大的毒液沼泽。禹三次填平却又三次塌陷,他只好把这片土地辟为池子,并在池边建起高台,作为祭祀诸神的地方。

出处

《山海经·海外北经》:"共工之臣曰相柳氏,九首,以食于九山。相柳之所抵,厥为泽溪。禹杀相柳,其血腥,不可以树五谷种。禹厥之,三仞三沮,乃以为众帝之台。"

傒囊
xī náng

一种经常出现在山野间，长得像小孩子的妖怪。

民间故事

山之精怪

吴郡人诸葛恪任丹阳太守时，一次，他外出打猎，看见两座山之间，有个像小孩一样的怪物，伸出手来想拉人。诸葛恪就让它把手伸出来，然后拉着它的手使它离开了原来的地方。那怪物一离开原来的地方就死了。

过后，下属问诸葛恪这是什么缘故，认为他像神一样通达事理。诸葛恪说："这在《白泽图》内有记载。《白泽图》里说：两座山之间，那精怪像小孩，看见人就伸出手来想拉人，它的名字叫作傒囊。拉着它离开原来的地方，它就会死去。你们不要认为我神通广大，你们只是没有见到这段记载罢了。"

出处

《搜神记》："恪曰：'此事在白泽图内。曰两山之间，其精如小儿，见人则伸手欲引人，名曰傒囊，引去故地则死。无谓神明而异之。'"

優曇

百鬼夜行繪

肥遗

féi yí

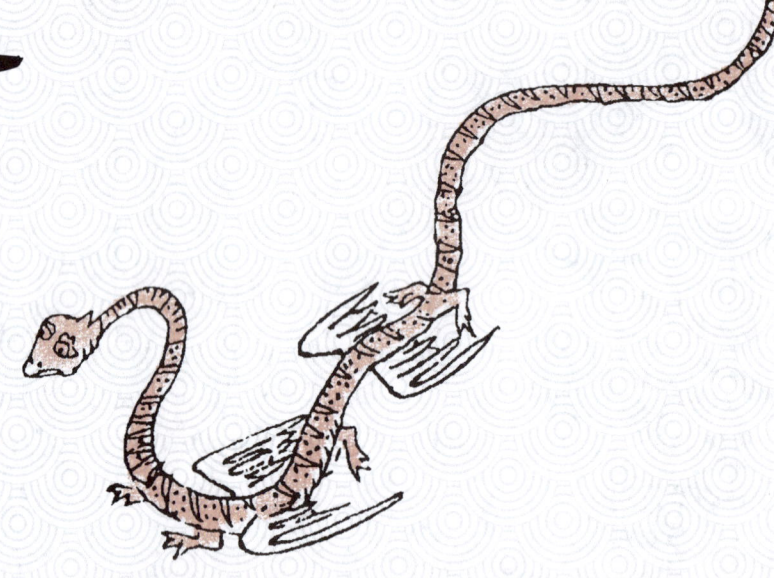

太华山的山崖陡峭得如刀削一般，高五千仞，宽十里，禽鸟野兽无法栖身。山中有一种蛇，名叫肥遗，长着六只脚和四只翅膀，它一出现就会天下大旱。

外貌形态

长着六只脚和四只翅膀的怪蛇。

出处

《山海经·西山经》："又西六十里，曰太华之山，削成而四方，其高五千仞，其广十里，鸟兽莫居。有蛇焉，名曰肥遗，六足四翼，见则天下大旱。"

猪婆龙

zhū pó lóng

第四卷 — 妖 —

猪婆龙生活于长江下游岸边及太湖流域等沼泽地区，常飞出水面沿江岸捕捉鹅鸭吃。招惹之则会带来风浪。

民间故事

猪婆龙

古时有人捉住一只猪婆龙，就把它杀了，把肉卖给陈、柯两家。这两姓人家都是陈友谅的后裔，从祖辈传下来就吃猪婆龙肉，别姓人家不敢吃。

一天，一个客人从江的西边来，捉到一只猪婆龙，把它绑在船上。这艘船停在钱塘江边，因为没把猪婆龙绑结实，结果让它一头扎进江里跑掉了。一转眼的工夫，江里波浪涛天，船立刻翻了。

出处

《聊斋志异·猪婆龙》："猪婆龙，产于西江。形似龙而短，能横飞；常出沿江岸扑食鹅鸭。或猎得之，则货其肉于陈、柯。此二姓皆友谅之裔，世食婆龙肉，他族不敢食也。一客自江右来，得一头，絷身中。一日，泊舟钱塘，缚稍懈，忽跃入江。俄顷，波涛大作，估舟倾沉。"

蝮虫

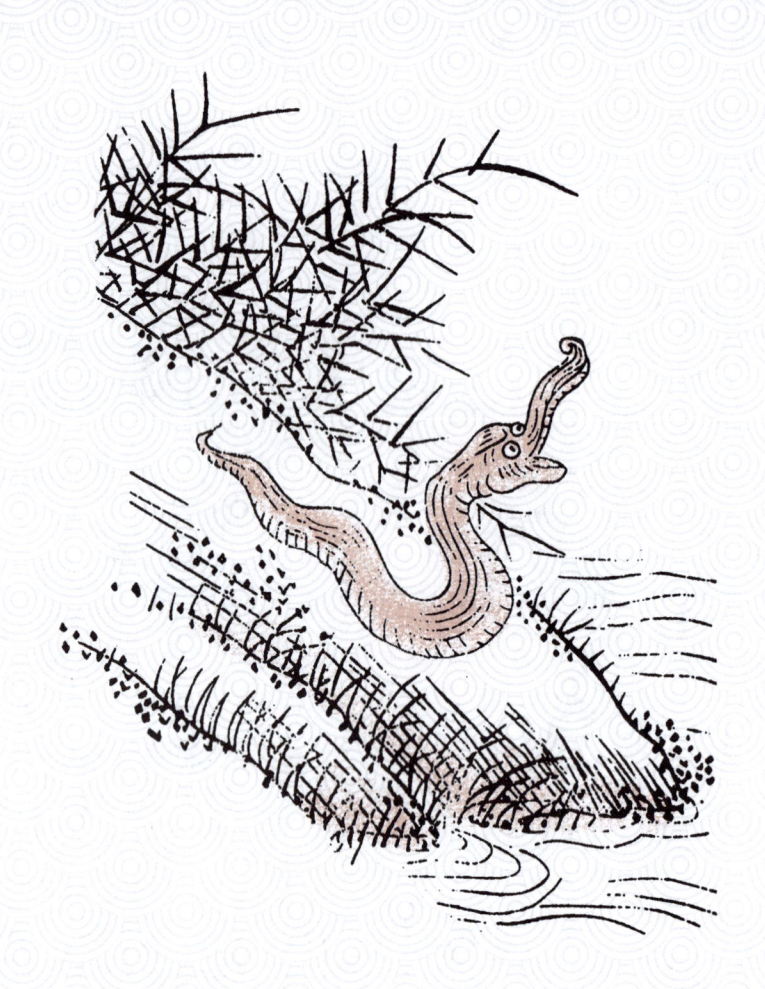

fù chóng

蝮虫又被称为蝮蛇，是一种非常可怕的怪物。屈原在《离骚·大招》的招魂词中，就呼唤灵魂不要去南方，因为南方有千里炎火、蝮蛇等可怕的动物。

外貌形态

颜色像绶文，鼻上有针，大的蝮虫重可达一百多斤。

出处

《山海经·南山经》："又东三百八十里，曰猨翼之山，其中多怪兽，水多怪鱼，多白玉，多蝮虫。"

蜃
shèn

第四卷 · 妖一

中国神话故事中的一种海怪，形似大牡蛎，也有说是水龙。在古人看来，海市蜃楼是因为有一种叫作"蜃"的海怪在捣鬼，蜃在空中喷出妖雾，演化出各种环境，致人迷失，甚至丧命。

《说文解字》中说"雉入海化为蜃"，当时的古人认为旱地的雉鸡到了海中，就幻化为蜃。《国语》中则说："小曰蛤，大曰蜃。皆介物，蚌类也。"把蜃当作大蛤。清代的《海错图谱》中描绘了蜃的形象，一只大蛤居于画面最下方，它吐出的气息盘旋上升，在氤氲中，楼台殿阁慢慢显形。日本妖怪画家鸟山石燕在《百鬼夜行图卷》中也将蜃描绘成一只喷气的大蛤，这与《海错图谱》有着惊人的相似。

也有人认为蜃的形态接近于龙形，《三才图会》中就有一幅蜃龙图。据说蜃龙栖息在海岸或河口，头上长着像鹿一样的角，背部长着红色的鬃毛，鳞片为暗土色。蜃龙从口中吐出的气，能幻化出各种各样的幻影，这些幻影

妖怪蜃气楼

蜃的一种形象是一只大蛤,吐出的气息盘旋上升,在氤氲中,楼台殿阁慢慢显形。

大多数是亭台楼阁。蜃龙喜欢吃燕子,据说它喷气产生幻影,主要目的就是引诱燕子飞进自己嘴里。

外貌形态

在古代神话中,蜃有两种形态:一种是大蛤,不过其身躯足够大,是贝类成精;另一种则接近于龙形,是龙的近亲,谓之蜃龙。

出处

《说文解字》:"雉入海化为蜃。"

稍割牛

稍 割 牛
shāo gē niú

第四卷 — 妖 —

越巂国有一种牛叫作稍割牛，十天就要割掉一些它的肉，割完了还会长好。如果不割的话，稍割牛就会很痛苦并且死掉。

外貌形态

黑色的牛，牛角细长，能够长到四尺多长。

出处

《历国传》："其国（越巂国）有稍割牛，黑色，角细长，可四尺余。十日一割，不割便困且死。"

蛊
gǔ

一种类似鬼的妖怪，可以随意变化，种类混杂而特别。有时变成狗，有时又会变成虫蛇，就连养蛊的人自己都不知道它会变成什么。将这些蛊释放出去，凡中蛊的人必死无疑。

民间故事

狗蛊

郡阳郡的赵寿养有一种狗蛊。当时陈岑去拜访赵寿，忽然有六七群大黄狗一起冲出门咬陈岑。后来余相伯回家和赵寿的妻子吃饭，吐血吐得差一点死去。把桔梗削成碎屑煮水饮服，这才痊愈。

出处

《搜神记》："蛊有怪物，若鬼，其妖形变化，杂类殊种：或为狗豕，或为虫蛇。其人皆自知其形状，行之于百姓，所中皆死。"

野狗

野狗
yě gǒu

第四卷 — 妖 —

兽首人身的妖怪，喜欢吸食死人的脑浆。

民间故事

明末往事之野狗

清初于七之乱中，清兵杀人如麻。乡民李化龙避难时，赶上清兵搜山，于是躺着装尸体。清兵离开后不久，那些断头断脚的尸体忽然都跳了起来，像树一样密密麻麻地站立着。一个身上就只剩一点儿皮，连着脑袋和身体的尸体说："野狗来了，怎么办？"尸体们嘴里都说"奈何，奈何"，说完就又都倒下了。

李化龙被吓蒙了，颤颤巍巍地站起来正准备跑，却看见一个怪物走过来，趴下来撕咬着尸体的脑袋，吸食尸体的脑浆。李化龙赶紧藏在其他尸体下面。怪物一个又一个地吸，眼看就要吸到李化龙了。怪物搬开李化龙身上的尸体，李化龙情急之下摸到一块大石头，狠狠地砸向怪物。怪物的嘴巴瞬间鲜血直流，惨叫着逃走了。李化龙捡起怪物掉落的牙齿，拿回到乡里给大家看，却没人认得出来是什么怪物的牙齿。

出处

《聊斋志异·野狗》："于七之乱，杀人如麻。乡民李化龙，自山中窜归。值大兵宵进，恐罹炎昆之祸，急无所匿，僵卧于死人之丛诈作尸。兵过既尽，未敢遽出。忽见阙头断臂之尸，起立如林……"

人面牛

人面牛
rén miàn niú

第四卷 — 妖 —

每百年一次，从牛等家畜中出生，一生下来便会用人类的语言说出预言，然后马上死去。人面牛的预言多为不祥，却百分之百地准确；雄的预言必然正确，雌的会教授躲避灾难的方法。

民间故事

神牛的寓言

晋惠帝太安年间，江夏郡功曹张骋所乘的牛突然开口说话了："天下就要大乱，我已经很疲倦了，你要乘着我到哪儿去呢？"张骋和几个随从都

609

感到十分惊讶和害怕，于是骗它说："让你回家，不要再说话了。"于是半路上就转回家了。回到家后，还没等卸下车驾，牛又说道："怎么回来这么早呢？"张骋更加害怕了，把这件事藏在心里，没有说给人听。

安陆县有个擅长占卜的人，张骋去找他占卜。占卜的人说："这是大凶的预兆。恐怕天下将要发生战争，整个郡内都要家破人亡啊！"张骋回到家，那头牛又像人一样站着行走，人们都来围观。

那年秋天，张昌贼军起事造反。他们先攻占了江夏，欺骗百姓说是汉朝复兴，有凤凰降临的祥瑞，圣人即将出世。参与造反的人都抹着红额头，用来突出火德的吉祥。于是老百姓人心动荡，都积极地参与造反。张骋的兄弟都担任了将军都尉，没过多久他们就失败了。整个郡遭到了破坏，百姓死伤人数过半，而张骋一家被灭族了。

出处

《搜神记》："太安中，江夏功曹张骋所乘牛忽言曰：'天下方乱，吾甚极焉，乘我何之？'骋及从者数人皆惊怖，因绐之曰：'令汝还，勿复言。'乃中道还。至家，未释驾。又言曰：'归何早也？'骋益忧惧，秘而不言……"

燃犀
rán xī

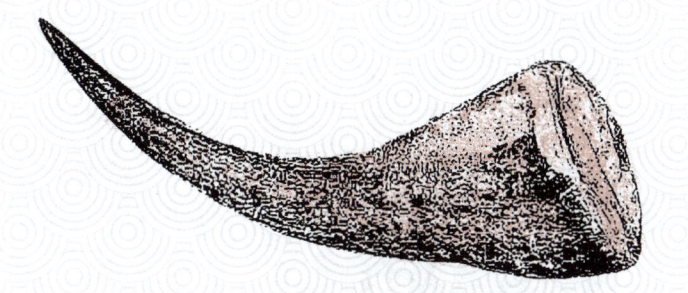

相传犀角燃之可照妖。燃犀比喻能明察事物，洞察奸邪。

民间故事

燃犀照妖

晋朝时，朝臣议论要把温峤留在朝中辅政。温峤因先帝已托付了王导，推辞返回江州。又看到京都残破不堪，物资缺乏，于是筹借了一批物资，添置了宫廷的器用，这才返回武昌。走到牛渚矶，见水深不可测，想起传说中这水下多怪物，就叫人点燃了犀角下水照看。不一会儿，只见水中有怪物出来掩火。它们长得奇形怪状，还有穿红衣乘着马车的。

这天夜里他梦见有个人对他说："我们和你幽明有别，各不相扰，你为什么要来照我们呢？"它的样子看起来很愤怒。温峤以前就有牙疾，于是他把牙拔了，因此中风，回到镇上不到十天就死了，终年四十二岁。

出处

《晋书·温峤传》："朝议将留辅政，峤以导先帝所任，固辞还藩。复以京邑荒残，资用不给，峤借资蓄，具器用，而后旋于武昌。至牛渚矶，水深不可测，世云其下多怪物，峤遂毁犀角而照之。须臾，见水族覆火，奇形异状，或乘马车着赤衣者……"

第四卷 妖一

猪妖

猪妖
zhū yāo

由猪变化成的妖怪。《搜神记》中有记载猪妖的故事。

民间故事

猪妖

晋朝时,有一个姓王的读书人,家住在吴郡。一天,他乘船回家途经曲阿县。天黑时,船靠在大堤上。这时,他看见大堤上有一个十七八岁的女子,便把她喊到船上同宿。天亮的时候,他解下一只金铃系在女子的手臂上,然后派人跟在她后面随她回家。到她家一看,一个女人也没有。于是,靠近猪栏边仔细寻找,只见一只母猪的臂上系着金铃。

猪妖是由猪变化成的妖怪。

第四卷　妖

出处

《搜神记》："晋有一士人姓王，家在吴郡，还至曲阿，日暮，引船上，当大埭，见埭上有一女子，年十七八，便呼之，留宿。至晓，解金铃系其臂，使人随至家，都无女人。因逼猪栏中，见母猪臂有金铃。"

患忧
huàn yōu

一种形状像牛的妖怪，身长数丈，是忧愁的怨气积聚而成。酒能解愁，因此用酒浇它就可以使它消失。

民间故事

忧郁的鬼

汉武帝东巡时，刚走到函谷关，突然前方有一个怪物挡住了道路。那怪物长得像牛，身长数丈余。随行人员又惊又怕，但想要继续前行，唯一的办法就是先要制伏这个怪物。但是无论用什么方法，这个怪物都丝毫不为所动。正当大家一筹莫展之时，武帝的侍从东方朔来到他们身边，说道："倒酒试试看！"人人皆知东方朔博学多才，深受汉武帝赏识。于是大家便遵照东方朔的指示，拿酒灌那怪物，灌了几十斛酒后，那怪物居然消失了。

汉武帝问这是什么怪物，东方朔说："这怪物叫作患，是因忧虑而出现的。此地可能是秦朝时的监狱所在地，要不就是罪犯服劳役时，积聚了大量忧愁的地方。酒这种东西可以让人忘记忧愁，因此也可以制伏这种妖怪。"汉武帝赞叹说："你可真是个博学多才的人啊！"

出处

《搜神记》："汉武帝东游，未出函谷关，有物当道。身长数丈，其状象牛，青眼而曜睛，四足，入土，动而不徙。百官惊骇。东方朔乃请以酒灌之。灌之数十斛，而物消。帝问其故，答曰：'此名为患，忧气之所生也。此必是秦之狱地，不然，则罪人徒作之所聚。夫酒忘忧，故能消之也。'帝曰：'吁！博物之士，至于此乎！'"

蛇媚

蛇媚
shé mèi

一种可以魅人的蛇妖，被它所魅的人便会得病。修炼时间更长的蛇妖，则可致人死亡，甚至连飞鸟都难逃其毒手。

民间故事

寿光侯劾鬼

寿光侯是汉章帝时期的人，他能惩罚各种鬼怪，还能命令它们将自己捆绑，现出原形。

在他的同乡人中，有一名妇女被妖怪所害生病。他惩罚妖怪，捉到一条几丈长的大蛇，将其杀死在门外，妇女的病就好了。又有一棵大树，树里有妖精，人走到树下就会死亡，鸟飞到树间就会坠落下来。寿光侯惩罚妖怪，树在盛夏枯萎落叶，一条七八丈的大蛇，吊死在树上。

汉章帝听说后，问他真有此事吗。他说："有。"汉章帝说："我的宫殿里有妖怪，半夜经常有几个人穿着大红衣，披着头发，拿着火把，一个跟

蛇魅是一种可以魅人的蛇妖。

着一个走着。要怎样惩罚它们呢？"寿光侯说："这是些小鬼，容易消除。"汉章帝于是派了三个人去装鬼。寿光侯使法，三个人顿时扑倒在地死去。汉章帝吃惊地说："他们不是鬼，是我想试一试你的法术罢了。"急忙让寿光侯将他们救活。

出处

《搜神记》："寿光侯者，汉章帝时人也。能劾百鬼众魅，令自缚见形。其乡人有妇为魅所病，侯为劾之，得大蛇数丈，死于门外，妇因以安。又有大树，树有精，人止其下者死，鸟过之亦坠。侯劾之，树盛夏枯落，有大蛇，长七八丈，悬死树间。"

第四卷 妖

嘘猿
xū yuán

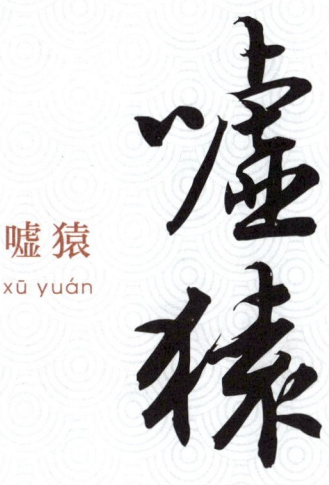

一种类似猿的妖怪，没什么别的本领，专会医马。即使是已经死掉的马，只要让它在鼻边吹口气，一会儿马就能复活。

民间故事

死马当活马医

赵固骑的马忽然死了，他十分悲痛惋惜，就去请教郭璞。郭璞说："你可以派几十个人拿着竹竿，向东走三十里地，看见那陵园里的树，就乱打一气。这时一定会有一个怪物出来，你赶快把它逮回家。"

于是赵固按郭璞的话去做了，果然逮到了一个长得像猿的怪物。他把它带回家中，这怪物一进门看见死马，就迅速跑到死马跟前，对着死马的鼻子又是吹气又是吸气。一会儿，这匹马就能站起来了，它高声吼叫，吃喝也同往常一样。只是再看不见那怪物了。赵固认为郭璞有奇才，所以给了他很多报酬。

出处

《搜神记》："赵固所乘马忽死，甚悲惜之，以问郭璞。璞曰：'可遣数十人持竹竿，东行三十里，有山林陵树，便搅打之。当有一物出，急宜持归。'于是如言，果得一物，似猿……"

危狐

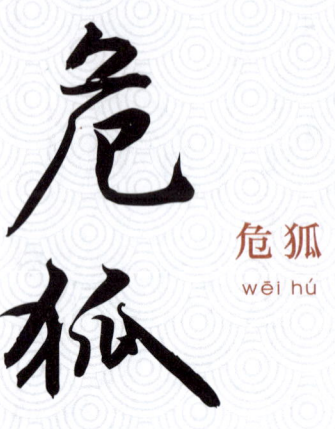

wēi hú

一种狐狸，会突然出现冲着人嗥叫，过不了多久，那个人家中的房屋便会倒塌。

民间故事

狐怪

谯县人夏侯藻，一次母亲病重，他准备去淳于智那里占卜的时候，忽然有一只狐狸，站在他家门外向他嗥叫。夏侯藻惊恐万分，于是快马加鞭赶到淳于智那里。淳于智说："这场灾祸迫在眉睫。你尽快赶回去，在狐狸嗥叫的地方拍着胸口大声啼哭，让家里的人都感到惊奇，让大人小孩都出来。有一个人不出来，你就哭着别停。这样灾祸才可以避免。"

夏侯藻回去后，按淳于智的话做了，就连母亲也带病出了门。家里的人聚集在外面，只见那五间房屋哗啦啦地都倒塌了。

出处

《搜神记》："谯人夏侯藻，母病困，将诣智卜，忽有一狐当门向之嗥叫。藻大愕惧。遂驰诣智。智曰：'其祸甚急。君速归，在狐嗥处，拊心啼哭，令家人惊怪，大小毕出'……"

槎妖

chá yāo

木槎变成的妖怪，横在水道上。如果人们祭祀它，它就让船过去；不祭祀它，它就会把驶来的船毁坏。

民间故事

神奇的木筏

吴国时，葛祚任衡阳郡太守。当时郡内有个大木筏横在河中，能兴妖作怪，百姓就在河边给这木筏建立了祠庙。祭祀它，木筏就沉下去；不祭祀，则木筏就浮在水面，船就要被它破坏了。葛祚将离任时，便准备好了斧子，要除去这一民众的祸害。第二天他就要去砍那木筏了，而在前一天的晚上，人们却听见河中"汹汹汹"有人的声音。前去观看，木筏竟被移走了，沿着江水向下漂浮了好几里，停留在河湾中。从此过河的人不再有翻船的祸患了。衡阳郡的人为葛祚立了块碑，碑文写着："正德祈禳，神木为移。"

出处

《搜神记》："吴时，葛祚为衡阳太守，郡境有大槎横水，能为妖怪，百姓为立庙，行旅祷祀，槎乃沉没；不者，槎浮，则船为之破坏。祚将去官，乃大具斧斤，将去民累……"

庆忌

庆忌
qìng jì

一种只有几寸长的小妖怪，经常乘一辆装饰着黄色华盖的马车，喜欢纵马疾驰。呼唤它的名字，可以让它一日内在千里之间往返报信。如果一个已经断了水源的湖泊，过了几百年还有水存在，就会生出这种妖怪。

神话故事

水怪庆忌

王莽始建国四年，池阳县出现了小人。这些小人身高一尺多，有的乘车，有的步行。它们手里拿着各种东西，东西的大小也都与它们相配。这些小人出现了三天后才消失。王莽十分憎恶它们。从此以后，起义一天比一天厉害，王莽最后竟被杀死了。

《管子》中有记载："干枯的湖泽经过几百年，山谷没有移位，水源没有断绝的，里面就会生出水怪庆忌。庆忌这种怪物，形状像人，身长四寸，穿着黄色的衣服，戴着黄色的帽子，乘坐着装饰着黄色华盖的马车，喜欢飞快地奔驰。呼唤它的名字，可以让它在千里以外当天赶回来。"这么说来，那池阳县的小人，或许就是庆忌吧？

出处

《搜神记》："王莽建国四年，池阳有小人景，长一尺余，或乘车，或步行，操持万物，大小各自相称，三日乃止。莽甚恶之。自后盗贼日甚，莽竟被杀。管子曰：'涸泽数百岁，谷之不徙，水之不绝者，生庆忌。庆忌者，其状若人，其长四寸，衣黄衣，冠黄冠，戴黄盖，乘小马，好疾驰。以其名呼之，可使千里外一日反报。'然池阳之景者，或庆忌也乎。"

霹雳
pī lì

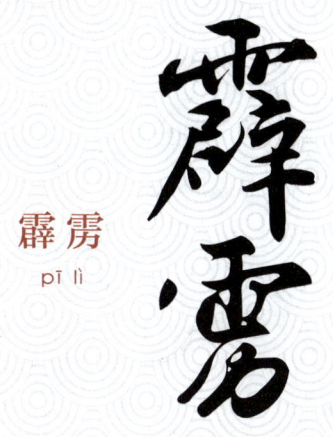

第四卷 — 妖 —

一种伴随着风雨而来的妖怪，会袭击人。

民间故事

霹雳神

晋朝时扶风郡有个叫杨道和的人。夏天他在田间干活时，突然遇上下大雨，他就跑到桑树下躲雨。霹雳神便下来打他，杨道和就用锄头来抵抗。霹雳神的大腿被打断，倒在地上，不能离去。

出处

《搜神记》："晋，扶风杨道和，夏于田中，值雨，至桑树下，霹雳下击之，道和以锄格折其股，遂落地，不得去。唇如丹，目如镜，毛角长三寸，余状似六畜，头似猕猴。"

貙人

貙人
chū rén

据说是巴国首领廪君的后代，能够变化为老虎。老虎脚上有五个指头的，都是貙。

民间故事

貙人

长江和汉水之间一带地方，有一种貙人。他们的祖先是廪君，能够变化成老虎。长沙郡所属的蛮县东高口的居民，曾做了木栅栏来捕捉老虎。

栅栏的机关被弹开了，第二天，人们便一起去打老虎。却看见一个亭长，包着红头巾，戴着大帽子，在木栅栏中坐着。有人便问："您怎么到这里面来了。"亭长十分恼火地说："昨天我忽然被县令召见，夜里躲雨，就貙人会变化成老虎的样子。

误跑进这里面来了。你们赶快放我出去！"又有人问："您被召见，不是应该有文书吗？"亭长便从怀里掏出召见他的文书，于是人们就把他放了出来。

一会儿再仔细一看，他却变成了老虎，跑上山去了。有人说："老虎变成人时，喜欢穿紫色的葛布衣，脚没有脚跟。老虎脚上有五个指头的，都是貙。"

出处

《搜神记》："江汉之域，有貙人，其先，廪君之苗裔也，能化为虎。长沙所属蛮县东高居民，曾作槛捕虎，槛发，明日众人共往格之，见一亭长，赤帻，大冠，在槛中坐。因问：'君何以入此中？'亭长大怒曰：'昨忽被县召，夜避雨，遂误入此中。急出我。'……"

第四卷

妖

猳国

猳国
jiā guó

也叫"马化"或"玃猿",是一种生活在高山上长得像猴子的妖怪,能够像人一样行走,喜欢追逐人。

猳国会守在山路间,伺机抢走路过的年轻貌美女子。它们能够通过气味来分辨男女,所以只抢女人,不抢男人。女子被抢走后就成了它的妻子,如果生不出孩子就回不去。十年以后,那女子的容貌和意识就都和猳国一样了,也就不会再想着回去了。

民间故事

猳国马化

蜀国西南部的高山上,有一种动物名叫猳国。这种动物经常观察路过的女子,看到漂亮的女子就强抢带走。没有人知道它们究竟把这些女子带到了什么地方。即便有些过路人在经过它们时,用长绳子互相牵着走,也还是会被它们抢去。

猳国长相与猴子相似，专门掠夺妇女。

如果抢到女子，它们就把她当作妻子。生不出孩子的女子，到死都不能回去。十年过后，这些被抢去的女子，形体也和猳国类似了，思想也迷惑了，也就不再想回家了。

至于生了孩子的，它们就会抱着孩子，连同母亲一起送还给她的家人。这些孩子都长着人的模样。如果回家后不抚养孩子，那么孩子的母亲就要被弄死。所以母亲们很害怕，没有敢不抚养的。等这些孩子长大了，和人也没有什么区别。

出处

《搜神记·猳国马化》："蜀中西南高山之上，有物与猴相类，长七尺，能作人行，善走逐人，名曰猳国，一名马化，或曰玃猿。伺道行妇女有美者，辄盗取将去，人不得知。若有行人经过其旁，皆以长绳相引，犹或不免。此物能别男女气臭，故取女，男不取也……"

附录：《西游记》妖怪专辑

四大灵猴

四大灵猴分别是：灵明石猴，通变化，识天时，知地利，移星换斗；赤尻马猴，晓阴阳，会人事，善出入，避死延生；通臂猿猴，拿日月，缩千山，辨休咎，乾坤摩弄；六耳猕猴，善聆音，能察理，知前后，万物皆明。混世四猴各有各的本领与神通，要说谁最厉害，应该是灵明石猴，因为它是另外三个的综合体。

灵明石猴，也就是孙悟空，是中国著名的神话角色之一。在《西游记》中，灵明石猴是由开天辟地以来的仙石孕育而生，带领群猴进入水帘洞，成为众猴之王，号称"美猴王"。后来它去西牛贺洲拜菩提祖师为师学艺，才得名"孙悟空"，并学会了七十二变、筋斗云等法术。孙悟空先后大闹地府与天宫，后被天界招安，封为弼马温。后来孙悟空又返回花果山，自封为"齐天大圣"。因醉酒搅乱王母娘娘的蟠桃盛会，偷吃太上老君的金丹，炼成了金刚之躯，还在炼丹炉中练就了火眼金睛。之后孙悟空大闹天宫，十万天兵天将围剿，都不能将其打败。后来在与如来佛祖的斗

法中，被压在了五行山下五百年。经观音菩萨点化，被唐僧救出，护送唐僧西天取经。在历经九九八十一难后，最终取得真经，修成正果，被封为"斗战胜佛"。

赤尻马猴幼年淘气，误到了灵山无来阁。它踏着仙雾转身进入阁中，见里面有一坐台，荷花高砌，绿水环绕，它便跳上莲台嬉戏。无来阁本是佛祖栖身之所，待佛祖从雷音寺听法回来，发现莲台被动，于是伸出左掌，意念发力，马猴立刻在佛祖掌心出现。从此，赤尻马猴便皈依了佛门，在佛祖座下修行。它十分灵通，得三十六路心法，赐"闻达侍者"。

在《封神演义》中，通臂猿猴曾修行千年，化身为人，为纣王领兵征战，是商朝一员猛将，屡屡打败杨戬。后被女娲打回原形，困入山河社稷图，最后用神秘的陆压道人能斩神灭佛的飞刀，才把他歼灭。

六耳猕猴曾冒充孙悟空，与孙悟空大战，闹到上天入地下海，实力与真孙悟空一般无二。唐僧的紧箍疼不出，天王的镜子照不出，就连观音也看不出，谁都认不出来。最后还是如来佛道出六耳真身，并用金钵盂罩住，才被孙悟空一棍子打死。

牛魔王

翠云山和积雷山的主人，妻子是铁扇公主，儿子是红孩儿。牛魔王神通广大，法力无边，是为数不多能以自身武力而不靠法宝，与孙悟空匹敌的角色。牛魔王来自一个颇为兴旺的妖怪家族，交友广泛，在地仙中可算一位名副其实的枭雄，据说他也会七十二变。

牛魔王因怒孙悟空欺负了铁扇公主后，又追赶玉面公主，遂与孙悟空展开大战，二人大战百十回合，不分胜负。正在难解难分之际，正巧碧波潭的万圣龙王宴请牛魔王，牛魔王骑着避水金晶兽赴宴。趁牛魔王喝酒的时机，孙悟空变成了牛魔王的样子，骑着避水金晶兽前往芭蕉洞，骗取了芭蕉扇。等牛魔王与众精散了筵席，却不见了避水金睛兽，心知是孙悟空作怪，于是变成猪八戒的样子重新夺回芭蕉扇，双方再次大战。猪八戒前来助战，牛魔王不敌，败退积雷山。孙悟空、猪八戒追至，双方又展开激斗。牛魔王现出原身，孙悟空也使出法天象地与之抗衡。

后来，各路神佛纷纷前来助孙悟空。如来佛令四大金刚率领佛兵，于四面八方布下天罗地网。玉皇大帝则命李靖和哪吒率天兵天将来剿。面对诸路神佛，牛魔王再次现出本相大白牛，与李天王打斗，后被哪吒砍了十几个脑袋，用缚妖索擒拿。无奈之下，铁扇公主交出芭蕉扇，扇灭火焰山大火，而牛魔王则被李靖、哪吒拿回西天。

红孩儿

牛魔王与铁扇公主的儿子，外号圣婴大王，住在号山枯松涧火云洞。红孩儿在火焰山修行了三百年，炼成了三昧真火，口能吐火，鼻子会喷烟。他手持一杆丈八火尖枪，武艺十分了得。

红孩儿听说吃了唐僧肉，可以长生不老，便用狂风卷走唐僧，后与孙悟空大战。孙悟空一时难以降服，只好请来观音菩萨，又让护法惠岸木吒借来托塔天王李靖的天罡刀，才收服了红孩儿，此后他便做了观音菩萨的侍者。

据说红孩儿这个人物最早出现是在《元杂剧西游记》中，他和小说作品中一样，伪装成小孩的模样去骗唐僧，引起唐僧的善良之心去帮助他，结果被他掳走。很快红孩儿就被观音和悟空带着天兵给抓走了，而且如来佛用钵盂将其扣住，七天后就会化成脓血。

在元杂剧中，红孩儿的母亲是一个名为鬼母的妖怪，据说她手下有五千万众的鬼怪大军。红孩儿被如来佛盖在法座下，于是鬼母率领军队包围了雷音寺，以要杀掉全寺的和尚，来要挟如来放人。但如来派出了哪吒和天兵反包围鬼母。但鬼母还是逃了出来，并且悄悄靠近困住红孩儿的钵盂旁，却发现用尽全身的力气，也拿不动那个小小的钵盂。最终她为了自己儿子的命，只能皈依了佛祖，红孩儿也最终被释放。

白骨精

唐僧西天取经途中遇见的美女妖精之一。原是白虎岭上一具化为白骨的女尸，因偶然采天地之灵气，受日月之精华，变幻成人形，习得化尸大法。白骨精擅长变化，由她变化的女子形象妩媚多娇，既狡猾又通晓人类的弱点。

唐僧师徒取经途中经过白虎岭时，唐僧疲惫下马休息。因为四周没有人家，孙悟空只能去很远的地方化缘。白骨精发现了唐僧，于是变成了一个去给丈夫送饭的少妇，想骗走唐僧。正赶上被孙悟空回来看见，他一眼识破少妇是白骨精变的，于是一棒将其打死。但是白骨精用解尸法留下一具假尸跑了。唐僧责怪孙悟空打死人，不相信他打死的是妖怪。于是唐僧念起紧箍咒，孙悟空只好求饶。

师徒四人再次上路后，白骨精又变成了一个老太婆，声称他们打死的是自己的女儿。但是又被孙悟空识破，一棒将其打死，白骨精又留下一具假尸跑了。唐僧依旧不相信那是妖精，于是又念起紧箍咒，孙悟空疼的满地打滚。

白骨精仍不甘心，接着又变作一个老公公，声称他们打死了他的老伴和女儿，结果又被孙悟空打死，现出了白骨骷髅的原形。虽然孙悟空解释后，唐僧相信了他，但由于猪八戒从中作梗，声称孙悟空是为了让唐僧不念紧箍咒，才故意把打死的人变化成白骨，以此来骗唐僧，导致唐僧决意让孙悟空离开。

蜘蛛精

居住在盘丝洞内七个得道的蜘蛛精，号称七仙姑。使用三尺宝剑，经常变化成美女兴妖作怪。打斗激烈时，就敞开怀，露出雪白的肚子，肚脐眼丝绳乱冒。

七只蜘蛛精用丝绳网的法术，将前来化缘的唐僧捉住，想吃唐僧的肉长生不老。孙悟空去救师父，在盘丝洞见到七个女妖正在洗浴，因有顾

虑，于是让猪八戒去。猪八戒一见到美丽的女妖便春心荡漾，被蜘蛛精从肚脐孔冒出的丝绳紧紧缚住。

后来，孙悟空从土地公那里，查明了七个女妖原来是蜘蛛精。孙悟空与蜘蛛精大战，七只蜘蛛精不敌。于是前往黄花观找师兄百眼魔君蜈蚣精为她们报仇。后来蜘蛛精全被孙悟空所擒拿，因蜈蚣精不肯用唐僧换它们，孙悟空一怒之下，将七只蜘蛛精全部打烂。

黄袍怪

原是天上二十八宿的奎星，也就是奎木狼。因与披香殿侍香的玉女有情，思凡下界，为不负前妻，摄来托生为宝象国公主百花羞，与之做了十三年的夫妻，居住在碗子山波月洞。

唐僧师徒路过碗子山时，八戒与沙僧不敌黄袍怪，与唐僧一起被抓。危急之时百花羞放走师徒三人。之后，八戒和沙僧受国王所托营救公主，再战黄袍怪，不敌。黄袍怪遂怀恨在心，于是到宝象国佯称自己是驸马，并将唐僧变成了猛虎，还诬陷唐僧是妖怪。

八戒寻回悟空，打跑了黄袍怪。悟空寻他不着，上天界求助，方知这妖怪原是奎星下凡，遂命二十七宿星员收他上界，贬其去兜率宫为太上老君烧火，有功复职，无功便罪加一等。后奎木狼官复原职，与孙悟空不记前嫌，大战小雷音寺、四星捉犀牛怪。

黄眉大王

原是东来佛祖笑和尚敲磬的童子，因主人是弥勒佛祖，自己也妄想成佛，便自称为黄眉老祖。一次趁佛祖不在家时，偷了金铙、后天人种袋两件宝贝，下界成精，假设雷音寺诱使唐僧师徒上当。

唐僧师徒取经路上翻山越岭，来到了一片平原。云雾中隐约看见楼台殿阁，传来敲钟击磬的声音。他们寻声来到庙宇前，悟空仔细一看，见禅光中夹着凶气，便断定这不是个好地方。唐僧不信，骑马来到山门前，见树枝浓荫掩映的墙上露出"雷音寺"三个字。唐僧以为到了仙界，立即下马要进庙参拜。悟空极力劝阻，说进去凶多吉少。师徒正在争执时，忽听门里有人大喊："唐僧，你从东土去西天取经，见了我佛为什么不进来礼拜？"

唐僧连忙披上袈裟，与八戒、沙僧一步一拜进了大殿，只有悟空站在一旁不理。突然，高坐在莲花台上的如来佛喊道："悟空，见了佛祖怎么不拜？"悟空一看，原来如来佛竟是妖怪变的，举起棒就打。突然半空中降下一副铙钹，把悟空夹在中间。原来，那假如来是个披头散发的黄眉老妖怪，自称"黄眉老佛"。

悟空被救出来后，带领着众神仙大战黄眉怪。突然，黄眉怪从腰间扯下一个布口袋，向空中一抛，只听见"哗"的一声，把悟空和二十八宿等神仙统统装了进去。弥勒佛祖踏云而来，让悟空诱使黄眉怪出洞。然后弥勒佛变成种瓜叟，让其将悟空变成的西瓜吃进肚子，制服了黄眉怪。弥勒佛也趁机收回了后天人种袋等宝物。

狮驼洞三怪

三怪分别是青狮、白象和大鹏。三个妖怪其中两个占据狮驼岭，一个占据狮驼国，互为犄角，共捉唐僧。

青狮，狮驼洞老妖，原是文殊菩萨的坐骑，后修炼成精下凡。老妖手使一把大钢刀，曾在南天门前变法。它一张开嘴，似城门一般大，唬得众天兵不敢与其交锋，关了南天门，故此是一口曾吞十万兵。在与悟空、八戒打斗时，老妖又一口将悟空吞下。悟空在它肚子里翻筋斗，痛得它连连告饶。老妖听从二怪之计，想在悟空跳出口时将其咬死。聪明的悟空识破诡计，用金箍棒进得它门牙都碎了。孙悟空二次跳出口时，用毫毛变成绳子，拴住老妖的心肝，跳出来逗着玩。最后，文殊菩萨奉如来之命，下山降服妖怪。

白象，狮驼洞二怪，原是峨眉山普贤菩萨的坐骑六牙白象。二怪手使一柄长枪，身高三丈，卧蚕眉，丹凤眼，美人声，匾担牙，鼻似蛟龙。与

八戒打斗时，二怪用象鼻轻轻一卷，便捉住了八戒，又卷住了悟空。悟空用金箍棒往它鼻孔里一捅，使二怪现出本象，并答应护送唐僧师徒越过狮驼山。无奈三怪不允，又经多次打斗。普贤菩萨奉如来之命，收回老象，骑着回到峨眉山。

大鹏，狮驼洞三怪，原是只大鹏金翅雕，名号云程万里鹏。三怪手使画杆方天戟，又有稀世之宝阴阳瓶，生性狡诈，神勇非凡。若把人装进阴阳瓶，一会儿就会化为脓水。三怪捉住孙悟空后，将其放进阴阳瓶，谁知孙悟空有菩萨赐的三根救命毫毛，变作金刚钻，泄放了阴阳之气。孙悟空施展法术，逃出魔掌，又难敌妖怪，于是到西天佛祖面前，请佛祖收服三怪。如来轻动佛指，便让三怪现出了本形，被迫成了佛祖护法的神鹏。

九头虫

乱石山碧波潭万圣龙王的入赘女婿，又叫九头驸马。

唐僧师徒取经途中，路过祭赛国。祭赛国楼台壮丽，物阜民丰，不愧是西牛贺州的大国都城。可就在一片繁华中，唐僧师徒看到十多个和尚带着枷锁，衣衫褴褛，沿街乞讨。唐僧忙让孙悟空上前询问原因。和尚说，祭赛国有一座金光寺，寺里的宝塔上有一颗宝珠，白天可见祥云笼罩，夜晚能放出万道霞光，千万里外都能看见。周边的国家皆因祭赛国有此宝珠，而视祭赛国为天府神京。高昌国、西梁国、月陀国、本钵国每年都要向祭赛国进贡美玉明珠等珍宝。

三年前，不知什么原因祭赛国下了一场血雨。之后金光寺宝塔上的宝珠便不见了，宝塔上端不再有祥云瑞霭。于是其他国家便不再向祭赛国朝贡了。国王大怒，认定是这金光寺和尚监守自盗，偷走了宝塔中的宝物，导致宝塔失去神光，所以把和尚抓了起来。而这佛宝其实是九头虫所偷。后来，孙悟空与九头虫大战三十回合，不分胜负。最后是二郎神将其击败，哮天犬咬掉了他的一颗头颅，九头虫受伤逃往北海不知所踪。

灵感大王

原是观音菩萨莲花池里养大的金鱼,每日浮头听经,修成手段。一日,海潮泛涨,金鱼精便离开莲花池,跑到通天河为妖,还抢占了老鼋的住宅。灵感大王会呼风唤雨,他冒充神灵要村民以童男童女为代价保风调雨顺。

唐僧师徒被通天河挡住去路,夜宿在陈家村,巧遇灵感大王祭祀。悟空八戒与其斗法,救了童男童女。灵感大王因不得享祭,于是怀恨在心,便想用计捉唐僧吃,就下了一场雪让通天河结冰。唐僧着急赶路,踏冰而渡,走到河心时,层冰突然断裂,唐僧落入水中,被灵感大王抓走。八戒和沙僧为救师父,在水底与它大战。八戒诈败引灵感大王上岸,结果与悟空对打招架不住,逃入河里,还用泥土石块堵住洞府以防攻入。最后孙悟空只好去南海请来观音菩萨,用鱼篮收走了灵感大王。

蝎子精

修行多年,手使一柄三股钢叉,鼻中能喷火,口中能吐烟,还能变出多只手臂,尾钩的毒十分厉害。

当年蝎子精在雷音寺听佛主讲经,如来佛祖见她不合掌就随手推了一把,她转过身用钩子扎了如来佛祖一下。如来疼痛难忍,当即令金刚捉拿她,她却逃至西梁女国附近的琵琶洞。

唐僧师徒路经女儿国时,她用旋风卷走唐僧,百般诱惑,欲成夫妻美事。孙悟空和猪八戒与她斗罢多时,不分胜负。她用倒马毒桩两次打败孙悟空、猪八戒。最后,孙悟空上天去光明宫搬来了昴日星官。昴日星官立于山坡上,等孙悟空引诱出蝎子精,他便现出本相,原来是一只双冠子大公鸡。然后对着妖精一声啼鸣,妖精即时就现了原形毒蝎。昴日二声啼鸣,毒蝎浑身酥软,死在了坡前。

金角银角大王

原是太上老君门下看守金炉的金灵、银灵童子。菩萨为了试探唐僧西天取经的决心，向太上老君借来了金灵、银灵两位童子，把它们变作平顶山莲花洞的妖怪，来磨砺唐僧取经的决心。

金角、银角大王从天庭下界的时候，偷了老君的五件宝物——紫金红葫芦，羊脂玉净瓶、七星剑、芭蕉扇和幌金绳，是《西游记》里拥有宝物最多的一伙妖怪。这五件东西看似平常，其实并不寻常，这是太上老君的物件，太上老君一共六件宝贝，还有一件是金刚琢。两个妖怪与孙悟空比武斗法，难分输赢，后被孙悟空用计谋打败，还收缴了五件宝物，连人带物一起返还给了太上老君。由于金角大王只顾着逃命，所以也被吸到了玉净瓶里。悟空救出唐僧、沙僧和八戒，师徒收服了那两个妖怪，继续取经去了。

九灵元圣

原是太乙救苦天尊阁下的坐骑——九头狮子。因看守它的狮奴偷喝了太上老君的轮回琼液，九灵元圣便趁其沉醉之际，私下凡间，在竹节山九曲盘桓洞做了妖怪，并收服了猱狮、雪狮、狻猊、白泽、伏狸、抟象六只狮子，被它们尊为"祖翁"。九灵元圣的徒子徒孙无数，是极少数对唐僧

附录 ——《西游记》妖怪专辑——

肉不感兴趣的妖怪之一。

某日，狮奴奉命来到大千甘露殿，等候天尊命令。可是天尊迟迟没有出现，狮奴等候无聊，四下张望，见大殿桌案上放着一瓶仙酒。眼看四周无人，便上前偷偷喝了一口。没想到仙酒后劲极大，不一会儿，狮奴就沉沉睡去。九灵元圣趁其沉醉之际，私下凡间来到了竹节山。九灵元圣对唐僧肉不感兴趣，也没有打算惹是生非。他与孙悟空的过节也完全是由手下的徒孙偷盗金箍棒、九齿钉耙，大摆钉耙宴引起。而他真正与孙悟空为敌，也是在孙悟空等人将自己的徒子徒孙的洞府烧尽，家当老小剿杀一空后，才在愤怒中选择出手，以报心头之恨。

九灵元圣的绝学是用口叼人，能一口就衔走孙悟空。之后也曾一口噙着唐僧，一口噙着猪八戒，一口噙着老王，一口噙着大王子，一口噙着二王子，一口噙着三王子，六口噙着六人，还空了三张口，将玉华州府搅了个天昏地暗。后太乙救苦天尊下界，九灵元圣任由狮奴抽打，只能合口无言，不敢摇动，同主人一起返回妙岩宫。

百眼魔君

又叫多目怪，居住在黄花观，是个炼制丹药的道士，他所炼制的毒药堪称天下一绝。百眼魔君的肋下长了一千只眼睛。一旦他脱去衣裳，抬起双臂时，两肋下的千只眼睛便会金光四射，让人不能靠近也不得后退。

唐僧师徒为降妖除魔，烧毁了盘丝洞。之后途经黄花观，蜘蛛精们为求自保，赶往黄花观，向百眼魔君告状，并表明愿意和师兄一起享用唐僧肉。百眼魔君端出下了毒的枣茶给唐僧师徒，害得唐僧与猪八戒中毒。在与孙悟空打斗中，百眼魔君脱去衣裳，两肋下的千只眼睛便金光四射，就像笼罩在一个无形的网之中，即便是神通广大的孙悟空也降不住。

幸好孙悟空找到了毗蓝婆菩萨，请她出山帮忙救出师父。孙悟空引出蜘蛛精和百眼魔君，几番打斗之下，百眼魔君又一次亮出了千只眼，使出

金光罩。最终被毗蓝婆菩萨用金针打出原型，竟是一条七尺的大蜈蚣。而毗蓝婆菩萨阻止孙悟空打死这八只妖精，带着它们回到紫云山千花洞，让它们替她看守门户。

赛太岁

原是观音菩萨的坐骑金毛犼。金毛犼的脖子上挂有一个紫金铃，是由太上老君在八卦炉内煅炼而成，甚是厉害，晃一晃，出火；晃两晃，生烟；晃三晃，飞沙走石。金毛犼就将紫金铃带到凡间，自称为"赛太岁"。

朱紫国国王年轻时，在落凤坡射箭的时候，曾将两只幼雀射伤了，谁知两只幼雀是大明王孔雀所生。大明王孔雀知道以后，十分生气，于是下令吩咐教国王"拆凤三年，身耽啾疾"。金毛吼正巧听到了这句话，于是下界成了妖怪，将金圣宫的娘娘夺去，与国王消灾。

唐僧师徒四人取经路上，途径朱紫国，听闻朱紫国的国王一病不起，整天郁郁寡欢，于是便前往皇宫。孙悟空将国王的病治好后，国王才将事情的经过讲给他们听。原来三年前的端午节，住在麒麟山上太岁府的赛太岁，把朱紫国貌美如花的皇后劫走了。因为赛太岁手上的法宝紫金铃太厉害，朱紫国中的士兵没有一个是它的对手，于是只好作罢。从此以后国王就痛失所爱。孙悟空听完后，答应帮国王去降服赛太岁。孙悟空设计盗取了赛太岁的紫金铃，将赛太岁收服，之后又让弥勒佛来将赛太岁带回去。

黑熊怪

在观音院正东南二十里的黑风洞修行。善使一柄黑缨长枪，武艺高强。黑熊怪虽生于魔界，却精于文墨，观音院二百七十岁高龄的老院长金池上人常与他讲道。

唐僧师徒借宿观音禅寺，住持把自己收藏的袈裟拿出来炫耀，悟空不爽拿出锦澜袈裟比，引起了住持的贪念。住持请求借袈裟看一晚，唐僧便借给了他。住持反因贪念起了杀心，派小和尚去烧师徒二人。就在放火之时，寺庙后面黑风山上的黑熊怪本是来与住持聊天，谁想老和尚却得了宝物，于是趁老和尚放火时偷了袈裟。老和尚放火不成反被悟空杀，待悟空想取回袈裟时，却不见了袈裟的踪影。经小和尚得知，后山黑熊怪与老和尚是好友，袈裟可能是他偷的，于是去寻。

那黑熊怪见了悟空也不害怕，只因他力大无穷，悟空虽能小胜，但不能完败熊怪。后来观音前来帮助悟空，让悟空变作一丹药，自己变成了黑熊怪的好友蛇精。他让黑熊怪吃下丹药，再给其套上紧箍，收黑熊怪为普陀守山大神。

狮猁怪

原是文殊菩萨的坐骑青毛狮子，修炼成精后下凡。它将乌鸡国的国王推到井里，自己变作国王的模样，在乌鸡国做了三年国王。乌鸡国国王遭此一难，文殊菩萨在收伏狮猁怪时，才向孙悟空道出了前因。

乌鸡国国王是个好善斋僧的君主，如来佛差文殊菩萨来度国王归西。因知道国王的前身是个金身罗汉，因此文殊菩萨不能用原身与国王相见，就变作一个凡僧，向国王化些斋供。文殊菩萨说了几句言语于国王相难，国王觉得菩萨变成僧人，不是个好人。于是拿绳子将菩萨捆了，押送到御水河中，浸了文殊菩萨三天三夜，幸亏六甲金身救菩萨归西。文殊菩萨遂将此事奏与如来，如来就派狮猁怪到此处推国王下井，也浸了国王三年，以报菩萨三日水灾之恨。

铁扇公主

又名罗刹女或铁扇仙。住在翠云山芭蕉洞，与牛魔王结为夫妻，生有一子红孩儿。她手使一把三尺宝剑，还有十分厉害的芭蕉扇。据说芭蕉扇原是在昆仑山，自混沌开辟以来，天地间自然产生的一个灵宝，为太阴的精叶，因此能够灭火。

唐僧师徒西天取经，渐觉热气蒸人，一问才知此地唤做火焰山，无春无秋，四季都是酷暑，山周围八百里火焰，连铜头铁躯都能融化。但这里却是去往西方的必经之路，若想西行，只有向翠云山芭蕉洞的铁扇公主借得芭蕉扇，扇灭八百里火焰才能通行。

悟空借宝扇时，铁扇公主恼恨悟空请菩萨收服了红孩儿，使她们母子不得相见，不由分说抽出剑就与悟空打斗。因不敌悟空，铁扇公主便取出芭蕉扇一扇，便把悟空扇到了小须弥山。悟空想起灵吉菩萨禅院即在山下，便向灵吉菩萨借得定风珠，再返回芭蕉洞去借宝扇。见悟空又回来，铁扇公主

取出芭蕉扇又扇了一扇。结果悟空巍然不动，公主大骇，急忙收回宝扇闭门不出。后来悟空变做蟭蟟虫钻进山洞，隐身于茶沫下，被公主饮入腹中。悟空在肚里踏其肺腹，顶其心，公主疼痛难忍，不得不将芭蕉扇借给悟空。

谁知机智的悟空这次却上了当，借了一个假的芭蕉扇，火势越扇越烈，险些烧着自己的身体。后孙悟空偷了牛魔王的避水金睛兽，化作牛魔王的模样，从铁扇公主手中骗得了芭蕉扇。不料只知放大之法，不知缩小口诀，只得将扇子扛在肩上回去寻师父。牛魔王得知宝扇被骗，于是变作八戒嘴脸，又骗回了宝扇。悟空与牛魔王相斗，四金刚奉佛旨意前来助悟空，生擒了牛魔王。铁扇公主急于为夫乞命，于是献出芭蕉扇。悟空拿着扇子赶往火焰山扇灭了火焰，保护师父西行。